HISTÓRIA E MEMÓRIA
✸✸✸
IIº VOLUME
MEMÓRIA

Título original:
Storia e memoria

© 1977, 1978, 1979, 1980, 1981, 1982 Giulio Einaudi editore, s. p. a., Turim

Tradução: Ruy Oliveira

Capa: Edições 70

Depósito Legal N.º 154732/00

ISBN - 972 - 44 - 1028 - 5

Direitos reservados para todos os países de língua portuguesa
por Edições 70, L.da — Lisboa — Portugal

EDIÇÕES 70, LDA. — Rua Luciano Cordeiro, 123 - 2.º Esq.º — 1069-157 LISBOA / PORTUGAL
Telefone: 21 319 02 40
Fax: 21 319 02 49

Esta obra está protegida pela Lei. Não pode ser reproduzida,
no todo ou em parte, qualquer que seja o modo utilizado,
incluindo fotocópia e xerocópia, sem prévia autorização do Editor.
Qualquer transgressão à Lei dos Direitos de Autor será passível
de procedimento judicial

JACQUES LE GOFF

HISTÓRIA E MEMÓRIA
❊❊❊
IIº VOLUME
MEMÓRIA

I PARTE
A ORDEM DA MEMÓRIA

MEMÓRIA

O conceito de memória é um conceito crucial. Embora este capítulo seja exclusivamente dedicado à memória tal como ela surge nas ciências humanas (em especial na história e na antropologia) – e, sobretudo, se ocupe mais da memória colectiva do que das memórias individuais –, vale a pena descrever sumariamente a nebulosa memória dentro da esfera científica no seu conjunto.

A memória, como capacidade de conservar certas informações, recorre, em primeiro lugar, a um conjunto de funções psíquicas, graças às quais o homem pode actualizar impressões ou informações passadas, que ele representa como passadas.

Deste ponto de vista, o estudo da memória envolve a psicologia, a psicofisiologia, a neurofisiologia, a biologia e, para as perturbações da memória, das quais a amnésia é a principal, a psiquiatria [cf. Meudlers, Brion e Lieury, 1971; Florès, 1972].

Alguns aspectos do estudo da memória, no interior de qualquer uma destas ciências, podem evocar, de modo metafórico ou concreto, traços e problemas da memória histórica e da memória social [cf. Morin e Piattelli Palmarini, 1974].

O conceito de aprendizagem, importante na fase de aquisição da memória, leva ao interesse pelos vários sistemas de educação da memória que existiram nas diversas sociedades e em diferentes épocas: a mnemotenia.

Todas as teorias que conduzem de algum modo à ideia de uma actualização mais ou menos mecânica de *vestígios* mnemónicos foram abandonadas em favor de concepções mais complexas da actividade mnemónica do cérebro e do sistema nervoso: «O processo da memória no homem faz intervir não só a ordenação dos percursos, mas também o modo de os interpretar» e os processos de interpretação podem fazer intervir centros nervosos muito complexos e uma grande parte do córtex cerebral, na condição de haver «um certo número de centros cerebrais especializados na fixação do percurso mnemónico» [Changeux, 1972, p. 356].

Em especial, o estudo da aquisição da memória pelas crianças permitiu verificar o grande papel desempenhado pela inteligência [cf. Piaget e Inheller 1968]. Na linha desta tese, Scandia de Schonen afirma: «A característica dos comportamentos perceptivo--cognitivos que nos parece fundamental é o aspecto activo e construtivo desses comportamentos» [1974, p. 294], e acrescenta: «Podemos, pois, concluir que se desenvolveram ulteriores investigações que tinham por objecto o problema da actividade mnemónica, dirigidas para o problema da actividade perceptivo--cognitiva, no âmbito da actividade que visa tanto a organização de um novo modo dentro da mesma situação, como adaptar a novas situações. E talvez só pagando este preço compreenderemos um dia a natureza da recordação humana, que tão prodigiosamente complica as nossas problemáticas» [*ibid*.,p. 302].

Descendem daqui diversas concepções recentes da memória, que põem a tónica nos aspectos de estruturação, na actividade de auto-organização. Os fenómenos da memória, seja nos seus aspectos biológicos ou psicológicos, mais não são do que os resultados dos sistemas dinâmicos de organização, e apenas existem enquanto a organização os mantém ou os reconstitui».

Alguns estudiosos foram assim levados a aproximar a memória de fenómenos que fazem parte integrante da esfera das ciências humanas e sociais.

Pierre Janet, por exemplo, «considera que o acto mnemónico fundamental é o 'comportamento narrativo' que se caracteriza antes de mais pela sua *função social*, pois é uma comunicação a outrem de uma informação, feita na ausência do acontecimento ou do objecto que constitui o motivo» [Florès, 1972, p. 12]. Aqui intervém a «linguagem, ela própria produto da sociedade» [*ibid*.]. Assim, Atlan, ao estudar os sistemas auto-organizadores, aproxima «linguagens e memórias»: «A utilização de uma linguagem falada, e depois escrita, de facto representa uma extensão formidável da possibilidade de armazenamento da nossa memória que, graças a isso, está em condições de sair dos limites físicos do nosso corpo para ser depositada quer noutras memórias quer nas bibliotecas.

Isto significa que, antes de ser falada ou escrita, existe na nossa memória uma certa linguagem sob a forma de informações armazenadas» [1972, p. 461].

Ainda mais evidente é pois que as perturbações da memória, a par da amnésia, que se podem manifestar também ao nível da linguagem na afasia, devem em muitos casos ser esclarecidas também à luz das ciências sociais. Por outro lado, a nível metafórico mas significativo, a amnésia não só é uma perturbação no indivíduo, como determina perturbações mais ou menos graves e do mesmo modo da personalidade, a falta ou a perda, voluntária ou involuntária, da memória colectiva nos povos e nas nações pode determinar perturbações graves da identidade colectiva.

As ligações entre as diferentes formas de memória podem, aliás, apresentar caracteres não metafóricos, mas reais. Goody, por exemplo, observa: «Em todas as sociedades, os indivíduos detêm uma grande quantidade de informações no seu património genético, na sua memória a longo prazo e, temporariamente, na memória activa» [1977a, p. 35].

Leroi-Gourhan considera a memória em sentido bastante lato e distingue três tipos de memória: memória *específica*, memória *étnica* e memória *artificial*: «A memória é entendida, nesta obra, em sentido muito lato. Não é uma propriedade da inteligência, mas a base, qualquer que ela seja, sobre a qual se inscrevem as concatenações de actos. Podemos a este título falar de uma "memória específica" para definir a fixação dos comportamentos de espécies animais, de uma memória "étnica" que assegura a reprodução dos comportamentos nas sociedades humanas e, no mesmo sentido, de uma memória "artificial", electrónica na sua forma mais recente, que trata, sem recorrer ao instinto ou à reflexão, da reprodução de actos mecânicos consecutivos» [1964-65, p. 269].

Numa época muito recente, os desenvolvimentos da cibernética e da biologia enriqueceram consideravelmente, sobretudo metaforicamente, em relação com a memória humana consciente, a noção de memória. Fala-se da memória central dos computadores e o código genético é apresentado como uma memória da hereditariedade biológica [cf. Jacob, 1970]. Mas esta extensão da memória à máquina e à vida e, paradoxalmente, a uma e a outra conjuntamente, teve repercussões directas nas pesquisas sobre a memória realizadas pelos psicologistas, passando-se de um estádio fundamentalmente empírico a um estádio mais tórico: «A partir de 1950, os interesses mudaram radicalmente, em parte por influência de novas ciências como a cibernética e a linguística, para entrarem numa via decisivamente mais teórica» [Lieury, *in* Meudlers, Brion e Lieury 1971, p. 789].

Finalmente, os psicanalistas e os psicólogos insistiram, quer a propósito da recordação quer a propósito do esquecimento (nomeadamente no seguimento dos estudos de Ebbinghaus), nas manipulações conscientes ou inconscientes, que o interesse, a afectividade, o desejo, a inibição e a censura exercem sobre a memória individual. De modo análogo, a memória colectiva foi posta em jogo de forma importante na luta pelo poder conduzida pelas forças sociais. Apoderar-se da memória e do esquecimento é uma das grandes preocupações das classes, dos grupos, dos indivíduos que dominaram e dominam as sociedades históricas. Os esquecimentos e os silêncios da história são reveladores desses mecanismos de manipulação da memória colectiva.

O estudo da memória social é um dos modos fundamentais de enfrentar os problemas do tempo e da história, relativamente aos quais a memória está ora atrasada ora avançada.

No estudo histórico da memória histórica é necessário atribuir uma particular importância às diferenças entre sociedade e memória essencialmente oral e sociedade de memória essencialmente escrita e aos períodos de transição da oralidade à escrita, a que Jack Goody chama «a domesticação do pensamento selvagem».

Estudaremos, pois, sucessivamente: 1) a memória étnica nas sociedades sem escrita, ditas «selvagens»; 2) o desenvolvimento da memória, da oralidade à escrita, da Pré-história à Antiguidade; 3) a memória medieval, em equilíbrio entre o oral e o escrito; 4) os progressos da memória escrita, do século XVI aos nossos dias; 5) as revoluções actuais da memória.

Este procedimento inspira-se no de Leroi-Gourhan: «A história da memória colectiva pode dividir-se em cinco períodos: o da transmissão oral, o da transmissão escrita com tábuas ou índices, o das simples fichas, o da mecanografia e o da classificação electrónica em séries» [1964-65, p. 65].

Pareceu preferível, para valorizar melhor as relações entre a memória e a história, que constituem o horizonte principal deste capítulo, evocar separadamente a memória nas sociedades sem escrita, antigas ou modernas, distinguindo na história da memória, nas sociedades que têm simultaneamente memória oral e memória escrita, a fase antiga de predominância da memória oral, em que a memória escrita ou figurada tem funções específicas; a fase medieval de equilíbrio entre as duas memórias, em que se verificaram transformações importantes nas funções de cada uma delas; a fase moderna dos progressos decisivos da memória escrita ligada à imprensa e à alfabetização; e, por fim, reagrupar as revoluções do último século relativamente ao que Leroi-Gourhan chama «a memória em expansão».

1. A memória étnica

Em divergência com Leroi-Gourhan, que aplica este termo a todas as sociedades humanas, preferir-se-á reservar a designação de memória colectiva para os povos sem escrita. Notemos, sem insistir mas sem esquecer a importância do fenómeno, que a actividade mnemónica fora da escrita é uma actividade constante não só nas sociedades sem escrita como nas que a possuem. Goody lembrou-o recentemente com pertinência: «Na maior parte das culturas sem escrita, e em numerosos sectores da nossa, a acumulação de elementos na memória faz parte da vida quotidiana» [1977a, p. 35].

Esta distinção entre culturas orais e culturas escritas, relativamente às funções confiadas à memória, parece fundada no facto de as relações entre estas culturas se situarem a meio caminho de duas correntes igualmente erradas pelo seu radicalismo, «uma, ao afirmar que todos os homens têm as mesmas possibilidades; a outra ao estabelecer, implícita ou explicitamente, uma maior distinção entre 'eles' e 'nós', [*ibid*., p. 45]. A verdade é que a cultura dos homens sem escrita é diferente, mas não absolutamente diversa.

A área principal onde se cristaliza a memória colectiva dos povos sem escrita é aquela que dá um fundamento – aparentemente histórico – à existência das etnias ou das famílias, isto é, dos mitos de origem.

Balandier, evocando a memória histórica dos habitantes do Congo, nota: «Os inícios parecem tanto mais exaltantes quanto menos precisos se inscrevem na recordação. O Congo nunca foi tão vasto como no tempo da sua história obscura» [1965, p. 15].

Nadel distingue, a propósito dos *Nupe* da Nigéria, dois tipos de história: de um lado, a história a que chama «objectiva» e que é «a série dos factos que procuramos, descrevemos e estabelecemos com base em certos critérios "objectivos" universais, no que respeita às suas relações e sucessão» [1942, ed. 1969, p. 72] e, do outro, a história a que chama «ideológica» e «que descreve e ordena esses factos de acordo com certas tradições estabelecidas» [ibid.]. Esta segunda história é a memória colectiva, que tende a confundir a história com o mito. E esta «história ideológica» vira-se de preferência para «os primórdios do reino», para «a personagem de Tsoede ou Edegi, herói cultural e mítico fundador do reino Nupe» [ibid.]. A história dos inícios torna-se assim, para retomar uma expressão de Malinowsky, um «cantar mítico» da tradição.

Esta memória colectiva das sociedades «selvagens» interessa-se do mesmo modo particular pelos conhecimentos práticos, técnicos, e pelo saber profissional. Para a aprendizagem dessa «memória técnica», como nota Leroi-Gourhan, «nas sociedades agrícolas e no artesanato, a organização social dos ofícios tem um papel importante, quer se trate dos metalúrgicos de África ou dos da Ásia, quer das corporações europeias até ao século XVII. A aprendizagem e a conservação dos segredos dos ofícios joga-se em cada uma das células sociais da etnia» [1964-65]. Condominas [1965, p. 227] encontrou nos *Moi* do Vietname central a mesma polarização da memória colectiva em torno dos tempos das origens e do herói mítico. A atracção do passado ancestral sobre a «memória selvagem» verifica-se também nos nomes próprios. No Congo, nota Balandier, depois do clã ter imposto ao recém-nascido um primeiro nome, dito «de nascença», dá-lhe um segundo, mas oficial, que suplanta o primeiro. Este segundo nome «perpetua a memória de um antepassado ancestral – cujo nome é assim "desenterrado" – escolhido em função da veneração de que é objecto».

Nestas sociedades sem escrita há especialistas da memória, homens-memória: «genealogistas», guardiões dos códices reais, historiadores da corte, «tradicionalistas», dos quais Balandier [1974, p. 207] diz que são «a memória da sociedade» e que são simultaneamente os depositários da história «objectiva» e da história «ideológica», para retomar o vocabulário de Nadel. Mas também «chefes de família idosos, trovadores, sacerdotes», segundo a lista de Leroi-Gourhan, que reconhece a esses personagens «na humanidade tradicional, o importantíssimo papel de manter a coesão do grupo» [1964-65].

Mas é necessário sublinhar que, contrariamente ao que em geral se crê, a memória transmitida pelo conhecimento, nas sociedades sem escrita, não é uma memória «palavra a palavra». Goody provou-o ao estudar o mito do Bagre recolhido entre os Dagombas do norte do Gana. Observou as numerosas variantes nas diversas versões do mito, mesmo nos fragmentos mais estereotipados. Os homens-memória, na ocorrência narradores, não desempenham o mesmo papel que os mestre-escola (e a escola só surge com a escrita). Não se desenvolve em torno deles uma aprendizagem mecânica automática. Mas, segundo Goody, nas sociedades sem escrita não há unicamente dificuldades objectivas na memorização integral, palavra por palavra, mas também o facto de «este género de actividade raramente ser sentido como necessário»; «o produto de uma rememoração exacta» aparece nestas sociedades como «menos útil, menos apreciável do que o desfecho de uma evocação inexacta» [1977a, p. 38]. Assim, verifica-se raramente a existência de procedimentos mnemotécnicos nestas sociedades (um dos casos raros é o *quipu* dos Incas, clássico na literatura etnológica). A memória colectiva parece, portanto, funcionar nestas sociedades segundo uma «reconstrução generativa» e não segundo uma memorização mecânica. Assim, segundo Goody, «o suporte da rememorização não se situa ao nível superficial em que opera a memória da «palavra a palavra», nem ao nível das estruturas «profundas» que numerosos mitologistas encontram... Parece pelo contrário que o papel importante cabe à dimensão narrativa e a outras estruturas inerentes aos acontecimentos [*ibid.*, p. 34].

Assim, enquanto a reprodução mnemónica, palavra a palavra, estaria ligada à escrita, as sociedades sem escrita, exceptuando certas práticas de memorização *ne varietur*, das quais a principal é o canto, concedem à memória mais liberdade e mais possibilidades criativas.

Talvez esta hipótese explicasse uma observação surpreendente de César que, a propósito dos druidas gauleses, junto dos quais muitos jovens procuravam instruir-se, escrevia: «Nessa escola, aprendem de cor, segundo o que se diz, um grande número de versos. Por isso, alguns permanecem vinte anos nessa aprendizagem. Não crêem porém lícito transcrever os dogmas da sua ciência, enquanto para as restantes coisas em geral, para as normas públicas e privadas, se servem do alfabeto grego. Parece--me que estabeleceram isto por duas razões: porque não querem difundir ou vulgarizar a sua doutrina nem ver os seus alunos negligenciar a aprendizagem por confiarem na escrita; porque acontece quase sempre que a ajuda dos textos tem por consequência um menor zelo em aprender e em usar a memória» [*De Bello Gallico*, VI, 14, 3-4].

Transmissão de conhecimentos considerados como secretos, vontade de manter em boa forma uma memória mais criadora do que repetitiva – não são estas duas das principais razões da vitalidade da memória colectiva nas sociedades sem escrita?

2. O desenvolvimento da memória: da oralidade à escrita, da Pré-História à Antiguidade

Nas sociedades sem escrita, a memória colectiva parece ordenar-se em redor de três grandes interesses: a identidade colectiva do grupo, que se baseia em certos mitos, mais precisamente nos mitos de origem; o prestígio da família dominante, que se exprime pelas genealogias; e o saber técnico, que se transmite por fórmulas práticas fortemente embebidas de magia religiosa.

O aparecimento da escrita está ligado a uma profunda transformação da memória colectiva. Desde a «idade média paleolítica» que aparecem figuras onde se pretendeu ver «mitogramas», paralelos à «mitologia» que se desenvolve às vezes na ordem verbal. A escrita permite à memória colectiva um duplo progresso, o desenvolvimento de duas formas de memória. A primeira é a comemoração, a celebração de um acontecimento memorável através de um monumento celebrativo. A memória assume então a forma de inscrição e suscitou na época moderna uma ciência auxiliar da história, a epigrafia. Certamente que o mundo das inscrições é muito diverso; Robert pôs em evidência a heterogeneidade: «são coisas muito diferentes entre si. A runa, a epigrafia turca do Orkhon, as epigrafias fenícia ou neopúnica, hebraica ou sabélica, iraniana ou árabe, ou as inscrições *khmer*» [1961, p. 453].

No antigo Oriente, por exemplo, as inscrições comemorativas provocaram a multiplicação de monumentos, tais como as estelas e os obeliscos. Na Mesopotâmia no final do III milénio preponderaram as estelas nas quais os reis quiseram imortalizar os seus feitos através de representações figuradas acompanhadas de uma inscrição, como o comprova a estela dos Abutres (Paris, Museu do Luvre) onde o rei Eannatum de Lagash (cerca de 2470) fez conservar através de imagens e de inscrições a lembrança de uma vitória. Foram sobretudo os reis acádios que recorreram a esta forma comemorativa. A mais célebre das suas estelas é a de Naram-Sin, em Susa, onde o rei quis que fosse perpetuada a imagem de um triunfo obtido sobre os povos do Zagros (Paris, Museu do Luvre). Na época assíria a estela tomou a forma de obelisco, como o de Assurbelkala (final do II milénio) em Ninive (Londres, British Museum) e o obelisco negro de Salmanassar III, proveniente de Nimrud, que imortaliza uma vitória do rei sobre os Hebreus (cerca de 892 a.C; Londres, British Museum). Por vezes o monumento comemorativo não possui inscrições e o seu significado permanece obscuro, como no caso dos obeliscos de Biblo (início do II milénio) [cf. Deshayes, 1969, pp. 587 e 613; Budge e King, 1902; Luckenbill, 1924; Ebeling, Meissner e Weidner, 1926]. No antigo Egipto as estelas desempenharam múltiplas funções de perpetuação de uma memória: estelas funerárias que, como em Abido, comemoravam uma peregrinação a um túmulo familiar; que narravam a vida do morto, como a de Amenemhet sob Tutmosi III; estelas reais a comemorar vitórias, como a de Israel sob Mineptah (cerca de 1230 a.C.), único documento egípcio que menciona Israel, provavelmente no momento do êxodo; estelas jurídicas, como a de Carnaque (recorde-se que a mais célebre destas estelas jurídicas da Antiguidade é a de Hamurabi, rei da primeira dinastia babilónica, entre 1792 e 1750 a.C., que nela fez inscrever o seu código, conservada no Museu do Luvre, em Paris); estelas sacerdotais onde os sacerdotes faziam inscrever os seus privilégios [cf. Daumas, 1965, p. 639]. Mas a época áurea das inscrições foi a da Grécia e a da antiga Roma, a propósito das quais Robert disse: «Poder-se-ia falar para os países grego e romano de uma *"civilização da epigrafia»* [1961, p. 454]. Nos templos e cemitérios, nas praças e avenidas das cidades, ao longo das estradas e até «no coração da montanha, na grande solidão», as inscrições acumulavam-se, enchendo o mundo greco-romano de um esforço extraordinário de comemoração e de perpetuação da lembrança. A pedra, e frequentemente o mármore, servia de suporte ao excesso de memória. Os «arquivos de pedra» acrescentavam à função dos arquivos propriamente ditos um carácter de publicidade insistente, que apostava na ostentação e na durabilidade dessa memória lapidar e marmórea.

A outra forma de memória ligada à escrita é o documento registado num suporte especialmente destinado à escrita (depois de tentativas sobre osso, tecido, pele, como na Rússia antiga, folhas de palmeira, como na Índia, carapaça de tartaruga, como na China, e finalmente papiro, pergaminho e papel). Mas importa notar – como já o fiz noutro local (cf. o capítulo «Documento/monumento», no primeiro volume) – que todo o documento tem em si um carácter de monumento e não existe memória colectiva bruta.

Neste tipo de documento a escrita tem duas funções principais: «Uma é o armazenamento de informações, que permite comunicar através do tempo e do espaço e fornece ao homem um sistema de marcação, memorização e registo»; a outra, «ao assegurar a passagem da esfera auditiva à visual», permite «reexaminar, reordenar, rectificar frases e até palavras isoladas» [Goody, 1977*b*, p. 78].

Para Leroi-Gourhan, a evolução da memória, ligada ao aparecimento e à difusão da escrita, depende essencialmente da evolução social e especialmente do desenvolvimento urbano: «A memória colectiva, no início da escrita, não deve romper o seu movimento tradicional a não ser pelo interesse que tem em se fixar de modo excepcional num sistema social nascente. Não é, pois, pura coincidência o facto de a escrita anotar o que não se fabrica nem se vive quotidianamente, mas sim o que constitui a ossatura de uma sociedade urbanizada, para a qual o ponto essencial do sistema vegetativo está numa economia de circulação entre produtores, celestes ou humanos, e dirigentes. A inovação diz respeito ao vértice do sistema e engloba selectivamente os actos financeiros e religiosos, as consagrações, as genealogias, o calendário, tudo aquilo que, nas novas estruturas das cidades, não se pode fixar na memória de modo completo, nem em relações de actos, nem em fantasias» [1964-65, pp. 67/68].

As grandes civilizações, na Mesopotâmia, no Egipto, na China ou na América pré-colombiana, instruíram em primeiro lugar a memória escrita para o calendário e para as distâncias. «O conjunto dos factos destinados a ultrapassar as gerações imediatamente seguintes» limita-se à religião, à história e à geografia. «O triplo problema do tempo, do espaço e do homem constitui o assunto da memorização» [*ibid.*].

Memória urbana, memória real também. Não só «a cidade capital se torna o eixo do mundo celeste e da superfície humanizada» [*ibid.*] (e o ponto focal de uma política da memória), mas o rei em pessoa desenvolve um programa de memorização, de que ele constitui o centro, em todos os territórios onde tem autoridade. Os reis criam instituições-memória: arquivos, bibliotecas, museus. Zimrilim (cerca de 1782-59 a.c.) faz do seu palácio de Mari, onde foram encontradas numerosas placas, um centro arquivístico. Em Ras Shamra, na Síria, as escavações do edifício dos arquivos reais da antiga cidade de Ugarit permitiram encontrar três depósitos de arquivos: arquivos diplomáticos, financeiros e administrativos. Nesse mesmo palácio havia uma biblioteca no segundo milénio antes da nossa era e no século VII a.C. era célebre a biblioteca de Assurbanipal, em Ninive. Na época helenística brilham a grande biblioteca de Pergamo e a célebre biblioteca de Alexandria, combinada com o famoso museu, criação dos Ptolomeus.

Memória régia, dado que os reis fazem compor e, por vezes, gravar na pedra anais (ou pelo menos extractos deles) onde estão sobretudo narrados os seus actos – e que nos levam à fronteira onde a memória se torna «história».

No Oriente antigo, antes de meados do segundo milénio, apenas se encontram listas dinásticas e narrações lendárias de heróis régios como Sargão ou Naram-Sin. Mais tarde os soberanos fazem redigir pelos seus escribas relatos mais detalhados dos seus reinados, onde emergem vitórias militares, benefícios da sua justiça e progressos do direito, os três domínios dignos de fornecer exemplos memoráveis aos homens do futuro. No Egipto, parece que desde a invenção da escrita (um pouco antes do início do terceiro milénio) e até ao fim da realeza indígena, na época romana, foram redigidos continuamente anais reais. Mas um exemplar sem dúvida único, conservado em frágil papiro, desapareceu. Só nos restam alguns extractos gravados na pedra [cf. Daumas, 1965, p. 579].

Na China, os antigos anais régios em bambu datam, sem dúvida, do século IX antes da nossa era: continham sobretudo perguntas e respostas dos oráculos que formaram um «vasto repertório de receitas de governo» e «a função de arquivista acabou pouco a pouco por ser entregue aos adivinhos: eles eram os guardiães dos acontecimentos memoráveis próprios de cada reinado» [Elisseeff, 1979, p. 50].

Memória funerária, enfim, como o testemunham, entre outras, as estelas gregas e os sarcófagos romanos: memória que desempenhou um papel fundamental na evolução do retrato. Com a passagem da oralidade à escrita, a memória colectiva – e mais particularmente a «memória artificial» – passa por profundas transformações. Goody pensa que o aparecimento de processos memnotécnicos que permitem a memorização «palavra a palavra» está ligado à escrita. Mas entende que a existência da escrita «implica também modificações no próprio interior do psiquismo» e «que não se trata simplesmente de uma nova *capacidade técnica*, de qualquer coisa comparável, por exemplo, a um processo mnemotécnico, mas de uma nova *atitude intelectual*» [1977*b*, pp. 108-9]. No âmago desta nova actividade do espírito, Goody coloca a *lista*, a sucessão de palavras, de conceitos, de actos, de operações a efectuar numa certa *ordem* e que permite «descontextualizar» e «recontextualizar» um dado verbal, segundo uma «recodificação linguística». Em apoio desta tese, Goody lembra a importância que nas civilizações antigas tiveram as listas lexicais, os glossários, os tratados de onomástica, baseados na ideia de que nomear é conhecer. Sublinha o alcance das listas sumérias ditas *Proto-Izi*, e vê nelas um dos instrumentos da expansão mesopotâmica: «Este género de método educacional baseando-se na memorização de listas lexicais teve uma área de extensão que ultrapassava largamente a Mesopotâmia e desempenhou um papel importante na difusão da cultura mesopotâmica e na influência que ela exerceu nas zonas limítrofes: Irão, Arménia, Ásia Menor, Síria, Palestina e mesmo o Egipto na época do Novo Império» [*ibid*., p. 99].

É necessário, porém, acrescentar que este modelo deve ser esboçado segundo o tipo de sociedade e o momento histórico em que se faz a passagem de um tipo de memória para outro. Não é possível aplicá-lo, sem adaptações, à passagem do oral para o escrito nas sociedade antigas, nas sociedades «selvagens» modernas ou contemporâneas, ou nas sociedades muçulmanas. Eickelmann [1978] mostrou que no mundo muçulmano permanece um tipo de memória fundado na memorização de uma cultura, ao mesmo tempo oral e escrita, até cerca de 1430; depois muda e faz lembrar os laços fundamentais entre escola e memória em todas as sociedades.

Os mais antigos tratados egípcios de onomástica, talvez inspirados por modelos sumérios, não datam senão de cerca de 1100 a.C. [cf. Gardiner, 1947, p. 38].

Deve-se, com efeito, perguntar a que está ligada, por seu turno, esta transformação da actividade intelectual revelada pela «memória artificial» escrita. Pensou-se na necessidade de memorização dos valores numéricos (entalhes regulares, cordas com nós, etc.) e pensou-se numa ligação com o desenvolvimento do comércio. É necessário ir mais longe e relacionar esta expansão das *listas* com a instalação do poder monárquico. A memorização pelo inventário, pela lista hierarquizada, não é unicamente uma actividade nova de organização do saber, mas um aspecto da organização de um poder novo.

É também ao período da realeza que, na Grécia antiga, é preciso fazer remontar estas listas, das quais se encontra um eco nos poemas homéricos. No Canto II da *Ilíada* acham-se, sucessivamente, a relação dos navios, depois o rol dos melhores guerreiros e dos melhores cavalos aqueus, e, logo de seguida, o elenco do exército troiano. «O conjunto forma aproximadamente metade do Canto II, cerca de 400 versos compostos quase exclusivamente por uma sucessão de nomes próprios, o que supõe um verdadeiro exercício da memória» [Vernant, 1965, pp. 55-56].

Com os Gregos percebe-se, de forma clara, a evolução para uma história da memória colectiva. Transpondo um estudo de Ignace Meyerson sobre a memória individual para a memória colectiva tal como ela aparece na Grécia antiga, Vernant sublinha: «A memória, distinguindo-se do hábito, representa uma difícil invenção, a conquista progressiva pelo homem do seu passado individual, como a história constitui para o grupo social a conquista do seu passado colectivo» [*ibid*., p. 41]. Mas entre os Gregos, da mesma forma que a memória escrita se vem acrescentar à memória oral, transformando-a, a história vem substituir, transformando-a, mas sem a destruir, a memória colectiva. Divinização e, depois, laicização da memória, nascimento da mnemotécnica: tal é o rico quadro que oferece a memória colectiva grega entre Hesíodo e Aristóteles, entre os séculos VIII e o IV a.C.

A passagem da memória oral à memória escrita é certamente difícil de entender. Mas uma instituição e um texto podem talvez ajudar-nos a reconstruir o que se deve ter passado na Grécia arcaica.

A instituição é a do *mnemon* que «permite observar o aparecimento, no direito, de uma função social da memória» [Gernet, 1968, p. 285]. O *mnemon* é uma pessoa que guarda a lembrança do passado em vista de uma decisão de justiça. Pode ser uma pessoa cujo papel de «memória» está limitado a uma operação ocasional. Por exemplo, Teofrasto assinala que na lei de Turi os três vizinhos mais próximos da herdade vendida recebem uma moeda «para *lembrarem* e darem *testemunho*». Mas pode ser também uma função duradoura. O aparecimento destes funcionários da memória lembra os fenómenos que já evocámos: a relação com o mito, com a urbanização. Na mitologia e na lenda, o *mnemon* é o servidor de um herói que o acompanha sem cessar para lhe lembrar uma ordem divina cujo esquecimento traria a morte. Os *mnemones* são utilizados pelas cidades como magistrados encarregues de conservar na sua memória o que é útil em matéria religiosa (nomeadamente para o calendário) e jurídica. Com o desenvolvimento da escrita estas «memórias vivas» transformam-se em arquivistas.

Por outro lado, Platão, no *Fedro* [274c-275b], coloca na boca de Sócrates a lenda do deus egípcio Tote, patrono dos escribas e dos funcionários letrados, inventor dos números, do cálculo, da geometria e da astronomia, do jogo das damas e dos dados e das letras do alfabeto. E sublinha que, fazendo isso, o deus transformou a memória, mas contribuiu sem dúvida mais para a enfraquecer do que para a desenvolver: o alfabeto «provocará esquecimento nas almas de quem o aprender: estas cessarão de exercitar a memória porque, confiando no que está escrito, obterão as recordações não já do seu próprio interior, mas do exterior, através de sinais estranhos. Tudo aquilo que encontraste não é uma receita para a memória, mas para a recordação» [*ibid.*, 275a]. Pensou-se que este passo relembrava uma sobrevivência das tradições da memória oral [cf. Notopoulos, 1938, p. 476].

A coisa mais notável é sem dúvida «a divinização da memória e a elaboração de uma vasta mitologia da reminiscência na Grécia arcaica», como diz com propriedade Vernant, que generaliza a sua observação: «Nas diversas épocas e nas diversas culturas há interdependência entre as técnicas de rememorização praticadas, a organização interna da função, o seu lugar no sistema do *ego* e a imagem que os homens fazem da memória» [1965, p. 51].

Os Gregos da época arcaica fizeram da memória uma deusa, *Mnemósine*. É a mãe das nove musas que ela procriou no decurso de nove noites passadas com Zeus. Lembra aos homens a recordação dos heróis e dos seus altos feitos, preside à poesia lírica. O poeta é, pois, um homem possuído pela memória, o aedo é um adivinho do passado, como o adivinho o é do futuro. É a testemunha inspirada dos «tempos antigos», da idade heróica e, além disso, da idade das origens.

A poesia, identificada com a memória, faz desta um saber e mesmo uma sapiência, uma *sophia*. O poeta tem o seu lugar entre os «mestres da verdade» [cf. Detienne, 1967] e, nas origens da poética grega, a poesia é uma inscrição viva que se grava na memória como no mármore [cf. Svenbro, 1976]. Disse-se que, para Homero, versejar era recordar.

Mnemósine, revelando ao poeta os segredos do passado, introdu-lo nos mistérios do Além. A memória aparece então como uma qualidade para iniciados e a *anamnese*, a recordação, como uma técnica ascética e mística. Também a memória joga um papel de primeiro plano nas doutrinas órficas e pitagóricas. Ela é o antídoto do esquecimento. No Inferno órfico, o morto deve evitar a fonte do esquecimento, não deve beber no Letes, mas, pelo contrário, dessedentar-se da fonte da Memória, que é fonte de imortalidade.

Nos pitagóricos estas crenças combinam-se com a doutrina da reincarnação das almas e a via da perfeição é a que conduz à recordação de todas as vidas anteriores. Era isto que fazia de Pitágoras, aos olhos dos adeptos destas seitas, um intermediário entre o homem e Deus, pelo facto de ter conservado a recordação das suas reincarnações sucessivas, nomeadamente da sua existência durante a guerra de Tróia sob a figura de Euforbo, que Menelau tinha morto. Empédocles também recordava: «Vagabundo exilado da divina existência... fui outrora um rapaz e uma rapariga, um arbusto e um pássaro, um peixe que salta para fora do mar...» [in Diels e Kranz, 1915, 31, B. 115 e 117].

Assim, na aprendizagem pitagórica os «exercícios da memória» ocupavam um lugar muito importante. Epiménides, segundo Aristóteles [*Retórica*, 1418a, 27] alcançava um êxtase tão grande que lhe brotava a recordação do passado.

Mas, como Vernant [1965] argutamente observa, «a transposição de *Mnemósine* e do plano da cosmologia para o da escatologia modifica todo o equilíbrio dos mitos da memória».

Esta exclusão da memória do tempo separa radicalmente a memória da história. «O esforço de rememorização, previsto e exaltado no mito, não manifesta o renascer do interesse pelo passado, nem a tentativa de exploração do tempo humano [*ibid.*]. Assim, segundo a sua orientação, a memória pode conduzir à história ou distanciar-se dela. Quando posta ao serviço da escatologia nutre-se também ela de um verdadeiro ódio pela história (cf. o capítulo «Escatologia», no primeiro volume desta obra).

A filosofia grega, nos seus maiores pensadores, não reconciliou a memória e a história. Se, em Platão e em Aristóteles, a memória é uma componente da alma, não se manifesta todavia ao nível da sua parte intelectual, mas unicamente da sua parte sensível. Numa passagem célebre do *Teeteto* [191c-d], de Platão, Sócrates fala do bloco de cera que existe na nossa alma, que é «uma dádiva de Mnemósine, mãe da musa» e que nos permite guardar impressões feitas nele como com um estilete. A memória platónica perdeu o seu aspecto mítico, mas não procura fazer do passado um conhecimento: quer subtrair-se à experiência temporal.

Para Aristóteles – que distingue a memória propriamente dita, a *mnemê*, mera faculdade de conservar o passado, e a reminiscência, a *anamnese*, faculdade de evocar voluntariamente esse passado –, a memória, dessacralizada, laicizada, está «agora incluída no tempo, mas num tempo que permanece, também para Aristóteles, rebelde à inteligibilidade» [Vernant, 1965]. Mas o seu tratado *De memoria et reminiscentia* aparecerá aos grandes escolásticos da Idade Média, Alberto, *o Grande* e Tomás de Aquino, como uma *arte da memória* comparável à *Rhetorica ad Herennium*, atribuída a Cícero.

Esta laicização da memória, combinada com a invenção da escrita, permite à Grécia criar novas técnicas de memória: a mnemónica. Atribuiu-se tal invenção ao poeta Simónides de Ceos (aprox. 556-467 a.C). A *Cronaca di Paro*, gravada numa placa de mármore cerca de 264 a.C., define mesmo que em 477 «Simónides de Ceos, filho de Leoprepe, o inventor do sistema dos auxiliares mnemónicos, ganha o prémio do coro em Atenas» [citado *in* Yates, 1966]. Simónides estava ainda próximo da memória mítica e poética, compondo elegias aos heróis vitoriosos e cantos fúnebres, por exemplo, à memória dos soldados caídos nas Termópilas. Cícero, no seu *De oratore* [2, 86], descreveu sob a forma de uma lenda religiosa a invenção da mnemónica por Simónides. Durante um banquete oferecido por Scopa, um nobre da Tessália, Simónides cantou um poema em honra de Castor e Pólux. Scopa disse ao poeta que lhe pagaria apenas metade do preço estabelecido e que os próprios Dióscuros lhe pagassem a outra metade. Pouco depois vieram buscar Simónides dizendo-lhe que dois jovens o chamavam. Ele saiu e não viu ninguém. Mas enquanto estava lá fora o tecto da casa desabou sobre Scopa e seus convidados, cujos cadáveres esmagados ficaram irreconhecíveis. Simónides, recordando-se da ordem por que estavam sentados, identificou--os e puderam ser remetidos aos seus respectivos parentes [cf. Yates, 1966, pp. 3 e 27].

Simónides fixava assim dois princípios da memória artificial segundo os antigos: a recordação das *imagens*, necessária à memória; e o apoio de uma *organização*, uma *ordem*, essencial para uma boa memória. Simónides acelerou a dessacralização da memória e acentuou o seu carácter técnico e profissional aperfeiçoando o alfabeto e sendo o primeiro que se fez pagar pelas suas composições poéticas [cf. Vernant, 1965].

A Simónides deve ser atribuída uma distinção essencial na mnemónica: a distinção entre os *lugares da memória*, onde se pode por associação dispor os objectos da memória (o zodíaco forneceria em breve um tal quadro à memória, enquanto a memória artificial se constituía como um edifício dividido em «câmaras de memória») e as *imagens*, formas, traços característicos, símbolos que possibilitam a recordação mnemónica.

Depois dele apareceria uma outra grande distinção da mnemónica, tradicional: a distinção entre «memória para as coisas», e «memória para as palavras» que se encontra, por exemplo, num texto de cerca 400 a.C., a *Dialexeis* [cf. Yates, 1966].

Curiosamente, não nos chegou da Grécia antiga qualquer tratado de mnemónica: nem o do sofista Hípias, que, segundo Platão [*Hípias Menor*, 368d ss.], inculcava nos seus alunos um saber enciclopédico, graças a técnicas de rememorização com carácter puramente positivo; nem o de Metrodoro de Scepsi – que viveu no século I a.c. na corte de Mitridato, rei do Ponto, dotado também de uma memória prodigiosa – que elaborou uma memória artificial baseada no zodíaco.

Sobre a mnemotecnia grega existe informação sobretudo graças aos três textos latinos que, durante séculos, constituíram a teoria clássica da memória artificial (expressão que a eles se deve: *memória artificiosa*), a *Rhetorica ad Herennium*, compilada por um mestre anónimo de Roma entre 86 e 82 a.C. e que a Idade Média atribuiu a Cícero, o *De oratore* de Cícero (55 a.C.) e o *Institutio oratoria* de Quintiliano, escrito no fim do primeiro século da nossa era.

Estes três textos desenvolvem a mnemónica grega, fixando a distinção entre *lugares* e *imagens*, definindo o carácter activo dessas imagens no processo de rememorização (*imagines agentes*) e formalizando a divisão entre memória das coisas (*memoria rerum*) e memória das palavras (*memoria verborum*). Colocam, sobretudo, a memória no interior do grande sistema da *retórica* que iria dominar a cultura antiga, renascer na Idade Média (séculos (XII/XIII), conhecer uma nova vida nos nossos dias com os semióticos e outros novos retóricos [cf. Yates, 1955]. A memória é a quinta operação da retórica: depois da *inventio* (encontrar o que dizer), a *dispositio* (colocar em ordem o que se encontrou), a *elocutio* (acrescentar o ornamento das palavras e das figuras), a *actio* (recitar o discurso como um actor, com gestos e com dicção) e enfim a *memoria* (*memoriae mandare,* 'recorrer à memória').

Barthes [1964/65] observa: «As três primeiras operações são as mais importantes... as duas últimas (*actio* e *memoria*) foram rapidamente sacrificadas, desde o momento em que a retórica deixou de se apoiar apenas nos discursos falados (declamados) de advogados ou de homens políticos, ou de «conferencistas» (género epidíctico), para se apoiar depois, e quase exclusivamente, em obras (escritas). Não há portanto qualquer dúvida de que estas duas partes não apresentam algum interesse... a segunda porque postula um nível de estereótipos, uma intertextualidade fixa, transmitida mecanicamente».

Por fim, é necessário não esquecer que, a par da emergência espectacular da memória no interior da retórica, isto é, de uma arte da palavra ligada à escrita, a memória colectiva continua a desenvolver-se através da evolução social e política do mundo antigo. Veyne [1973] realçou a confiscação da memória colectiva operada pelos imperadores romanos, que se apropriaram sobretudo do monumento público e da inscrição, nesse delírio da memória epigráfica. Mas o senado romano, oprimido e por vezes dizimado pelos imperadores, encontra uma arma contra a tirania imperial. É a *damnatio memoriae*, que faz desaparecer o nome do imperador defunto dos documentos de arquivo e das inscrições monumentais. Ao poder exercido por meio da memória responde a destruição da memória.

3. A memória medieval no Ocidente

Enquanto a memória social «popular», ou antes «folclórica» nos escapa quase inteiramente, a memória colectiva formada por diferentes estratos sociais sofre na Idade Média profundas transformações. O essencial vem da difusão do cristianismo como religião e como ideologia dominante e do quasi-monopólio que a Igreja conquista no domínio intelectual. Cristianização da memória e da mnemónica, subdivisão da memória colectiva numa memória litúrgica, que se move em círculo, e numa memória laica de fraca penetração cronológica; desenvolvimento da memória dos mortos, principalmente dos mortos santificados; papel da memória no ensino concentrado, em simultâneo, no oral e no escrito; aparecimento, por fim, de tratados de memória (*artes memoriae*): tais são os traços mais característicos da metamorfose da memória verificada durante a Idade Média.

Se a memória antiga foi fortemente impregnada pela religião, o judaico-cristão aponta algo de diverso à relação entre memória e religião, entre o homem e Deus [cf. Meier, 1975]. Pode-se descrever o judaísmo e o cristianismo, religiões radicadas histórica e teologicamente na história, como «religiões da recordação» [cf. Oexle, 1976]. E isto em diferentes aspectos: porque actos divinos de salvação situados no passado formam o conteúdo da fé e o objecto do culto, mas também porque o livro sagrado, por um lado, a tradição histórica, por outro, nalguns aspectos essenciais insistem na necessidade da recordação como momento religioso fundamental.

No Antigo Testamento é sobretudo o *Deuteronómio* que apela para o dever da recordação e da memória organizada. Memória que é, antes de mais, um reconhecimento de Iavé, memória fundadora da identidade judaica: «Guarda-te para que não esqueças Iavé, teu Deus, não guardando os seus mandamentos, e os seus juízos e as suas leis...» [8,11]; «Não esqueças então Iavé, teu Deus, que te fez sair da terra do Egipto, da casa da servidão...» [8, 14]; «Lembra-te de Iavé, teu Deus: é ele que te dá força para adquirires poder; para confirmar o seu concerto, que jurou aos teus pais. (...) se te esqueceres de Iavé, teu Deus, e se ouvires outros deuses, e os servires, e te inclinares perante eles, aviso que hoje, de certo, perecereis» [8, 18-19].

Memória da cólera de Iavé: «Lembra-te. Não esqueças que irastę Iavé, teu Deus, no deserto» [9, 7]; «Lembra-te o que Iavé, teu Deus, fez a Miriam, durante a fuga do Egipto» [24, 9] [Iavé tornou Miriam leprosa porque tinha falado contra Moisés]. Memória das injúrias dos inimigos: «Lembra-te do que te fez Amalec durante a fuga do Egipto. Veio ao teu encontro no caminho e, por trás, depois de tu passares, atacou os fracos, quando estavas cansado e extenuado; ele não temeu a Deus. Quando Iavé, teu Deus, te tiver posto ao abrigo de todos os inimigos que te rodeiam, na terra que Iavé, teu Deus, te dá em herança para a possuíres, apagarás a recordação de Amalec de debaixo do céu. Não te esqueças!» [25, 17-19].

E em *Isaías* [44-21] está o apelo à recordação e a promessa da memória entre Iavé e Israel: «Lembra-te destas coisas, Jacob, e tu Israel, pois és meu servo; eu te formei, meu servo és, Israel; não me esquecerei de ti».

Toda uma família de palavras na base das quais está a raiz *zekar* (cf. Zacarias, em hebraico *Zekar-yah* = «Iavé recorda-se») faz do judeu um homem de tradição, ligado ao seu Deus pelas memória e promessa mútuas [cf. Childs, 1962]. O povo hebreu é o povo da memória por excelência.

No Novo Testamento, a Última Ceia fundamenta a redenção na recordação de Jesus: «Depois, tomando o pão, e havendo dado graças, partiu-o e deu-o, dizendo: "Este é o meu corpo que por vós é dado; fazei isto em memória de mim"» [Lucas, 22, 19]. João coloca a recordação de Jesus numa perspectiva escatológica: «Mas o Paracleto, o Espírito Santo, que o Pai enviará em meu nome, esse vos ensinará todas as coisas e vos fará lembrar tudo quanto vos tenho dito» [14, 26]. E Paulo prolonga esta perspectiva escatológica: «Porque, cada vez que comerdes este pão e beberdes este vinho, anunciareis a morte do Senhor até que venha.» [*I aos Coríntios*, 11, 26].

Assim, como com os Gregos (e Paulo está impregnado de helenismo), a memória pode resultar em escatologia, negar a experiência temporal e a história. Será uma das vias da memória cristã.

Mas no quotidiano o cristão é chamado a viver na memória das palavras de Jesus: «É necessário auxiliar os enfermos e recordar as palavras do Senhor Jesus» [*Actos*, 20, 35]; «Lembra-te de Jesus Cristo, da casa de David, ressuscitado de entre os mortos» [Paulo, II Ep. a *Timóteo*, 2, 8], memória que não é abolida na vida futura, no Além, se acreditarmos em Lucas que faz Abraão dizer ao rico que está no Inferno: «Lembra-te de que recebeste os teus bens em vida» [16, 25].

Mais historicamente, o ensino cristão apresenta-se como a memória de Jesus transmitida através dos apóstolos e dos seus sucessores. Paulo escreve a Timóteo: «O que aprendeste comigo, na presença de numerosas testemunhas, confia-o a homens fiéis, que sejam idóneos para também ensinarem outros» [II Ep. 2, 2]. O ensino cristão é memória, o culto cristão é comemoração [cf. Dahl, 1948].

Agostinho deixará em herança ao cristianismo medieval um aprofundamento e uma adaptação cristã da teoria da retórica antiga sobre a memória. Nas *Confissões* parte da concepção antiga dos *lugares* e das *imagens* de memória, mas dá-lhes uma extraordinária profundidade e fluidez psicológicas, referindo o «imenso salão da memória» (*in aula ingenti memoriae*), a sua «câmara vasta e infinita» (*penetrale amplum et infinitum*).

«Chego agora aos campos e às vastas zonas da memória, onde repousam os tesouros das inumeráveis imagens de toda a espécie de coisas introduzidas pela percepção; onde estão também depositados todos os produtos do nosso pensamento, obtidos através da ampliação, redução ou qualquer outra alteração da percepção dos sentidos, e tudo aquilo que nos foi poupado e posto de parte ou que o esquecimento ainda não absorveu e sepultou. Quando estou lá dentro, evoco todas as imagens que quero. Algumas apresentam-se no mesmo instante, outras fazem-se desejar por mais tempo, quase que são extraídas dos esconderijos mais secretos. Algumas precipitam-se em ondas, e enquanto procuro e desejo outras, dançam à minha frente com ar de quem diz "Não somos nós por acaso?", e afasto-as com a mão do espírito da face da recordação, até que aquela que procuro rompe da névoa e avança do segredo para o meu olhar; outras surgem dóceis, em grupos ordenados, à medida que as procuro, as primeiras retiram-se perante as segundas e, retirando-se, vão recolocar-se onde estarão, prontas a vir de novo, quando eu quiser. Tudo isto acontece quando faço um relato de memória» [citado *in* Yates, 1966].

Yates escreveu que estas imagens cristãs da memória se harmonizaram com as grandes igrejas góticas, nas quais talvez convenha ver um laço simbólico de memória. E onde Panofsky falou de gótico e de escolástico talvez se deva falar de arquitectura e de memória.

Mas Agostinho, avançando «nos campos e nos antros, nas cavernas inimagináveis da minha memória» [*Confissões*, X, 17.26], procura Deus no fundo da memória, mas não o encontra em nenhuma imagem nem em nenhum lugar [*ibid.*, 25.36-26.37]. Com Agostinho a memória penetra profundamente no *homem interior*, no seio da dialéctica cristã do interior e do exterior de onde saíram o exame de consciência, a introspecção, e mesmo até a psicanálise.

Mas Agostinho, como herança, deixa ao cristianismo medieval também uma versão cristã da trilogia antiga das três faculdades da alma: *memoria, intelligentia, providentia* [cf. Cícero, *De inventione*, II, 53, 160]. No seu tratado *De Trinitate* a tríade torna--se *memoria, intellectus, voluntas*, que são, no homem, as imagens da trindade.

Se a memória cristã se manifesta essencialmente na comemoração de Jesus – anualmente na liturgia que o comemora do Advento ao Pentecostes, através dos momentos essenciais do Natal, da Quaresma, da Páscoa e da Ascensão, quotidianamente na celebração eucarística –, num plano mais «popular», ela cristalizou-se, sobretudo, nos santos e nos mortos.

Os mártires eram testemunhos. Depois da sua morte, a memória dos cristãos cristalizava-se em torno da sua recordação. Aparecem nos *libri memoriales* onde as igrejas inscreviam aqueles de que se conservava a recordação e que eram objecto das suas orações. Assim foi no *Liber memorialis* de Salzburgo, no século VIII, e no de Newminster no século XI [cf. Oexle, 1976].

Os seus túmulos constituíram o centro de igrejas e o seu lugar recebeu, além dos nomes de *confessio* ou de *martyrium*, o significativo nome de *memória* [cf. Leclercq, 1933; Ward-Perkins, 1965].

Agostinho opõe, de forma surpreendente, o túmulo do apóstolo Pedro ao templo pagão de Rómulo, a glória da *memoria Petri* ao abandono do *templum Romuli* [*Enarrationes in Psalmos*, 44, 23].

Saída do culto antigo dos mortos e da tradição judaica dos túmulos dos patriarcas, esta prática conheceu particular relevo em África, onde a palavra se tornou sinónimo de *relíquia*.

Por vezes, até, a *memória* não comportava nem túmulo nem relíquias como na Igreja dos Santos Apóstolos, em Constantinopla.

Além disso, os santos eram comemorados no dia da sua festa litúrgica (e os maiores podiam ter várias, como S. Pedro). Tiago de Voragine [1230/1298], na sua *Lenda Dourada*, explica as três comemorações: a da cátedra de Pedro, a de S. Pedro acorrentado e a do seu martírio (que recordam a sua elevação ao pontificado de Antioquia, as suas prisões e a sua morte) e os simples cristãos tomaram o hábito de, a par do dia do seu nascimento, costume herdado da Antiguidade, festejar o dia do seu santo [cf. Dürig, 1954].

A comemoração dos santos tinha em geral lugar no dia conhecido ou suposto do seu martírio ou da sua morte. A associação da morte com a memória adquire com efeito e rapidamente uma enorme difusão no cristianismo, que a desenvolveu afastando-a do culto pagão dos antepassados e dos mortos.

Rapidamente surge na Igreja a prática das orações pelos mortos. Muito rapidamente também, a Igreja e a comunidade cristã, do mesmo modo que a comunidade judaica, passaram a ter *libri memoriales* (chamados, a partir do século XVII, simplesmente *necrólogos* ou *obituários* [cf. Huyghebaert, 1972]), nos quais estavam inscritas as pessoas vivas e sobretudo mortas, quase sempre benfeitoras da comunidade, de quem ela queria guardar memória e por quem rezava. Analogamente, os dípticos de marfim que, no fim do Império Romano, os cônsules costumavam oferecer ao imperador quando entravam em funções, foram cristianizados e serviram a partir daí para a comemoração dos mortos. As fórmulas que invocam a memória desses homens inscritos nos dípticos ou nos *libri memoriales* dizem todas aproximadamente a mesma coisa: «Quorum quarumque recolimus *memoriam*» (Aqueles ou aquelas cuja memória lembramos); «qui in libello memoriali... scripti *memorantes*» (aqueles que estão inscritos no livro de memória para serem lembrados); «quorum nomina ad *memorandum* conscripsimus» (aqueles de quem escrevemos os nomes para os guardarmos na memória).

No fim do século XI, a introdução do *Liber vitae* do mosteiro de S. Benedetto di Polirone declara, por exemplo: «O abade mandou fazer este livro que ficará sobre o altar para que todos os nomes dos nossos familiares que nele estão inscritos estejam sempre presentes aos olhos de Deus e para que a memória de todos seja universalmente mantida por todo o mosteiro, tanto na celebração das missas como em todas as outras boas obras» [citado in Oexle, 1976].

Por vezes, os *libri memoriales* reflectem a negligências daqueles que estavam incumbidos de os manter. Uma oração do

Liber memoriales de Reichenau diz: «Os nomes que tinha por encargo inscrever neste livro, mas que por incúria esqueci, recomendo-os a Ti, ó Cristo, e a tua mãe e a toda a potência celeste para que a sua memória seja celebrada tanto aqui na Terra como na beatitude da vida eterna» [citado *ibid.*, p. 85].

Ao lado do esquecimento havia, por vezes, para os indignos, a irradiação dos *livros de memória*. A excomunhão, nomeadamente, provocava essa *damnatio memoriae* cristã. O sínodo de Reisbach, em 798, relativamente a um excomungado, declara: «Que depois da sua morte não seja nada escrito em sua memória»; e o 21º sínodo de Elne, em 1027, decreta a propósito de outros condenados que os seus nomes não estejam mais no altar sagrado entre os dos fiéis mortos.

Muito cedo os nomes dos mortos foram introduzidos no *Memento* do cânone da missa. No século XI, sob o impulso de Cluny, foi instituída uma festa anual em memória de todos os fiéis mortos – a comemoração dos defuntos, a 2 de Novembro. O aparecimento, no fim do século XII, de um terceiro lugar no Além, entre o Inferno e o Paraíso – o Purgatório – de onde, através de missas, de orações, de esmolas, se podia fazer sair mais ou menos rapidamente os mortos pelos quais as pessoas se interessavam, intensificou o esforço dos vivos em favor da memória dos mortos. De qualquer modo, na linguagem corrente das fórmulas estereotipadas, a memória entra na definição dos mortos inesquecidos: estes são «de boa», «de bela memória» (*bonae memoriae, egregiae memoriae*).

Com o santo, a devoção cristalizava-se à volta do milagre. Os *ex voto*, que prometiam ou dispensavam reconhecimento em vista de um milagre ou depois da sua realização, conhecidos já no mundo antigo, tiveram grande difusão na Idade Média e conservavam a memória dos milagres [cf. Bautier, 1975]. Em compensação, entre o século IV e o XI há uma diminuição das inscrições funerárias [cf. Ariès, 1977].

Todavia, a memória desempenhava um papel considerável no mundo social, no mundo cultural e no mundo escolástico e, bem entendido, nas formas elementares da historiografia.

A Idade Média venerava os velhos, sobretudo porque via neles homens-memória, prestigiosos e úteis.

É interessante, entre outros, um documento que Marc Bloch [1911] publicou. Cerca de 1250, enquanto São Luís estava na cruzada, os cónegos de Notre-Dame de Paris quiseram lançar um imposto sobre os seus servos do domínio de Orly. Estes recusaram--se a pagá-lo e a regente Branca de Castela foi chamada a servir de árbitro na controvérsia. Os dois partidos apresentaram como testemunhas homens idosos pretendendo saber se, nas suas memórias, os servos de Orly eram ou não (tal dependia do seu partido) sujeitos a impostos: «*Ita usitatum est a tempore a quo non exstat memoria*» (isso aconteceu num tempo imemorial, fora de memória).

Guenée [1976/77], procurando elucidar o sentido da expressão medieval «os tempos modernos» (*tempora moderna*), depois de ter estudado atentamente a «memória» do conde de Anju, Foulque IV, o «briguento», que escreveu uma história da casa em 1096, do cónego de Cambrai, Hambert de Waltrelos, que escreveu uma crónica em 1152, e do dominicano Etienne de Bourbon, autor de uma recolha de *exempla* entre 1250 e 1260, chega às seguintes conclusões: «Na Idade Média, certos historiadores definem os tempos modernos como o tempo da memória; muitos sabem que uma memória credível pode durar aproximadamente cem anos; a modernidade, os tempos modernos, são portanto para cada um deles o século em que vivem ou acabam de viver os últimos anos».

De resto, um Inglês, Gautier Map, escreve no final do século XII: «Isto começou na nossa época. Entendo por "nossa época" o período que para nós é moderno, quer dizer, a extensão destes cem anos de que vemos agora o fim e de que todos os acontecimentos notáveis ainda estão frescos e presentes nas nossas memórias, primeiro porque alguns centenários ainda sobrevivem e também porque muitos filhos têm relatos muito exactos transmitidos pelos seus pais e avós daquilo que eles pessoalmente viram» [citado *ibid.*].

Todavia, nestes tempos, o escrito desenvolve-se a par do oral e, pelo menos entre o grupo dos *literatos*, há um equilíbrio entre memória oral e memória escrita, intensificando-se o recurso ao escrito como suporte da memória.

Os senhores obtêm dos seus *cartularii* os documentos em apoio dos seus direitos e que constituem, na parte do domínio da terra, a *memória feudal*; a outra parte, do lado dos homens, é constituída pelas *genealogias*. O exórdio da certidão concedida em 1174 por Guy, conde de Nevers, aos habitantes de Tonnerre, declara: «O uso das letras foi descoberto e inventado para conservar a memória das coisas». Aquilo que se pretende reter e registar na memória faz-se redigir por escrito, pois aquilo que não se consegue manter para sempre na «frágil e falível» memória conserva-se graças às letras «que duram sempre». Durante muito tempo os reis apenas tiveram pobres e ambulantes arquivos. Filipe-Augusto deixou os seus em 1194 na derrota de Fréteval, face a Ricardo, *Coração de Leão*. Os arquivos da chancelaria régia começaram a constituir-se cerca de 1200. No século XIII desenvolvem-se em França, por exemplo, os arquivos da Câmara dos Condes (os actos reais de interesse financeiro são reunidos em registos com o nome significativo de *memoriais*) e os do Parlamento. A partir do século XII, em Itália, do século XIII e em especial do século XIV, noutros países, proliferam os *arquivos notariais* [cf. Favier, 1958]. Com a expansão das cidades constituem-se os arquivos urbanos, zelosamente guardados pelas assembleias municipais. A memória urbana, para as instituições nascentes e ameaçadas, torna-se verdadeira identidade colectiva, comunitária. A este respeito Génova é pioneira; constitui arquivos desde 1127 e conserva ainda hoje registos notariais desde meados do século XII. O século XIV vê os primeiros inventários de arquivos (Carlos V em França, o papa Urbano V para os arquivos pontifícios em 1366, a monarquia inglesa em 1381). Em 1356 um tratado internacional (a paz de Paris entre o Delfim e a Savóia) ocupa-se pela primeira vez do destino dos arquivos dos países contratantes [cf. Bautier, 1961].

Durante muito tempo, no domínio literário, a oralidade continua ao lado da escrita e a memória é um dos elementos constitutivos da literatura medieval. Tal é particularmente verdadeiro para os séculos XI e XII e para a *canção de gesta* que faz apelo não só a processos de memorização por parte do trovador e do jogral, como por parte dos ouvintes, mas que também se integra na memória colectiva como bem o viu Zumthor a propósito do «herói» épico: O "herói"... existe apenas no canto; mas não deixa de existir também na memória colectiva, na qual participam os homens, poeta e público» [1972].

A memória tem uma função semelhante na escola. Riché afirma, sobre a Alta Idade Média: «O aluno deve registar tudo na sua memória. Nunca será de mais insistir nesta atitude intelectual que caracteriza e caracterizará por muito tempo ainda, não só o mundo ocidental mas o Oriente. Tal como o jovem muçulmano ou o jovem judeu, o estudante cristão deve saber de cor os textos sagrados. Primeiro, o saltério, que aprende mais ou menos depressa (alguns levam vários anos); em seguida, se é monge, a regra beneditina [*Coutumes de Murbach*, III, 80]. Nesta época, saber de memória é saber. Os mestres, retomando os conselhos de Quintiliano [*Inst. orat.*, XI, 2] e de Marziano Capella [*De nuptiis...*, cap. V], desejam que os seus alunos se exercitem a fixar tudo o que lêem (Alcuíno, *De Rhetorica*]. Imaginam vários métodos mnemónicos, compondo poemas alfabéticos (*versus memoriales*) que permitem reter facilmente gramática, computação e história». Neste mundo que passa da oralidade à escrita multiplicam-se, conforme as teorias de Goody, os glossários, os léxicos, as listas de cidades, de montanhas, de rios, de oceanos, que é necessário aprender de cor como o indica no século XI Rabano Mauro [*De universo libri viginti duo*, in Migne, *Patrologia latina*, CXI, col. 335].

No sistema escolástico das universidades, depois do final do século XII, o recurso à memória continua frequentemente a fundar-se mais na oralidade do que na escrita. Apesar do aumento do número de manuscritos escolásticos, a memorização dos cursos magistrais e das práticas orais (disputas, *quodlibetes*, etc.) continua a ser o núcleo do trabalho dos estudantes.

Entretanto, as teorias da memória desenvolvem-se na retórica e na teologia.

No *De nuptiis Mercurii et Philologiae* do século V, o retórico pagão Marziano Capella retoma, em termos enfáticos, a distinção clássica entre *loci* e *imagines*, entre uma memória «para as coisas» e uma memória «para as palavras». No tratado de Alcuíno, *De rhetorica*, vê-se Carlos Magno informar-se acerca das cinco partes da retórica até chegar à memória: «CARLOS MAGNO – E agora, o que te ocorre dizer sobre a memória, que considero a parte mais nobre da retórica?

«ALCUÍNO – Que mais posso dizer senão repetir as palavras de Marco Túlio? A memória é a arca de todas as coisas e se ela não se tornou a guardiã do que se pensou sobre coisas e palavras, sabemos que todos os outros dotes do orador, por mais excelentes que possam ser, se reduzem a nada.

«CARLOS MAGNO – Não há regras que nos ensinem como pode ser adquirida e aumentada?

«ALCUÍNO – Não temos outras regras a seu respeito, além do exercício de aprender de cor, da prática da escrita, da aplicação ao estudo e do evitar a embriaguez», [citado *in* Yates, 1966].

Alcuíno ignorava de facto a *Retorica ad Herennium* que, a partir do século XII, quando se multiplicam os manuscritos, é atribuída a Cícero (do qual o *De oratore* tal como o *Institutio oratoria* de Quintiliano são praticamente ignorados).

A partir do fim do século XII a retórica clássica toma a forma de *Ars dictaminis*, epistolografia de uso administrativo de que Bolonha se torna o grande centro. É aí que é escrito em 1235 o segundo tratado deste género, composto por Boncompagno da Signa, a *Rhetorica novissima*, onde a memória em geral é assim definida: «*O que é a memória*. A memória é um glorioso e admirável dom natual, através do qual reevocamos as coisas passadas, abraçamos as presentes e contemplamos as futuras, graças à sua semelhança com as passadas» [citado *ibid.*]. Depois disto, Boncompagno lembra a distinção fundamental entre *memória natural* e *memória artificial*. Para esta última, Boncompagno fornece uma longa lista de «sinais de memória» tirados da Bíblia, como, por exemplo, o canto do galo que é para São Pedro um «sinal mnemónico».

Boncompagno integra na ciência da memória os sistemas essenciais da moral cristã da Idade Média, as virtudes e os vícios, dos quais faz *signacula*, «notas mnemónicas» [*ibid.*] e, sobretudo, além da memória artificial, mas como «fundamental exercício da memória», a recordação do Paraíso e do Inferno ou antes a «memória do Paraíso» e a «memória das regiões infernais», num momento em que a distinção entre Purgatório e Inferno ainda não está completamente traçada. Inovação importante que, depois da *Divina Comédia*, inspirará as numerosas representações do Inferno, do Purgatório e do Paraíso, que devem ser vistas as mais das vezes como «lugares de memória» cujas divisórias lembram as virtudes e os vícios. É «com os olhos da memória», afirma Yates [*ibid.*], que é necessário ver os frescos de Giotto na capela dos Scrovegni de Pádua, as do «Buongoverno» e do «Malgoverno» de Ambrogio Lorenzetti no Palácio Municipal de Siena. A lembrança do Paraíso, do Purgatório e do Inferno encontrará a sua expressão suprema nas *Congestorium artificiosae memoriae* (1520) do dominicano alemão Johannes Romberch, que conhece todas as fontes antigas da arte da memória e se apoia sobretudo em Tomás de Aquino. Romberch, depois de ter levado à perfeição o sistema dos *lugares* e das *imagens*, esboça um sistema de memória enciclopédica em que o fundo medieval se desenvolve no espírito do Renascimento. Entretanto, a teologia tinha transformado a tradição antiga da memória como parte da retórica.

memória faz-se redigir por escrito, pois aquilo que não se consegue manter para sempre na «frágil e falível» memória conserva-se graças às letras «que duram sempre». Durante muito tempo os reis apenas tiveram pobres e ambulantes arquivos. Filipe-Augusto deixou os seus em 1194 na derrota de Fréteval, face a Ricardo, *Coração de Leão*. Os arquivos da chancelaria régia começaram a constituir-se cerca de 1200. No século XIII desenvolvem-se em França, por exemplo, os arquivos da Câmara dos Condes (os actos reais de interesse financeiro são reunidos em registos com o nome significativo de *memoriais*) e os do Parlamento. A partir do século XII, em Itália, do século XIII e em especial do século XIV, noutros países, proliferam os *arquivos notariais* [cf. Favier, 1958]. Com a expansão das cidades constituem-se os arquivos urbanos, zelosamente guardados pelas assembleias municipais. A memória urbana, para as instituições nascentes e ameaçadas, torna-se verdadeira identidade colectiva, comunitária. A este respeito Génova é pioneira; constitui arquivos desde 1127 e conserva ainda hoje registos notariais desde meados do século XII. O século XIV vê os primeiros inventários de arquivos (Carlos V em França, o papa Urbano V para os arquivos pontifícios em 1366, a monarquia inglesa em 1381). Em 1356 um tratado internacional (a paz de Paris entre o Delfim e a Savóia) ocupa-se pela primeira vez do destino dos arquivos dos países contratantes [cf. Bautier, 1961].

Durante muito tempo, no domínio literário, a oralidade continua ao lado da escrita e a memória é um dos elementos constitutivos da literatura medieval. Tal é particularmente verdadeiro para os séculos XI e XII e para a *canção de gesta* que faz apelo não só a processos de memorização por parte do trovador e do jogral, como por parte dos ouvintes, mas que também se integra na memória colectiva como bem o viu Zumthor a propósito do «herói» épico: O "herói"... existe apenas no canto; mas não deixa de existir também na memória colectiva, na qual participam os homens, poeta e público» [1972].

A memória tem uma função semelhante na escola. Riché afirma, sobre a Alta Idade Média: «O aluno deve registar tudo na sua memória. Nunca será de mais insistir nesta atitude intelectual que caracteriza e caracterizará por muito tempo ainda, não só o mundo ocidental mas o Oriente. Tal como o jovem muçulmano ou o jovem judeu, o estudante cristão deve saber de cor os textos sagrados. Primeiro, o saltério, que aprende mais ou menos depressa imposto sobre os seus servos do domínio de Orly. Estes recusaram-se a pagá-lo e a regente Branca de Castela foi chamada a servir de árbitro na controvérsia. Os dois partidos apresentaram como testemunhas homens idosos pretendendo saber se, nas suas memórias, os servos de Orly eram ou não (tal dependia do seu partido) sujeitos a impostos: «*Ita usitatum est a tempore a quo non exstat memoria*» (isso aconteceu num tempo imemorial, fora de memória).

Guenée [1976/77], procurando elucidar o sentido da expressão medieval «os tempos modernos» (*tempora moderna*), depois de ter estudado atentamente a «memória» do conde de Anju, Foulque IV, o «briguento», que escreveu uma história da casa em 1096, do cónego de Cambrai, Hambert de Waltrelos, que escreveu uma crónica em 1152, e do dominicano Etienne de Bourbon, autor de uma recolha de *exempla* entre 1250 e 1260, chega às seguintes conclusões: «Na Idade Média, certos historiadores definem os tempos modernos como o tempo da memória; muitos sabem que uma memória credível pode durar aproximadamente cem anos; a modernidade, os tempos modernos, são portanto para cada um deles o século em que vivem ou acabam de viver os últimos anos».

De resto, um Inglês, Gautier Map, escreve no final do século XII: «Isto começou na nossa época. Entendo por "nossa época" o período que para nós é moderno, quer dizer, a extensão destes cem anos de que vemos agora o fim e de que todos os acontecimentos notáveis ainda estão frescos e presentes nas nossas memórias, primeiro porque alguns centenários ainda sobrevivem e também porque muitos filhos têm relatos muito exactos transmitidos pelos seus pais e avós daquilo que eles pessoalmente viram» [citado *ibid.*].

Todavia, nestes tempos, o escrito desenvolve-se a par do oral e, pelo menos entre o grupo dos *literatos*, há um equilíbrio entre memória oral e memória escrita, intensificando-se o recurso ao escrito como suporte da memória.

Os senhores obtêm dos seus *cartularii* os documentos em apoio dos seus direitos e que constituem, na parte do domínio da terra, a *memória feudal*; a outra parte, do lado dos homens, é constituída pelas *genealogias*. O exórdio da certidão concedida em 1174 por Guy, conde de Nevers, aos habitantes de Tonnerre, declara: «O uso das letras foi descoberto e inventado para conservar a memória das coisas». Aquilo que se pretende reter e registar na

Liber memoriales de Reichenau diz: «Os nomes que tinha por encargo inscrever neste livro, mas que por incúria esqueci, recomendo-os a Ti, ó Cristo, e a tua mãe e a toda a potência celeste para que a sua memória seja celebrada tanto aqui na Terra como na beatitude da vida eterna» [citado *ibid.*, p. 85].

Ao lado do esquecimento havia, por vezes, para os indignos, a irradiação dos *livros de memória*. A excomunhão, nomeadamente, provocava essa *damnatio memoriae* cristã. O sínodo de Reisbach, em 798, relativamente a um excomungado, declara: «Que depois da sua morte não seja nada escrito em sua memória»; e o 21º sínodo de Elne, em 1027, decreta a propósito de outros condenados que os seus nomes não estejam mais no altar sagrado entre os dos fiéis mortos.

Muito cedo os nomes dos mortos foram introduzidos no *Memento* do cânone da missa. No século XI, sob o impulso de Cluny, foi instituída uma festa anual em memória de todos os fiéis mortos – a comemoração dos defuntos, a 2 de Novembro. O aparecimento, no fim do século XII, de um terceiro lugar no Além, entre o Inferno e o Paraíso – o Purgatório – de onde, através de missas, de orações, de esmolas, se podia fazer sair mais ou menos rapidamente os mortos pelos quais as pessoas se interessavam, intensificou o esforço dos vivos em favor da memória dos mortos. De qualquer modo, na linguagem corrente das fórmulas estereotipadas, a memória entra na definição dos mortos inesquecidos: estes são «de boa», «de bela memória» (*bonae memoriae, egregiae memoriae*).

Com o santo, a devoção cristalizava-se à volta do milagre. Os *ex voto*, que prometiam ou dispensavam reconhecimento em vista de um milagre ou depois da sua realização, conhecidos já no mundo antigo, tiveram grande difusão na Idade Média e conservavam a memória dos milagres [cf. Bautier, 1975]. Em compensação, entre o século IV e o XI há uma diminuição das inscrições funerárias [cf. Ariès, 1977].

Todavia, a memória desempenhava um papel considerável no mundo social, no mundo cultural e no mundo escolástico e, bem entendido, nas formas elementares da historiografia.

A Idade Média venerava os velhos, sobretudo porque via neles homens-memória, prestigiosos e úteis.

É interessante, entre outros, um documento que Marc Bloch [1911] publicou. Cerca de 1250, enquanto São Luís estava na cruzada, os cónegos de Notre-Dame de Paris quiseram lançar um de Voragine [1230/1298], na sua *Lenda Dourada*, explica as três comemorações: a da cátedra de Pedro, a de S. Pedro acorrentado e a do seu martírio (que recordam a sua elevação ao pontificado de Antioquia, as suas prisões e a sua morte) e os simples cristãos tomaram o hábito de, a par do dia do seu nascimento, costume herdado da Antiguidade, festejar o dia do seu santo [cf. Dürig, 1954].

A comemoração dos santos tinha em geral lugar no dia conhecido ou suposto do seu martírio ou da sua morte. A associação da morte com a memória adquire com efeito e rapidamente uma enorme difusão no cristianismo, que a desenvolveu afastando-a do culto pagão dos antepassados e dos mortos.

Rapidamente surge na Igreja a prática das orações pelos mortos. Muito rapidamente também, a Igreja e a comunidade cristã, do mesmo modo que a comunidade judaica, passaram a ter *libri memoriales* (chamados, a partir do século XVII, simplesmente *necrólogos* ou *obituários* [cf. Huyghebaert, 1972]), nos quais estavam inscritas as pessoas vivas e sobretudo mortas, quase sempre benfeitoras da comunidade, de quem ela queria guardar memória e por quem rezava. Analogamente, os dípticos de marfim que, no fim do Império Romano, os cônsules costumavam oferecer ao imperador quando entravam em funções, foram cristianizados e serviram a partir daí para a comemoração dos mortos. As fórmulas que invocam a memória desses homens inscritos nos dípticos ou nos *libri memoriales* dizem todas aproximadamente a mesma coisa: «Quorum quarumque recolimus *memoriam*» (Aqueles ou aquelas cuja memória lembramos); «qui in libello memoriali... scripti *memorantes*» (aqueles que estão inscritos no livro de memória para serem lembrados); «quorum nomina ad *memorandum* conscripsimus» (aqueles de quem escrevemos os nomes para os guardarmos na memória).

No fim do século XI, a introdução do *Liber vitae* do mosteiro de S. Benedetto di Polirone declara, por exemplo: «O abade mandou fazer este livro que ficará sobre o altar para que todos os nomes dos nossos familiares que nele estão inscritos estejam sempre presentes aos olhos de Deus e para que a memória de todos seja universalmente mantida por todo o mosteiro, tanto na celebração das missas como em todas as outras boas obras» [citado in Oexle, 1976].

Por vezes, os *libri memoriales* reflectem a negligências daqueles que estavam incumbidos de os manter. Uma oração do

Na linha de Santo Agostinho, de Santo Anselmo e do cisterciense Ailred de Rievaux retoma-se a tríade *intellectus, voluntas, memoria*, das quais Santo Anselmo faz as três «dignidades» (*dignitates*) da alma; mas no *Monologion* a tríade torna-se *memoria, intelligentia, amor*. Pode haver memória e inteligência sem amor, mas não pode haver amor sem memória e inteligência. Também Ailred de Rievaux, no seu *De anima*, se preocupa sobretudo em situar a memória entre as faculdades da alma.

No século XIII os dois gigantes dominicanos, Alberto Magno e Tomás de Aquino, atribuem um lugar importante à memória. À retórica antiga, a Agostinho, acrescentam sobretudo Aristóteles e Avicena. Alberto trata a memória no *De bono*, no *De anima* e no seu comentário ao livro *Della memoria et della reminiscentia* de Aristóteles. Parte da distinção aristotélica entre memória e reminiscência. Está na linha do cristianismo do «homem interior», incluindo a intenção (*intentio*) na imagem de memória; pressente o papel da memória no imaginário, admitindo que a *fábula*, o *maravilhoso*, as *emoções* que conduzem à metáfora (*metaphorica*) ajudam a memória, mas, porque a memória é um auxiliar indispensável da prudência, isto é, da sageza (imaginada como uma mulher de três olhos que pode ver as coisas passadas, presentes e futuras), Alberto insiste na importância da aprendizagem da memória, nas técnicas mnemónicas. Por fim, Alberto, como bom «naturalista», põe a memória em relação com os temperamentos. Para ele, o temperamento mais favorável a uma boa memória é «a melancolia intelectual» [citado *ibid.*]. Alberto Magno, precursor da «melancolia» do Renascimento, na qual se deveria ver um pensamento e uma sensibilidade da recordação? O «melancólico» Lourenzo de Médicis suspira: «E se não fosse o recordar ainda / consolador dos amantes ansiosos, / A morte teria posto fim a tantas penas».

Prescindindo de qualquer outra disposição, Tomás de Aquino estava particularmente apto a tratar da memória: a sua memória natural era, parece, fenomenal, e a sua memória artificial fora desenvolvida pelo ensino de Alberto Magno, em Colónia.

Tomás de Aquino, como Alberto Magno, trata na *Summa Theologiae* da memória artificial a propósito da virtude da prudência [$2^a - 2^{ae}$ q. 68: *De partibus Prudentiae*; q. 69: *De singulis prudentiae partibus*, art. I: *Utrum memoria sit pars prudentiae*) e, como Alberto Magno, escreveu um comentário ao livro *De memoria et reminiscentia* de Aristóteles. Partindo da doutrina clássica dos *lugares* e das *imagens* formulou quatro regras mnemónicas:

1) É necessário encontrar «simulacros adequados das coisas que se deseja recordar» e «É necessário, segundo este método, inventar simulacros e imagens porque as intenções simples e espirituais facilmente se evolam da alma, a menos que estejam, por assim dizer, ligadas a qualquer símbolo corpóreo, pois o conhecimento humano é mais forte em relação aos *sensibilia*; por esta razão, o poder memorativo reside na parte sensitiva da alma» [citado *ibid.*]. A memória está ligada ao corpo.

2) É necessário, em seguida, dispor «numa ordem calculada as coisas que se deseja recordar, de modo a que, de um ponto recordado, se torne fácil a passagem ao ponto que lhe sucede». A memória é razão.

3) É necessário «aderir com vivo interesse ao que se deseja recordar» [*ibid.*]. A memória está ligada à atenção e à intenção.

4) É necessário «meditar com frequência no que se deseja recordar». É por isso que Aristóteles diz que «a meditação preserva a memória», pois «o hábito é como natureza» [*ibid.*].

A importância destas regras é demonstrada pela influência que elas exerceram, durante séculos, sobretudo do século XIV ao XVII, nos teóricos da memória, nos teólogos, nos pedagogos e nos artistas. Yates pensa que os frescos da segunda metade do século XIV, do Cappellone degli Spagnoli no convento dominicano de Santa Maria Novella, em Florença, são a ilustração, pela utilização de «símbolos corpóreos» para designar artes liberais e disciplinas teológico--filosóficas, das teorias tomistas sobre a memória.

O dominicano Giovanni da San Gimignano, na *Summa de exemplis ac similitudinibus rerum*, do início do século XIV, transcreve em fórmulas resumidas as regras dos tomistas: «Há quatro coisas que ajudam o homem a bem recordar. A primeira é que se disponham as coisas que se deseja recordar numa certa ordem. A segunda é que se adira a elas com paixão. A terceira consiste em as reportar a similitudes insólitas. A quarta consiste em as chamar com frequentes meditações» [citado *ibid.*].

Pouco depois, um outro dominicano do convento de Pisa, Bartolomeo da San Concordio, retomou as regras tomistas da memória nos seus *Ammaestramenti degli antichi*, a primeira obra a tratar da arte da memória em língua vulgar – em italiano –, pois era destinada aos laicos.

Entre as numerosas *artes memoriae* da Baixa Idade Média, época do seu grande esplendor (tal como o foi para as *artes moriendi*), pode-se citar a *Phoenix sive artificiosa memoria* (1491) de Pietro da Ravenna, que foi, parece, o mais difundido destes tratados. Conheceu diversas edições no século XVI e foi traduzido em diversas línguas, por exemplo por Robert Copland em Londres, cerca de 1548, sob o título *The Art of Memory that is Otherwise Called the Phoenix*.

Erasmo, no *De ratione studii* (1512), é indiferente aos confrontos da ciência mnemónica: «Se bem que não negue que a memória pode ser ajudada por lugares e imagens, a melhor memória funda-se em três coisas da máxima importância: estudo, ordem e interesse» [citado *ibid.*]. Erasmo considera no fundo a arte da memória como um exemplo da barbárie intelectual medieval e escolástica e adverte particularmente contra as práticas mágicas da memória.

Melâncton nas suas *Rhetorica elementa* (1534) proibirá aos estudantes o uso das técnicas, dos «truques» mnemónicos. Para ele, a memória faz parte da aprendizagem normal do saber.

Não podemos deixar a Idade Média sem evocar um teórico, também muito original neste domínio da memória: Raimundo Lúlio. Depois de ter estudado a memória em vários tratados, Lúlio acaba por compor três tratados: *De memoria, De intellectu* e *De voluntate* (portanto a partir da trindade agustiniana), sem contar com o *Liber ad memoriam confirmandam*. Bem diferente das *ars memoriae* dominicanas, a *ars memoriae* de Lúlio é «um método de pesquisa e um método de pesquisa lógica» [*ibid.*] que é esclarecido pelo *Liber septem planetarum* do próprio Lúlio. Os segredos da *ars memorandi* estão escondidos nos sete planetas. A interpretação neoplatónica do lulismo na Florença do século XV (Pico della Mirandola) leva a ver na *ars memoriae* uma doutrina cabalística, astrológica e mágica, que iria ter, assim, grande influência no Renascimento.

4. Os progressos da memória escrita e figurada, do Renascimento aos nossos dias.

A imprensa revoluciona, embora lentamente, a memória ocidental. Revoluciona-a ainda mais lentamente na China onde, apesar de a imprensa ter sido descoberta no século IX da nossa era, se ignoraram os caracteres móveis, a tipografia; até à introdução, no século XIX, dos processos mecânicos ocidentais, a China limitou-se à xilografia, impressão de pranchas gravadas em relevo. A imprensa não pôde, pois, agir de forma maciça na China, mas os seus efeitos sobre a memória, pelo menos entre as camadas cultas, foi importante, pois imprimiram-se sobretudo tratados científicos e técnicos que aceleraram e alargaram a memorização do saber.

As coisas passaram-se de forma diferente no Ocidente. Leroi-Gourhan caracterizou bem esta revolução da memória pela imprensa: «Até ao aparecimento da imprensa... dificilmente se distingue entre a transmissão oral e a transmissão escrita. O grosso do conhecimento está mergulhado nas práticas orais e nas técnicas; a área culminante do saber, com enquadramento imutável desde a Antiguidade, é fixada no manuscrito para ser aprendida de cor... Bem diferente é o que está impresso... não só o leitor é colocado em presença de uma memória colectiva enorme, cuja matéria não é mais capaz de fixar integralmente, mas é frequentemente colocado em situação de explorar textos novos. Assiste-se então à exteriorização progressiva da memória individual; é do exterior que se faz o trabalho de orientação que está escrito no escrito» [1964/65].

Mas os efeitos da imprensa só se farão sentir plenamente no século XVIII, após o progresso da ciência e da filosofia terem transformado o conteúdo e o mecanismo da memória colectiva. «O século XVIII assinala na Europa o fim do mundo antigo, tanto na imprensa como na técnica... No decorrer de alguns decénios a memória social absorveu nos livros toda a Antiguidade, a história dos grandes povos, a geografia e a etnografia de um mundo que se tornou definitivamente esférico, a filosofia, o direito, a ciência, as artes, a técnica e uma literatura traduzida em vinte línguas diferentes. O fluxo vai aumentando perante nós mas, feitas as devidas proporções, nenhum momento da história humana assistiu a uma tão rápida dilatação da memória colectiva. É que, no século XVIII, encontramos já todas as fórmulas utilizáveis para dar ao leitor uma memória pré-constituída» [*ibid.*].

É durante este período que separa o fim da Idade Média e os inícios da imprensa e o começo do século XVIII que Yates situou a longa agonia da arte da memória. No século XVIII «parece que a arte da memória se está afastar dos grandes centros nevrálgicos da tradição europeia para se tornar marginal» [Yates, 1966].

Se bem que opúsculos com títulos tais *Como melhorar a tua memória* não tenham cessado de ser editados (e isto continua até aos nossos dias), a teoria clássica da memória – formada na Antiguidade greco-romana e modificada pela escolástica, que tivera um lugar central na vida escolar, literária (que se pense novamente na *Divina Comédia*) e artística da Idade Média – desapareceu quase completamente no movimento humanista. Mas a corrente hermética, de que Lúlio foi um dos fundadores e que Marsilio Ficino e Pico de Mirândola impulsionaram definitivamente, desenvolveu-se consideravelmente até ao início do século XVII.

Ela inspirou, em primeiro lugar, uma personagem curiosa, célebre no seu tempo, em Itália e em França, e depois esquecida: Giulio Camillo Delminio, «o divino Camillo, [cf. *ibid*.]. Este veneziano nascido cerca de 1480 e falecido em Milão em 1544, construiu em Veneza, e depois em Paris, um teatro de madeira de que não se possui qualquer descrição mas que se pode supor assemelhar-se ao teatro ideal descrito por Giulio Camillo na *Idea del teatro* publicada depois da sua morte, em 1550, em Veneza e em Florença. Construído com base nos princípios da ciência mnemónica clássica, este teatro é de facto uma representação do universo que se desenvolve a partir das causas primeiras, passando pelas diversas fases da criação. As suas bases são os planetas, os signos do zodíaco e os supostos tratados de Hermes Trismegisto: o *Asclepius*, na tradução latina conhecida na Idade Média, e o *Corpus Hermeticum* na versão latina de Marsilio Ficino. O *Teatro* de Camillo deve ser situado no Renascimento veneziano da primeira metade do século XVI e, por sua vez, a *arte di memoria* deve ser recolocada nesse Renascimento, nomeadamente na sua arquitectura. Se, influenciado por Vitrúvio, Paládio (nomeadamente no Teatro Olímpico de Vicenza), provavelmente influenciado por Camillo, não foi até ao extremo da arquitectura teatral fundada numa teoria hermética da memória, foi seguramente em Inglaterra que estas teorias conheceram o seu maior esplendor. De 1617 a 1621 foram publicados em Oppenheim, na Alemanha, os dois volumes do *Utriusque cosmi maioris scilicet et minoris metaphysica, Physica atque technica historia* de Robert Fludd, onde se encontra a teoria hermética do teatro da memória transformado desta vez de rectangular em circular (*ars rotunda* em vez de *ars quadrata*), que Yates pensa estar representado pelo Globe Theater, de Londres, no qual foi encenado o teatro de Shakespeare [*ibid*.].

Todavia, as teorias ocultistas da memória tiveram em Giordano Bruno o maior teórico; e tais teorias tiveram uma função decisiva nas perseguições, na condenação eclesiástica e na execução do célebre dominicano. No belo livro de Frances Yates poder-se-á ler os detalhes de teorias que se exprimem nomeadamente no *De umbris idearum* (1582), no *Cantus Circaeus* (1582), no *Ars reminiscendi, explicatio triginta sigillorum ad omnium scientiarum et artium inventionem, dispositionem et memoriam* (1583), na *Lampas triginta statuarum* (1587), no *De imaginum, signorum et idearum compositione* (1591). Basta dizer que, para Bruno, as rodas da memória funcionavam por magia e que «tal memória seria a memória de um homem divino, de um mago provido de poderes divinos, graças a uma imaginação imbrincada na acção dos poderes cósmicos. E tal tentativa devia apoiar-se no pressuposto hermético de que a *mens* do homem é divina, ligada na origem aos governantes das estrelas, capaz de reflectir e dominar o universo» [Yates, 1966].

Finalmente, em Leão, em 1617, um certo Johannes Paepp revelava, no seu *Schenkelius detectus: seu memoria artificialis hactenus occultata*, que o seu mestre, Lambert Schenkel, que tinha publicado dois tratados sobre a memória (*De memoria*, 1593, e o *Gazophylacium*, 1610), aparentemente fiéis às teorias antigas e escolásticas da memória, era na realidade um adepto oculto do hermetismo. Foi o canto do cisne do hermetismo mnemónico. O método científico que o século XVIII iria elaborar devia destruir este segundo ramo da *ars memoriae* medieval.

Já o protestante francês Pedro Ramus, nascido em 1515 e vítima em 1572 da matança de S. Bartolomeu, nos seus *Scholae in liberales artes* (1569), pedira a substituição das antigas técnicas de memorização por novas, fundadas na «ordem dialéctica», num «método». Reivindicação da inteligência contra a memória que até aos nossos dias não deixou de inspirar uma corrente «antimemória», que reclama, por exemplo, uma dispersão ou diminuição das matérias ditas «de memória» nos programas escolares, enquanto os psicólogos da criança, como Jean Piaget, demonstraram, como se viu, que memória e inteligência, longe de se combater, se apoiam mutuamente.

Em todo o caso, Francis Bacon escreve no *Novum Organum*, em 1620: «Foi elaborado e posto em prática um método que, na realidade, não é um método legítimo, mas um método de impostura: consiste em comunicar o conhecimento de tal forma que quem não tenha cultura pode rapidamente por-se em condições de poder mostrar que a tem. Foi este o trabalho de Raimundo Lúlio...» [citado *ibid.*].

Na mesma época (1619/1621), Descartes, nas *Cogitationes privatae* polemiza com a «inútil inépcia de Schenkel (no livro *De arte memoriae*)» e propõe dois «métodos» lógicos para dominar a imaginação: «Actua-se através da redução das coisas às causas. E como todas podem ser reduzidas a uma, é evidente que não é preciso memória para se reter toda a ciência» (citado *ibid.*].

Talvez só Leibniz, nos seus manuscritos ainda inéditos, conservados em Hannover [cf. *ibid.*], tenha tentado reconciliar a arte *di memoria* de Lúlio, qualificada por ele de «combinatória», com a ciência moderna. As rodas da memória de Lúlio, retomadas por Giordano Bruno, são movidas por *sinais, notas, caracteres, selos*. Basta, parece pensar Leibniz, fazer das *notas* a linguagem matemática universal: matematização da memória, ainda hoje impressionante, entre o sistema luliano medieval e a cibernética moderna.

Sobre este período da «memória em expansão» (como o designou Leroi-Gourhan) verificar-se-á agora o testemunho do vocabulário; isto considerando os dois campos semânticos saídos da *mneme* e da *memoria*.

A Idade Média criou a palavra central *memória*, aparecida desde os primeiros monumentos da língua, no século XI. No século XIII é acrescentada a palavra *memorial* (que diz respeito, vimo--lo, a contas financeiras), e em 1320 *memento*, no masculino, designando um «lembrete», um *dossier* administrativo. A memória torna-se burocrática, ao serviço do centralismo monárquico que então surge. O século XV vê o aparecimento de memorável, numa época de apogeu das *artes memoriae* e de renovação da literatura antiga – memória tradicionalista. No século XVI, em 1552, aparecem as *memórias* escritas por personagens importantes; é o século em que a história nasce e o indivíduo se afirma. O século XVIII cria, em 1726, o termo *memorialista* e, em 1777, *memorandum,* derivado do latim. Memória jornalística e diplomática: é a entrada em cena da opinião pública, nacional e internacional, que constrói também ela a sua memória. Na primeira metade do século XIX presencia-se um conjunto maciço de criações verbais: *amnésia*, introduzido em 1803 pela ciência médica, *mnemónica* (1800), *mnemotecnia* (1836) e *memorização*, criados em 1847, conjunto de termos que testemunha os progressos do ensino e da pedagogia. Finalmente, em 1907 o pedante *memorizar* parece resumir a influência adquirida pela memória em expansão.

No entanto, o século XVIII, como assinalou Leroi-Gourhan, joga um papel decisivo neste alargamento da memória colectiva: «Os dicionários atingem os seus limites nas enciclopédias de toda a espécie que são publicadas, tanto para o uso das fábricas ou dos artesãos, como dos eruditos puros. O primeiro verdadeiro grande salto da literatura técnica situa-se na segunda metade do século XVIII... O dicionário constitui uma forma muito evoluída de memória exterior, mas em que o pensamento se encontra fragmentado até ao infinito; em França, a *Grande Enciclopédie* de 1751 constitui uma série de pequenos manuais reunidos num dicionário... A enciclopédia é uma memória alfabética parcelar na qual cada engrenagem isolada contém uma parte animada da memória total. Há entre o autómato de Vaucanson e a *Enciclopédie*, que lhe é contemporânea, a mesma relação que há entre a máquina electrónica e o actual integrador dotado de memória» [1964/65].

A memória até então acumulada vai explodir na revolução de 1789: não terá sido ela o seu grande detonador?

Enquanto os vivos podem dispor de uma memória técnica, científica e intelectual cada vez mais rica, a memória parece afastar--se dos mortos. Do final do século XVII até ao fim do século XVIII, de qualquer modo na França de Philippe Ariès e de Michel Vovelle, a comemoração dos mortos entra em declínio. Os túmulos, incluindo os dos reis, tornam-se muito simples. As sepulturas são abandonadas à natureza e os cemitérios desertos e mal cuidados. O francês Pierre Muret, nas suas *Cérémonies funèbres de toutes les nations* [1675], acha particularmente chocante o esquecimento dos mortos em Inglaterra e atribui-o ao protestantismo: para os Ingleses, de facto, evocar a memória dos defuntos parece demasiado papismo. Michel Vovelle [1974] julga decobrir que, na Idade das Luzes, se quer «eliminar a morte».

Imediatamente a seguir à Revolução Francesa assiste-se a um retorno da memória dos mortos em França, como noutros países da Europa. Recomeça a grande época dos cemitérios, com novos tipos de monumentos e de inscrições funerárias, com o rito da visita ao cemitério. O túmulo destacado da igreja voltou a ser centro de recordação. O Romantismo acentua a atracção do cemitério ligado à memória.

O século XIX vê – não tanto na ordem do saber como no século XVIII, mas mais na ordem dos sentimentos e também, diga-se em abono da verdade, da educação – uma explosão do espírito contemplativo.

Foi a Revolução Francesa a dar o exemplo? Mona Ozouf descreveu bem esta utilização da festa revolucionária ao serviço da memória. «Comemorar» faz parte do programa revolucionário: «Todos os compiladores de calendários e de festas concordam com a necessidade de alimentar através da festa a recordação da revolução» [1976].

No final do seu título I, a Constituição de 1791 declara: «Serão estabelecidas festas nacionais para conservar a recordação da Revolução Francesa».

Mas cedo aparece a manipulação da memória. Depois do Nove de Termidor (*) é-se sensível aos massacres e às execuções do terror, decidindo-se subtrair à memória colectiva «a multiplicidade das vítimas» e «nas festas comemorativas, a censura irá pois disputá-la, à memória» [*ibid.*]. É necessário, aliás, escolher. Apenas três jornadas revolucionárias parecem aos termidoreanos dignas de serem comemoradas: o 14 de Julho, o 1.º Vindimário, dia do ano republicano que não foi manchado por qualquer gota de sangue e, com mais hesitação, o 10 de Agosto, data da queda da monarquia. Em contrapartida, a comemoração do 21 de Janeiro, dia da execução de Luís XVI, não terá êxito: é a «comemoração impossível».

O Romantismo reencontra, de um modo mais literário do que dogmático, a sedução da memória. Na sua tradução do tratado de Vico, *De antiquissima Italorum sapientia* (1710), Michelet pode ler este parágrafo *Memoria et phantasia:* «Os Latinos designam a memória por *memoria* quando ela guarda as percepções dos sentidos, e por *reminiscentia* quando os restitui. Mas designava da mesma forma a faculdade pela qual formamos imagens, a que os Gregos chamavam *phantasia*, e nós *imaginativa*, e os Latinos *memorare*... Os Gregos contam também na sua mitologia que as musas, as virtudes da imaginação, são filhas da memória» [1835]. Ele encontra aí a ligação entre memória e imaginação, memória e poesia.

Contudo, a laicização das festas e do calendário facilita em muitos países a multiplicação das comemorações. Em França, a

---

(*) Corresponde ao 27 de Julho de 1794, data da queda de Robespierre, que tinha posto fim ao terror. (N. do T.)

memória da revolução deixa-se reduzir à celebração do 14 de Julho, cujas vicissitudes Rosemonde Sanson [1976] narrou. Suprimida por Napoleão, a festa é restabelecida, por proposta de Benjamim Raspail, a 6 de Julho de 1880. O relator da proposta de lei declarara: «A organização de uma série de festas nacionais, lembrando ao povo recordações que se ligam à instituição política existente, é uma necessidade reconhecida e posta em prática por todos os governos». No final de 1872, Gambetta escreveu em «La République Française» de 15 de Julho: «Uma nação livre tem necessidade de festas nacionais».

Nos Estados Unidos da América, a seguir à Guerra de Secessão, os estados do Norte estabelecem um dia comemorativo, o 30 de Maio, festejado a partir de 1868. Em 1882, deu-se a esse dia o nome de «*Memorial Day*».

Se os revolucionários querem festas comemorando a revolução, a mania da comemoração é sobretudo um apanágio dos conservadores e ainda mais dos nacionalistas, para quem a memória é um objectivo e um instrumento de governo. Ao 14 de Julho republicano, a França católica e nacionalista acrescenta a celebração de Joana d'Arc. A comemoração do passado atinge o auge na Alemanha nazi e na Itália fascista.

A comemoração apropria-se de novos instrumentos de suporte: moedas, medalhas e selos de correio multiplicam-se. A partir de meados do século XIX, aproximadamente, uma nova vaga de estatuária, uma nova civilização da inscrição (monumentos, placas de paredes, placas comemorativas nas casas de mortos ilustres) submerge as nações europeias. Grande domínio em que a política, a sensibilidade e o folclore se misturam e que espera os seus historiadores. A França do século XIX encontra em Maurice Agulhon, autor de estudos sobre a estatuomania, o seu historiador das imagens e dos símbolos republicanos. O desenvolvimento do turismo dá um impulso notável ao comércio de *recordações*.

Ao mesmo tempo, acelera-se o movimento científico, destinado a fornecer à memória colectiva das nações os monumentos de recordação.

Em França a revolução cria os arquivos nacionais (decreto de 7 de Setembro de 1790). O decreto de 25 de Junho de 1794, que ordena a publicidade dos arquivos, abre uma nova fase, a da pública disponibilidade dos documentos da memória nacional.

O século XVIII criara os depósitos centrais de arquivo (a casa de Savóia em Turim nos primeiros anos do século; Pedro, *o Grande* em 1720 em São Petersburgo; Maria-Teresa em Viena em 1749; a Polónia em Varsóvia em 1765; Veneza em 1770; Florença em 1778, etc.).

Depois da França, a Inglaterra organiza, em 1838, o Public Record Office, em Londres. O papa Leão XIII abre ao público, em 1881, o arquivo secreto do Vaticano, criado em 1611. São criadas instituições especializadas com o fim de formarem especialistas do estudo desses fundos: a École des Chartes em Paris, em 1821 (reorganizada em 1829), o Institut für Österreichische Geschichtsforschung, fundado em Viena em 1854 por obra de Sickel, a Scuola di Paleografia e Diplomatica, instituída em Florença por Bonaini, em 1857.

O mesmo aconteceu com os museus: depois de tímidas tentativas de abertura ao público no século XVIII (o Luvre entre 1750 e 1773, o Museu Público de Cassel criado em 1779 pelo landgrávio da Assia) e a instalação de grandes colecções em edifícios especiais (o Ermitage, em São Petersburgo, com Catarina II, em 1764; o Museu Clementino do Vaticano, em 1773; o Prado, em Madrid, em 1785), começou finalmente a era dos museus públicos e nacionais. A Grande Galeria do Luvre foi inaugurada em 10 de Agosto de 1793; a Convenção francesa criou um museu técnico com o nome significativo de *Conservatoire des Arts et Métiers*; Luís-Filipe fundou, em 1833 o Museu de Versailles, consagrado a todas as glórias de França. A memória nacional francesa orienta-se para a Idade Média com a instalação da colecção Du Sommerard no Museu de Cluny, e para a Pré-História com o Museu de Saint-Germain, criado por Napoleão III em 1862.

Os Alemães criaram o Museu das Antiguidades Nacionais de Berlim (1830) e o Museu Germânico de Nuremberga (1852). Em Itália, a Casa de Savóia, ao mesmo tempo que se realizava a unidade nacional, cria em 1859 o Museu Nacional de Bargello, em Florença.

A memória colectiva, nos países escandinavos, acolhe a memória «popular», pois abrem-se museus de folclore na Dinamarca desde 1807, em Bergen, na Noruega, em 1828, em Helsínquia, na Finlândia, em 1849, que antecedem o museu mais completo: o Skansen de Estocolmo, em 1891.

O estudo da memória técnica que d'Alembert invocara na *Enciclopédie* manifesta-se pela criação, em 1852, do Museu das Manufacturas, na Marlborough House, em Londres.

As bibliotecas conhecem um desenvolvimento e uma abertura paralelos. Nos Estados Unidos, Benjamim Franklin tinha aberto já em 1731 uma biblioteca associativa, em Filadélfia.

Entre as manifestações importantes ou significativas da memória colectiva encontra-se o aparecimento, no século XIX e no início do século XX, de dois fenómenos. O primeiro, a seguir à I Guerra Mundial, é a construção de monumentos aos mortos. A comemoração funerária encontra aí um novo desenvolvimento. Em numerosos países é erigido um túmulo ao Soldado Desconhecido, procurando ultrapassar os limites da memória, associada ao anonimato, proclamando sobre um cadáver sem nome a coesão da nação em torno da memória comum. O segundo é a fotografia, que revoluciona a memória: multiplica-a e democratiza-a, dá-lhe uma precisão e uma verdade visuais nunca antes atingidas, permitindo assim guardar a memória do tempo e da evolução cronológica.

Pierre Bourdieu e a sua equipa puseram bem em evidência o significado do «álbum de família»: «A galeria de retratos democratizou-se e cada família tem, na pessoa do seu chefe, o seu retratista. Fotografar as suas crianças é fazer-se historiógrafo da sua infância e preparar-lhes, como um legado, a imagem do que foram... O álbum de família exprime a verdade da recordação social. Nada se parece menos com a busca artística do tempo perdido do que estas apresentações comentadas das fotografias de família, ritos de integração a que a família sujeita os seus novos membros. As imagens do passado dispostas em ordem cronológica, "ordem das estações" da memória social, evocam e transmitem a recordação dos acontecimentos que merecem ser conservados porque o grupo vê um factor de unificação nos monumentos da sua unidade passada ou, o que é equivalente, porque retém do seu passado as confirmações da sua unidade presente. É por isso que não há nada que seja mais decente, que estabeleça mais a confiança e seja mais edificante do que um álbum de família: todas as aventuras singulares que a recordação individual encerra na particularidade de um segredo são banidas e o passado comum ou, se se quiser, o mais pequeno denominador comum do passado tem o brilho quase presunçoso de um monumento funerário frequentado assiduamente» [1965].

Acrescentemos a estas linhas penetrantes uma correcção e uma adição. O pai nem sempre é o retratista da família: a mãe é-o muitas vezes. Devemos ver aí um vestígio da função feminina de conservação da lembrança ou, pelo contrário, uma conquista da memória do grupo pelo feminismo? Às fotografias tiradas pessoalmente junta-se a compra de postais. Umas e outros constituem os novos arquivos familiares, a iconoteca da memória familiar.

5. Os desenvolvimentos actuais da memória

Concentrando a própria atenção nos processos de constituição da memória colectiva, Leroi-Gourhan dividiu a sua história em cinco períodos: «O da transmissão oral, o da transmissão escrita em tábuas ou índices, o das simples fichas, o da mecanografia e o da classificação por séries electrónicas» [1964/65].

Acabámos de verificar o salto realizado pela memória colectiva no século XIX, do qual a memória em fichas é apenas um prolongamento, tal como a imprensa fora, em última instância, a conclusão da acumulação da memória desde a Antiguidade. Aliás, Leroi-Gourhan definiu com rigor os progressos da memória em fichas e os seus limites: «A memória colectiva atingiu, no século XIX, um volume tal que se tornou impossível pedir à memória individual que recebesse o conteúdo das bibliotecas... O século XVIII e uma grande parte do XIX viveram ainda sobre cadernos de notas e catálogos de obras; chegou-se depois à documentação por fichas, que realmente apenas se organiza no início do século XX. Na sua forma mais rudimentar, corresponde já à constituição de um verdadeiro córtex cerebral exteriorizado, já que um simples ficheiro bibliográfico se presta, nas mãos do utilizador, a diversas sistematizações... A imagem do córtex é até certo ponto errada, pois se um ficheiro é uma memória em sentido estrito, é contudo uma memória privada de meios próprios de memorização e a sua animação requer a introdução no campo operatório, visual e manual, do investigador» [ibid.].

Mas os desenvolvimentos da memória no século XX, sobretudo depois de 1950, constituem uma verdadeira revolução da mesma – e a memória electrónica apenas é um elemento, ainda que, sem dúvida, seja o mais espectacular.

O aparecimento, no decurso da II Guerra Mundial, das grandes máquinas calculadoras, que está inserido na enorme aceleração da história, e mais particularmente da história técnica e científica desde 1860, pode ser recolocado numa longa história da memória automática. Pode-se evocar, a propósito dos computadores, a máquina aritmética inventada por Pascal no século XVII que, em relação ao ábaco, acrescenta à «faculdade de memória» uma «faculdade de cálculo».

A função da memória situa-se da seguinte forma num computador que compreende: *a)* meios de entrada para os dados e para o programa; *b)* elementos dotados de *memória*, constituídos por dispositivos magnéticos que conservam as informações introduzidas na máquina e os resultados parciais obtidos no decurso do trabalho; *c)* mecanismos para cálculo muito rápido; *d)* mecanismos de controlo; *e)* mecanismos de saída para os resultados.

Distinguem-se as memórias «factoras», que registam os dados a tratar, e as memórias «gerais», que conservam temporariamente os resultados intermédios e certas constantes [cf. Demarne e Rouquerol, 1959]. De uma forma ou de outra, encontra-se nos computadores a distinção dos psicólogos entre «memória a curto prazo» e «memória a longo prazo».

Em definitivo, a memória é uma das três operações fundamentais realizadas por um computador, que pode ser decomposta em «escrita», «memória», «leitura» [cf. *ibid.*]. Esta memória pode em certos casos ser «ilimitada».

A esta primeira distinção da duração entre memória humana e memória electrónica é necessário acrescentar «que a memória humana é particularmente instável e maleável (crítica hoje clássica na psicologia do testemunho judiciário, por exemplo), ao passo que a memória das máquinas se impõe pela sua grande estabilidade, semelhante ao tipo de memória que representa o livro, mas combinada com uma faculdade evocativa até então desconhecida» [*ibid.*].

É claro que a fabricação de cérebros artificiais, que apenas está no início, leva à existência de «máquinas que ultrapassam o cérebro humano nas operações remetidas à memória e ao julgamento racional» e à verificação de que o «córtex cerebral, se bem que extraordinário, é insuficiente, exactamente como a mão ou o olho» [Leroi-Gourhan 1964/65]. No termo (provisório) de um longo processo, do qual tentei esboçar a história, verifica-se que «o homem é levado aos poucos a exteriorizar faculdades cada vez mais elevadas» [*ibid.*]. Mas torna-se necessário verificar que a memória electrónica só age sob a ordem e segundo o programa do homem; que a memória humana conserva um amplo sector não «informatizável», e que, como todas as outras formas de memória automáticas surgidas no decurso da história, a memória electrónica é apenas um simples auxiliar, uma servidora da memória e do espírito humano.

Além dos serviços prestados nos diferentes domínios técnicos e administrativos, onde a informática encontra as suas primeiras e principais informações, é necessário aos nossos fins observar duas consequências importantes do aparecimento da memória electrónica.

A primeira é a utilização dos computadores no domínio das ciências sociais e, em particular, daquela em que a memória constitui, ao mesmo tempo, o material e o objecto: a história. A história viveu uma verdadeira revolução documental: e, de resto, o computador também aqui é apenas um elemento; e a memória arquivista foi revolucionada pelo aparecimento de um novo tipo de memória: o «banco de dados» (cf. capítulo seguinte).

A segunda consequência é o efeito «metafórico», da extensão do conceito de memória e da importância que tem a influência por analogia da memória electrónica sobre outros tipos de memória.

Entre todos, o exemplo mais espantoso é o da biologia. O nosso guia será aqui François Jacob. Entre os pontos de partida da descoberta da memória biológica, da «memória da hereditariedade», encontra-se o computador. «Com o desenvolvimento da electrónica e o aparecimento da cibernética, a organização transforma-se em objecto de estudo da física e da tecnologia» [1970]. Esta impõe-se cedo à biologia molecular, que descobre que «a hereditariedade funciona como a memória de um computador» [*ibid.*].

A investigação da memória biológica remonta pelo menos ao século XVIII. Maupertuis e Buffon entrevêem o problema: «Uma organização constituída por um conjunto de unidades elementares exige, para se reproduzir, a transmissão de uma "memória" de uma geração para outra» [*ibid.*]. Para o leibniziano Maupertuis, «a memória que dirige as partículas vivas para formar o embrião não se distingue da memória psíquica» [*ibid.*]. Para o materialista Buffon, «o molde interior representa uma estrutura escondida, uma "memória" que organiza a matéria de modo a construir o filho à imagem e semelhança dos pais» [*ibid.*]. O século XIX descobre que «quaisquer que sejam a designação e a natureza das forças responsáveis pela transmissão da organização parental aos filhos, é agora claro que é na célula que devem ser localizadas» [*ibid.*]. Mas na primeira metade do século XIX «apenas o 'movimento vital' pôde desempenhar o papel de memória idónea e assegurar a fidelidade da reprodução» [*ibid.*]. Como Buffon, também Claude Bernard «localiza a memória, não nas partículas constituintes do organismo, mas num sistema particular que controla a multiplicação das células, a sua diferenciação, a formação progressiva do organismo», ao passo que para Haeckel «a memória é uma propriedade das partículas constituintes do organismo» [*ibid.*]. Mendel descobre no final de 1865 a grande lei da hereditariedade. Para a explicar «é necessário fazer apelo a uma estrutura de ordem mais elevada, ainda mais escondida na profundidade do organismo, numa estrutura de ordem três onde está sediada a memória da hereditariedade» [*ibid.*]; mas a sua descoberta foi por muito tempo ignorada. Foi necessário esperar pelo século XX e pela genética para descobrir que essa estrutura organizadora está encerrada no núcleo da célula e que «é nela que se aloja a 'memória' da hereditariedade [*ibid.*]. Finalmente, a biologia molecular encontra a solução. «A memória da hereditariedade está envolvida na organização de uma macromolécula, na 'mensagem' constituída pela disposição de um certo número de 'motivos' químicos ao longo de um polímero. Esta organização torna-se a estrutura de ordem quatro que determina a forma de um ser vivo, as suas propriedades, o seu funcionamento» [*ibid.*].

Estranhamente, a memória biológica parece-se mais com a memória electrónica do que com a memória nervosa, cerebral. Por um lado, ela define-se graças a um programa no qual se fundem duas noções: «A de memória e a de projecto» [*ibid.*]. Por outro, ela é rígida: «Pela agilidade dos seus mecanismos, a memória nervosa presta-se particularmente bem à transmissão dos caracteres adquiridos; pela sua rigidez, a memória hereditária opõe-se a tal» [*ibid.*]. E mesmo, contrariamente aos computadores, «a mensagem da hereditariedade não permite a mínima intervenção concebida do exterior» [*ibid.*]. Não pode haver mudança do programa, nem sob a acção do homem nem sob a do meio.

Voltando à memória social, as convulsões que ela conhecerá no século XX foram, parece, preparadas pela expansão da memória no campo da filosofia e da literatura. Bergson [1896] reencontra, na encruzilhada da memória e da percepção, o conceito central de «imagem». Depois de ter efectuado uma longa análise das deficiências da memória (amnésia da linguagem ou afasia) descobre, sob uma memória superficial, anónima, assimilável ao hábito, uma memória profunda, pessoal, «pura», que não é analisável em termos de «coisa» mas de «progresso». Esta teoria, que realça os laços da memória com o espírito, senão mesmo com a alma, exerce uma grande influência na literatura; imprime-se no vasto ciclo narrativo de Marcel Proust, *À la recherche du temps perdu* (1913/27). Nasceu uma nova memória romanesca, que se recoloca na sequência «mito-história-romance».

O surrealismo, modelado pelo sonho, é levado a interrogar--se sobre a memória. No fim de 1922, André Breton, nos seus *Carnets*, interrogava-se sobre se a memória não seria apenas um produto da imaginação. Para saber mais sobre o sonho, o homem deve estar em condições de confiar cada vez mais na memória, normalmente tão frágil e enganadora. Daí a importância que tem no *Manifeste du Surréalisme* (1924) a teoria da «memória educável», nova metamorfose das *Artes memoriae*.

Aqui é necessário, sem dúvida, mencionar Freud como inspirador, em especial o Freud da *Interpretação dos Sonhos*, onde se afirma que «o comportamento da memória durante o sonho é sem dúvida de enorme importância para qualquer teoria da memória» [1899]. Já no Capítulo II, Freud trata da «memória no sonho»: aqui, retomando uma expressão de Scholz, crê notar que «nada do que em algum momento possuímos intelectualmente pode ser inteiramente perdido». Mas critica a ideia «de reduzir o fenómeno do sonho ao do recordar» [*ibid.*], pois existe uma escolha específica do sonho na memória, uma memória específica do sonho. Esta memória, também neste caso, é *escolha*. Porém, Freud não tem a tentação de tratar a memória como uma coisa, como um vasto reservatório. Mas, ligando o sonho à memória latente e não à *memória consciente* e insistindo na importância da infância na constituição desta memória, contribui, ao mesmo tempo que Bergson, para aprofundar o conhecimento do âmbito da memória e para esclarecer, pelo menos no que respeita à memória individual, a censura da memória, tão importante nas manifestações da memória colectiva.

Com a formação das ciências sociais a memória colectiva sofreu grandes transformações e desempenha um papel importante na interdisciplinaridade que tende a instaurar-se entre elas.

A sociologia representou um estímulo para explorar este novo conceito, tal como para o conceito do tempo. Para Halbwachs [1950] a psicologia social, na medida em que esta memória está ligada aos comportamentos, às mentalidades, novo objecto da nova história, sugere a própria colaboração. A antropologia – na medida em que o termo 'memória' lhe oferece um conceito mais adaptado à realidade das sociedades «selvagens» que estuda do que o termo 'história' – acolheu o conceito e examina-o com a história, nomeadamente no seio dessa «etno-história» ou «antropologia histórica» que constitui um dos mais interessantes entre os recentes desenvolvimentos da ciência histórica.

Pesquisa, salvamento, exaltação da memória colectiva, não mais nos acontecimentos mas no tempo longínquo; busca dessa memória, não tanto nos textos, mas sobretudo nas palavras, nas imagens, nos gestos, nos rituais e nas festas: é um convergir da atenção histórica. Mudança partilhada pelo grande público obcecado pelo medo de uma perda de memória, de uma amnésia colectiva que se exprime desajeitadamente na *moda retro*, a moda do passado, explorada sem vergonha pelos mercadores de memória desde que esta se tornou um dos objectos da sociedade de consumo que se vendem bem.

Pierre Nora [1978] nota que a memória colectiva – definida como «o que fica do passado no vivido dos grupos, ou o que estes grupos fazem do passado» – pode, à primeira vista, opor-se quase palavra a palavra, à memória histórica, tal como antes se opunha a memória afectiva à memória intelectual. Até aos nossos dias «história e memória» confundiram-se praticamente e a história parece ter-se desenvolvido «sobre o modelo da rememorização, da anamnese e da memorização». Os historiadores davam a fórmula das «grandes mitologias colectivas», ia-se da história à memória colectiva. Mas toda a evolução do mundo contemporâneo, sob a pressão da história imediata em grande parte fabricada ao acaso pelos meios de comunicação de massa, caminha para a fabricação de um número cada vez maior de memórias colectivas e a história escreve-se, muito mais do que antes, sob a pressão destas memórias colectivas. A história dita «nova», que se esforça por criar uma história científica a partir da memória colectiva, pode ser interpretada como «uma revolução da memória» que leva esta a efectuar uma «rotação» em torno de alguns eixos fundamentais: «Uma problemática abertamente contemporânea... e um procedimento decididamente retrospectivo», «a renúncia a uma temporalidade linear» em proveito dos múltiplos tempos vividos «nos níveis em que o individual se enraíza no social e no colectivo» (linguística, demografia, economia, biologia, cultura). História que é feita a partir do estudo dos «lugares» da memória colectiva: «Lugares topográficos, como os arquivos, as bibliotecas e os museus; lugares monumentais, como os cemitérios ou a arquitectura; lugares simbólicos, como as comemorações, as peregrinações, os aniversários ou os emblemas; lugares funcionais, como os manuais, as autobiografias ou as associações: estes monumentos têm a sua história». Mas não podemos esquecer os verdadeiros lugares da história, aqueles onde procurar não a sua elaboração, não a produção, mas os criadores e os dominadores da memória colectiva: «Estados, meios sociais e políticos, comunidades de experiência histórica ou de divulgação dispostos a constituir os seus arquivos em função dos usos diferentes que fazem da memória».

Certamente que esta nova memória colectiva constitui em parte o próprio saber com os instrumentos tradicionais, mas diferentemente concebidos. Compare-se a *Enciclopédia Einaudi* ou a *Enciclopédia Universalis* com a venerável *Encyclopaedia Britannica*! Em definitivo, talvez se encontre melhor na primeira o espírito da *Grande Encyclopédie* de d'Alembert e Diderot, também ela fruto de um período de acumulação e de transformação da memória colectiva.

Mas aquela manifesta-se sobretudo pela constituição de arquivos profundamente novos em que os mais característicos são os arquivos orais.

Goy [1978] definiu e colocou esta história oral, nascida sem dúvida nos Estados Unidos onde, entre 1952 e 1959, foram criados grandes departamentos de *«oral history»* nas universidades de Columbia, Berkeley, Los Angeles, que se expandiram depois no Canadá, no Québec, em Inglaterra e em França. O caso da Grã--Bretanha é exemplar: a universidade de Essex constitui uma recolha de «histórias de vidas», funda-se uma sociedade, a Oral History Society, criam-se numerosos boletins e revistas, como «History Workshops», que é um dos resultados principais e uma brilhante renovação da história social e, sobretudo, da história operária, através da tomada de consciência do passado industrial, urbano e operário da maior parte da população. Memória colectiva operária, em busca da qual colaboram sobretudo historiadores e sociólogos. Mas historiadores e antropólogos encontram-se noutros campos da memória colectiva, em África como na Europa, onde novos métodos de rememorização (como o das «histórias de vidas») começam a dar os seus frutos.

Na Convenção Internacional de Antropologia e História, realizada em Bolonha em 1977, ficou demonstrada a fecundidade de tais investigações bem maior do que os exemplos africanos, franceses, ingleses (*História Oral e História da Classe Operária*) e italianos (*História Oral num Bairro Operário de Turim* e *Fontes Orais e Trabalho Rural a Propósito de um Museu*).

No âmbito da história, sob a influência das novas concepções do tempo histórico, desenvolve-se uma nova forma de historiografia, a «história da história», que de facto é, o mais das vezes, o estudo da manipulação realizada pela memória colectiva de um fenómeno histórico que só a história tradicional tinha até então estudado.

Encontram-se, na historiografia francesa recente, quatro exemplos dignos de registo. O fenómeno histórico que foi objecto da memória colectiva é, em dois casos, um grande personagem: a recordação e a lenda de Carlos Magno no estudo de Folz [1950], uma obra pioneira, e o mito de Napoleão analisado por Tullard [1971]. Mais perto das tendências da nova história, Duby renova a história de uma batalha: primeiro porque vê no acontecimento a ponta aguçada de um icebergue e depois porque vê «tal batalha e a memória que ela deixou como antropólogo» e segue, «ao longo de uma série de comemorações, o destino de uma recordação no seio de um conjunto móvel de representações mentais».

Por fim, Joutard [1977] reencontra no próprio seio de uma comunidade histórica, valendo-se dos documentos escritos no passado e, depois, dos testemunhos orais do presente, como ela viveu e vive o seu passado, como constituiu a sua memória colectiva e como esta memória lhe permite enfrentar, numa mesma linha, acontecimentos muito diferentes daqueles em que se funda a sua memória e encontrar ainda hoje a sua identidade. Os protestantes das Cevenas, depois das provas das guerras religiosas dos séculos XVI e XVII, reagem face à revolução de 1789, face à república, face ao caso Dreyfus, face às opções ideológicas de hoje, com a sua memória de camisardos, fiel e móvel como qualquer memória.

6. Conclusão: o valor da memória

A evolução da sociedade na segunda metade do século XX clarifica a importância da aposta representada pela memória colectiva. Exorbitando da história entendida como ciência e como culto público – a montante enquanto reservatório (móvel) da história, rico em arquivos e em documentos/monumentos, e em simultâneo a jusante, eco sonoro (e vivo) do trabalho histórico –, a memória colectiva é um dos elementos mais importantes das sociedades desenvolvidas e das sociedades em vias de desenvolvimento, das classes dominantes e das classes dominadas, lutando todas pelo poder ou pela vida, por sobreviver e por progredir.

Mais do que nunca, são verdadeiras as palavras de Leroi--Gourhan: «A partir do *Homo sapiens*, a constituição de uma aprendizagem da memória social domina todos os problemas da evolução humana» [1964/65]; e ainda: «A tradição é biologicamente tão indispensável à espécie humana como o condicionamento genético o é às sociedades de insectos: a sobrevivência étnica funda-se na rotina, o diálogo que se estabelece cria o equilíbrio entre rotina e progresso, no qual a rotina é o símbolo do capital necessário à sobrevivência do grupo e o progresso a intervenção das inovações individuais para uma sobrevivência sempre melhor» [*ibid.*]. A memória é um elemento essencial do que se costuma chamar a «identidade», individual ou colectiva, cuja busca é uma das actividades fundamentais dos indivíduos e das sociedades de hoje, na febre e na angústia.

Mas a memória colectiva não é apenas uma conquista: é também um instrumento e um objectivo de poder. As sociedades nas quais a memória social é principalmente oral, ou as que estão em vias de constituir uma memória colectiva escrita, permitem melhor compreender esta luta pelo domínio da recordação e da tradição, esta manipulação da memória.

O caso da historiografia etrusca constitui talvez a ilustração de uma memória colectiva tão estreitamente ligada a uma classe social dominante que a identificação dessa classe com a nação teve como consequência o desaparecimento da memória juntamente com o da nação: «Conhecemos os Etruscos, no plano literário, apenas por intermédio dos Gregos e dos Romanos: não nos chegou qualquer relação histórica, admitindo que esta tenha existido. Talvez as suas tradições históricas ou para-históricas nacionais tenham desaparecido com a aristocracia, que parece ter sido a depositária do património moral, jurídico e religioso da própria nação. Quando esta deixou de existir enquanto nação autónoma, os Etruscos perderam, ao que parece, a consciência do seu passado, ou seja, de si mesmos» [Mansuelli, 1967]. Veyne [1973], ao estudar o evergetismo grego e romano, demonstrou como os ricos «sacrificaram então uma parte da sua fortuna para deixar uma recordação do seu desempenho», e como, no Império Romano, o imperador monopolizou o evergetismo e, ao mesmo tempo, a memória colectiva: «Sozinho, manda construir todos os edifícios públicos (à excepção dos monumentos que o Senado e o povo romano erguem em sua honra)» [ibid.]. E o Senado vingar-se-á, por vezes, ordenando a destruição desta memória imperial.

Balandier [1974] fornece o exemplo dos *bete*, dos Camarões, para explicar a manipulação das «genealogias», cujo papel na memória colectiva dos povos sem escrita se conhece: «Num estudo inédito consagrado aos *bete* dos Camarões meridionais, o escritor Mongo Beti relata e ilustra a estratégia que permite aos indivíduos ambiciosos e empreendedores "adaptar" as genealogias a fim de legalizar um predomínio contestável».

Nas sociedades desenvolvidas, os novos arquivos (arquivos orais, arquivos do audiovisual) não escaparam à vigilância dos governantes, mesmo quando estes não estão em condições de controlar esta memória com tanto rigor como o fazem com os novos meios de produção desta memória, nomeadamente a rádio e a televisão.

Cabe, com efeito, aos profissionais sabedores da memória – antropólogos, historiadores, jornalistas, sociólogos – fazer da luta pela democratização da memória social um dos imperativos prioritários da sua objectividade científica. Inspirando-se em Ranger [1977], que denunciou a subordinação da antropologia africana tradicional às fontes «elitistas» e nomeadamente às «genealogias» manipuladas pelas classes dominantes, Triulzi [1977] convidou à pesquisa sobre a memória do «homem comum» africano; auspiciou que, na África, como na Europa, se recorra «às recordações familiares, às histórias locais, de clã, de famílias, de aldeias, às recordações pessoais…, a todo aquele vasto conjunto de conhecimentos não oficiais, não institucionalizados, que ainda não se cristalizaram em tradições formais… que de algum modo representam a consciência colectiva de grupos inteiros (famílias, aldeias) ou de indivíduos (recordações e experiências pessoais), contrapondo-se a um conhecimento privatizado e monopolizado por grupos determinados em defender interesses constituídos».

A memória, à qual a história chega, que por sua vez a alimenta, procura salvar o passado apenas para servir o presente e o futuro.

Devemos trabalhar de forma a que a memória colectiva sirva para libertar e não para escravizar os homens.

CALENDÁRIO

Falar-se-á aqui do sistema de medida do tempo ligado à organização cósmica, cuja unidade mais pequena é o dia; poremos de parte o outro sistema, mais abstracto, de medida do tempo, que se funda na hora e que deu origem a uma série de instrumentos – alguns dos quais, hoje, nos parecem arcaicos (clepsidras, ampulhetas, relógios-de-sol) e outros cada vez mais aperfeiçoados (relógios de torre, pêndulos, relógios de pulso, cronómetros). O sistema horário define um tempo simultaneamente colectivo e individual, susceptível de uma mecanização cada vez mais avançada, mas também de uma manipulação subjectiva muito subtil. O tempo do calendário é totalmente social, mas submetido aos ritmos do Universo. Procede de observações e de cálculos que dependem também do progresso das ciências e das técnicas. Tomaremos aqui em consideração não apenas os sistemas de calendário das sociedades humanas, mas também os objectos – calendários e almanaques – através dos quais os homens compreenderam e compreendem tais sistemas. O calendário, objecto científico, é também um objecto cultural. Ligado a crenças, mais do que a observações astronómicas (as quais dependem mais das primeiras do que o contrário), e não obstante a laicização de muitas sociedades, ele é, claramente, um objecto religioso. Mas, enquanto organizador do quadro temporal, condutor da vida pública e quotidiana, o calendário é sobretudo um objecto *social*. Tem portanto uma história, aliás muitas histórias, já que um calendário universal invade ainda hoje a utopia, ainda que, à primeira vista, a vida internacional dê a ilusão de uma relativa unidade de calendário.

1. Calendário e controlo do tempo

A conquista do tempo pelo recurso à medida é claramente percebida como um dos aspectos importantes do controlo do Universo pelo homem. De um modo não tão geral, observa-se como numa sociedade a intervenção dos detentores do poder na medida do tempo é um elemento essencial do seu poder: o calendário é um dos grandes emblemas e instrumentos de poder; por outro lado, apenas os detentores carismáticos do poder são senhores do calendário: reis, padres, revolucionários. Escreveu Georges Dumézil [1935/36]: «Depositário dos acontecimentos, lugar de potências e acções duráveis, lugar das ocasiões místicas, o quadro temporal adquire um interesse particular para quem quer que seja – deus, herói ou chefe – que queira triunfar, reinar, fundar: ele, quem quer que seja, deve tentar assenhorear-se do tempo, tal como do espaço. O uso das datas "Ano III da república", "Ano X do fascismo" é a sobrevivência moderna (em parte laicizada) de um antiquíssimo princípio».

Nas cosmogonias, os deuses criadores do Universo são muitas vezes, explicitamente, também os criadores do calendário. Entre os índios Pueblo, do Novo México e do Arizona, no mito do nascimento do mundo, uma das duas irmãs criadoras, Iatiku, cria os deuses senhores das estações, reguladores das funções meteorológicas. No Antigo Testamento está escrito: «E disse Deus: 'Que haja luzes no firmamento do céu para distinguir o dia e a noite e que sejam como sinais para as estações, para os dias e para os anos...'» [*Génesis*, 1, 14]. O ritual asteca do magnífico *Codex Borbonicus* põe a reforma do calendário sob a protecção do deus Cipactonal e da sua esposa Oxomoco, que são representados enquanto deliberam sobre este problema numa caverna.

A instituição e a reforma dos calendários é – tecnicamente – obra de especialistas, em geral astrónomos. Na China, era tal o gosto das elites pela ciência do calendário, que isso era objecto de uma ciência autónoma, como se vê, por exemplo, na grande enciclopédia ilustrada do século XVIII, o *T'u-Shu Chi-Ch'êng* (colecção de pinturas e de escritos). Mas a iniciativa e a promulgação das reformas pertence quase sempre ao poder político, especialmente quando este goza de uma autoridade sagrada, mais ainda do que pública. A manipulação do calendário pode ser considerada um direito real. O mítico imperador chinês Yao, considerado pela ciência moderna como a encarnação de um herói civilizador, teria feito instituir um calendário oficial pelos seus astrónomos. «Senhor único do calendário e, a este título, animador de toda a terra chinesa – assim aparece, na tradição dos Han, o Filho do Céu» [Granet, 1929]. No ano 110 a.C. o imperador Wu celebra um sacrifício ao Céu (*fêng*) ligado à reforma do calendário, e na ocasião da celebração de uma segunda cerimónia *fêng*, no ano 106 a.C., inaugura uma nova casa do calendário (Ming T'ang). O astrónomo persa Giamal ad-Din estabelece em 1267 um novo calendário para os Mongóis. Kubilai encarrega Kuo Chu-King, engenheiro, hidrógrafo, matemático e astrónomo, de reformar o calendário (1276-81) e cobre-o de honras.

Em 46 a.C. Júlio César faz reformar o calendário romano influenciado pelo conselho de Sosígenes, astrônomo grego de Alexandria, e a 1 de Janeiro do ano 45 a.c. entra em vigor o novo calendário, dito juliano. Este acto coincide com o momento em que (46 a.C.) César se faz conferir a ditadura por dez anos, adquirindo assim um poder quase absoluto.

Noutro contexto e a outro nível, o absolutismo iluminado da Europa do século XVIII compreendeu que o uso do calendário se situava na esfera do poder. Em 1700 Leibniz fez introduzir na região do eleitorado de Brandeburgo um monopólio de Estado sobre os calendários, como acontecia na China, país pelo qual se interessava bastante, e fez destinar os proventos do monopólio à Academia de Berlim, fundada em 11 de Julho de 1700 [cf. Lach, 1957].

Mas é claro que foram sobretudo os poderes religiosos, a Igreja e os cleros, onde estes existiam, a tentar obter o controlo do calendário, que tinha aliás raízes profundas no sagrado. Em Roma, onde o poder religioso esteve sempre intimamente ligado ao poder político, atribui-se a criação do primeiro calendário a Numa Pompílio, o fundador dos ritos e das instituições religiosas (*sacra*). Mas o controlo do calendário era necessário às autoridades religiosas, também como meio de controlo do calendário litúrgico, quadro e fundamento da vida religiosa.

O lugar que o calendário ocupa nos primeiros séculos do cristianismo demonstra a sua importância para a Igreja cristã. A apocalíptica hebraica do I século d.C. confere um carácter sagrado ao calendário, considerado «expressão da determinação do tempo da parte de Deus» [Danielou e Marrou, 1963] e as especulações sobre o calendário sagrado desempenham um papel importante no nascimento do gnosticismo, por exemplo no alexandrino Basílides no início do século II. Já S. Paulo, na *Epístola aos Gálatas*, combatia estas tendências do milenarismo hebraico: «Mas agora que conhecestes Deus, ou melhor, que d'Ele sois conhecidos, porque vos voltais de novo para esses elementos fracos e pobres, aos quais quereis de novo servir? Observai dias, meses, tempos e anos. Temo por vós, de ter talvez trabalhado em vão por vós». [*Gálatas*, 4, 9-11]. Uma data adquire rapidamente uma importância essencial no calendário romano: o Domingo de Páscoa, dia da ressurreição de Cristo, «primeiro dia» por excelência. Ora, a fixação da data da Páscoa, que vai de encontro a uma multiplicidade de costumes e que suscita lutas obstinadas, dá também lugar a uma nova ciência, o *cômputo* eclesiástico. O Concílio de Nicéia, em 325, faz do domingo um dia festivo e fixa a Páscoa no primeiro domingo a seguir à primeira lua-cheia da Primavera. Diz o texto do Concílio: «Páscoa é o domingo a seguir ao décimo quarto dia da Lua que atinge a tal idade a 21 de Março ou imediatamente depois» (em 325 o equinócio da Primavera acontecia a 21 de Março).

Em 389 o calendário compreende apenas, daí para a frente, festas cristãs, à excepção do 1.º de Janeiro, das datas natalícias dos imperadores e do aniversário da fundação de Roma e de Constantinopla. A ciência do cômputo suscita depois inumeráveis obras em todas as partes do mundo cristão, em grego, em arameu e em arménio. Entre a produção latina destaca-se o *De temporum ratione* (725), do venerável Beda. A par do calendário dionisiano, ou alexandrino, fundado num ciclo de dezanove anos (proposto em 525 por Dionísio, *o Pequeno*, no seu *Libellus de ratione Paschae* e rapidamente adoptado pela liturgia romana e pela franca), manteve-se até ao século VIII um calendário fundado num ciclo de oitenta e quatro anos e adoptado nas ilhas britânicas, especialmente pelos Irlandeses.

No Ocidente latino, a Igreja católica romana conquistou poder suficiente para impor (em 1582), como se verá, uma reforma do calendário juliano. O calendário que daí resultou foi chamado gregoriano, do nome de Gregório XIII, o papa que promoveu a reforma.

Não obstante os estreitos laços entre calendário e liturgia, entre calendário e poder religioso, o calendário litúrgico e o corrente acabaram por ser mais ou menos independentes, quer devido à laicização do tempo em consequência dos poderes públicos, quer devido ao facto de mesmo numa sociedade tradicional se ter introduzido uma distinção entre os dois calendários.

Georges Niangoran-Bouah encontrou recentemente, em certos povos africanos, calendários rituais já assinalados por Henri Hubert [1905], que escrevia: «A África possui, também ela, sistemas de calendário que foram inventados propositadamente para regular a periodicidade dos actos religiosos ou mágicos, e são, ou foram, utilizados paralelamente ao calendário corrente, para este fim especial...». Estes calendários rituais são controlados pelo clero dos santuários das divindades principais, que confia a responsáveis o encargo de assegurar o respeito pelo sistema do calendário: «A sua tarefa, de importância vital, consiste em dizer, sem errar e sem hesitações, as proibições dos dias rituais, e em fornecer as datas das cerimónias religiosas (mês, estação, ano). Estes depositários de uma antiga tradição, que, a bem dizer, se poderiam chamar "calendários falantes", fazem pensar nos actuais relógios falantes» [Niangoran-Bouah, 1964].

Estes «calendários falantes» não são designados com critérios de clã, mas numa base puramente religiosa no âmbito de cada santuário. No entanto, no âmbito do clã cada patriarca tem de assumir as responsabilidades de «calendário falante». A existência dos «calendários falantes» põe em evidência a enorme importância religiosa, social e política da função do calendário, cuja transmissão oral é escrupulosamente assegurada, quando a sua difusão não pode ser efectuada por outros meios.

A resistência ao poder do calendário manifestou-se algumas vezes, tão profundamente radicadas estão as tradições no espírito e na prática dos povos, das nações e das sociedades.

No Egipto vigorava desde tempos remotos um calendário antiquíssimo que compreendia doze meses de trinta dias, isto é, um ano de trezentos e sessenta dias, mais cinco dias complementares no fim do décimo segundo mês. Assim, de quatro em quatro anos, o calendário atrasava um dia. Em 238 a.C. o faraó Ptolomeu III *Evérgeta* decretara a adição de um sexto dia suplementar todos os quatro anos para corrigir este calendário, chamado *calendário vago*. Mas esta reforma ia contra os hábitos e não se pôde aplicar. Dois séculos depois, Augusto, que em 29 a.C. introduziu no Egipto a reforma juliana, não conseguiu fazê--la adoptar a não ser nos actos públicos.

A reforma gregoriana de 1582 deparou-se com uma viva resistência, até nos meios católicos, porque, ao sacrificar dez dias, parecia romper a continuidade do tempo e cometer um sacrilégio. No entanto, esta foi adoptada a partir de 1582 em Itália, Espanha, Portugal, nos Países Baixos, em França. Mas na Polónia a adesão deu-se apenas em 1586, depois de uma série de desordens, e na Hungria em 1587. A resistência veio evidentemente sobretudo dos países protestantes, em conformidade com a afirmação de Kepler: «Os protestantes preferem estar em desacordo com o Sol do que em acordo com o papa». Os protestantes dos Países Baixos, da Alemanha e da Suíça só adoptaram o calendário juliano em 1700, e quando a Inglaterra (seguida pela Suécia), em 1752, adoptou finalmente a reforma, cortejos de manifestantes desfilaram gritando: «Devolvam-nos os nossos onze dias!».

Mas o mais célebre exemplo histórico de rejeição de uma reforma do calendário é provavelmente o da Revolução Francesa. Os revolucionários interpretaram perfeitamente a aposta ideológica – e logo política – que se jogava no calendário. O segundo relator do projecto do calendário republicano, Hertault--Lamerville, dizia em 1799: «A divisão do tempo é uma das concepções mais audazes e mais úteis do espírito humano...». O calendário revolucionário respondia a três objectivos: romper com o passado, substituir pela ordem a anarquia do calendário tradicional, assegurar a recordação da revolução na memória das gerações futuras.

Como Mona Ozouf [1976] muito bem observou, «o tempo preparado pela revolução pareceu novo, não só pela sua divisão, mas também pela sua estrutura». O primeiro relator do calendário, Romme, membro da Convenção, sublinhava o escândalo que seria se fossem utilizadas as mesmas «tábuas» do período monárquico para o período republicano: «Quereremos ver sobre as mesmas "tábuas", umas vezes gravadas por um gravador aviltado, outras por um fiel e livre, os delitos venerados dos reis e a execração a que hoje estão votados?».

A ruptura com o passado foi assinalada também pela escolha do início do ano (que, neste caso, era o início de uma era). Beneficiando de um feliz acaso, os membros da Convenção puderam fazer coincidir a história com a ordem natural: o dia 22 de Setembro de 1792, dia da proclamação da república, era o dia do equinócio de Outono. Mona Ozouf [*ibid.*] recorda que o relatório de Romme sublinhou longamente «esta milagrosa simultaneidade: no "mesmo dia" o Sol iluminou os dois pólos e o archote da liberdade iluminou a nação francesa. No "mesmo dia" o Sol passou de um hemisfério para o outro e o povo de um governo monárquico para um republicano».

A segunda grande mexida resulta numa racionalização do calendário. Não se tratava de hostilidade à religião, mas sim à confusão de um calendário «desacreditado» – mesmo depois da reforma de Gregório XIII – por «variações desordenadas»: as festas móveis, se bem que a intenção fosse outra. O que provocou a maior perturbação foi a substituição da semana pela década, a divisão do mês em três décadas, e a invenção de novos nomes para os dez dias da década: *primodí, duodí, tridí, quartidí, quintidí, sestidí, septidí, octidí, nonidí, decadí*. Tendo os meses uniformemente trinta dias, foi necessário acrescentar no fim do ano, ou seja em Setembro, cinco dias complementares, e todos os quatro anos um sexto dia, a que foi dado o nome de «*jour de la révolution*» [Dia da Revolução]. Também os nomes dos meses foram reinventados com a dupla preocupação de adaptar a ordem do calendário à ordem da natureza e do clima e de encontrar sonoridades poéticas e musicais. O Outono compreendia então: *vindimário, brumário, frimário*; o Inverno: *nivoso, pluvioso, ventoso*; a Primavera: *germinal, floreal, pradial*; o Verão: *messidor, termidor, frutidor*.

Enfim, para garantir no futuro o poder da revolução, o calendário estabeleceu um certo número de festas destinadas a perpetuar-lhe a recordação e a vitalidade. Depois da queda de Robespierre, em nove do *termidor*, os republicanos sentiram a necessidade de depurar um calendário demasiado sangrento e – sem tocar no 14 de Julho, aurora resplandecente da revolução, data fora de discussão – equilibraram, por exemplo, a recordação da queda da monarquia (10 de Agosto) com o particular relevo dado ao 1.º do *vindimário*, jornada absolutamente pacífica de proclamação «parlamentar» da república. Com mais razão, querer--se-á, sem no entanto o ousar, introduzir no calendário o 18 do *frutidor* do ano V (5 de Setembro de 1797), data do golpe de Estado do directório que, a pretexto de consolidar a república, marca de facto, com o apelo ao exército e à polícia, um princípio de contra--revolução. O defeito «lógico» do calendário revolucionário é não conseguir estabilizar-se.

Mas há mais. Sem terem consciência disso, membros da Convenção, possuídos de universalismo, criaram um calendário ligado de facto às condições naturais de França. O 1.º do *vindimário* é o dia em que o equinócio de Outubro se verifica em Paris: portanto, o novo calendário dependia de um cálculo relativo ao merididano de Paris, e, além disso, os nomes dos meses correspondiam apenas ao clima de França, ou quanto muito ao de uma pequena parte da Europa.

Não foi necessário, no entanto, que o mundo rejeitasse este calendário, que a Convenção esperava ver universalmente adoptado. A rejeição mais forte veio da própria França. Certamente, a confusão provocada no exercício do que restava do culto religioso e a perturbação dos numerosos Franceses que ficaram presos aos aspectos cristãos do calendário tradicional contribuíram para a reacção hostil de grande parte do país. Mas o que a fez explodir foi sobretudo a supressão brutal das tradições ligadas ao calendário. Toda a vida quotidiana, afectiva, imaginativa, de uma sociedade depende do seu calendário. Os revolucionários, conscientes do peso das tradições, pensaram satisfazê-las criando festas, em aparência, tradicionais na primeira década de cada mês: festa da juventude a 10 do *germinal*; dos esposos a 10 do *floreal*; da agricultura a 10 do *messidor*; dos anciãos a 10 do *frutidor*; *etc*. Mas estas festas não estavam radicadas no húmus da tradição. Ora, salvo raras excepções (por exemplo, a *fête des mères* [festa das mães] no calendário da França contemporânea, ligada a uma profunda evolução da família, da sensibilidade... e da publicidade comercial), as únicas festas modernas que tiveram sucesso foram as que se instalaram em datas de festas antigas, das quais mais ou menos asseguram a continuidade (o que a Igreja cristã soube admiravelmente fazer durante muito tempo).

A oposição concentrou-se na novidade mais traumatizante: a passagem da semana de sete a dez dias e a substituição do domingo pelo *decadí*. Vejamos um documento significativo citado, entre outros, por Mona Ozouf [1976]. O comissário da polícia de Chateauroux escreve à municipalidade daquela comuna no ano VII (1799: «Só aos domingos e nos dias festivos do velho calendário, se observa o repouso: nestes dias, todas as oficinas, quer em locais fechados quer ao ar livre, estão completamente fechadas; os locais públicos, tais como os passeios, os cafés, os salões de jogos, as tabernas e outros locais são frequentados com notável afluência; ajuntamentos numerosos formam-se nas vias públicas e fazem-se jogos de pela, ignorando o vosso decreto. Em contrapartida, nos dias de *decadí* o artesão fecha a loja e trabalha dentro de casa. Também o negociante se dedica a trabalhos internos, os fabricantes têm abertas as numerosas oficinas que não são visíveis da via pública; do mesmo modo, não são interrompidos os trabalhos que se fazem sobretudo ao ar livre, tais como o cultivo das terras, os trabalhos de pedreiro, a carpintaria, a fiação de lã e outros; há uma espécie de solidariedade para proteger os transgressores da lei e para subtraí-los à minha vigilância...».

Assim, o calendário republicano instaurado pelo decreto da Convenção a 5 de Outubro de 1793 (14 do *vindimário* do ano II) foi abolido por um decreto de Napoleão em 9 de Setembro de 1805 e o calendário tradicional reentrou em vigor a 1 de Janeiro de 1806. O calendário republicano durara 13 anos.

Voltar-se-á em seguida, a propósito das divisões do calendário, às relações entre este e os ritmos do trabalho, do tempo livre e das festividades. Os que controlam o calendário controlam indirectamente o trabalho, o tempo livre e as festas. De momento, limitar-nos-emos a dois exemplos que permitem pôr melhor em evidência a extensão das relações entre tempo e poder.

Nos diversos sistemas socioeconómicos e políticos, o controlo do calendário torna mais fácil a manipulação de dois instrumentos essenciais do poder: o imposto, no caso do poder estatal, e a renda, no caso do poder feudal.

Uma pequena tábua babilónica do tempo de Hammurabi (1728/1686 a.C.) reporta o seguinte édito: «Hammurabi, ao seu ministro Sin-Idinnam, diz: o ano está fora do lugar. Faz registar o próximo mês com o nome de *ululu II* (segundo mês *ululu*). O pagamento dos impostos a Babilónia, em vez de terminar a 25 de *tishritu*, deverá concluir-se a 25 de *ululu II*» [Courdec, 1946]. A própria designação de 'calendário' deriva do latim *calendarium,* que queria dizer 'livro de contas', porque os juros dos empréstimos eram pagos nas *calendae*, o primeiro dia dos meses romanos.

O outro exemplo é referente ao tempo senhorial do Ocidente medieval: «O tempo senhorial é também o tempo das rendas camponesas. O ano é marcado por grandes festas. Entre estas, há umas que catalisam a sensibilidade temporal da massa rural: os prazos feudais em que se pagam as rendas em géneros ou em dinheiro. Estas datas variam conforme as regiões e os domínios, mas uma época ressalta nesta cronologia dos prazos: o fim do Verão, em que se cobra o essencial da renda senhorial sobre as colheitas. A grande data do "prazo" é São Miguel (29 de Setembro), às vezes substituída por São Martinho, no Inverno (11 de Novembro)» [Le Goff, 1964]. Tudo conspira aqui para apanhar o camponês na armadilha do calendário: o tempo da natureza e do trabalho, o tempo do senhor, o tempo da Igreja.

2. O Céu e a Terra: a Lua, o Sol, os homens.

Sociólogos e antropólogos têm insistido sobre a origem social dos calendários desde as sociedades mais antigas. Hubert e Mauss [1909], por exemplo, realçaram a discordância entre os calendários sacros e os ritmos cósmicos. Mircea Eliade [1948] chamou a atenção para o facto de tal discrepância derivar sobretudo da dificuldade de as sociedades arcaicas medirem o tempo natural e do interesse pelos fenómenos naturais, não enquanto tais, mas pelo seu significado religioso. Parece que ambos, ao mesmo tempo, têm e não têm razão. O calendário depende do tempo cósmico, regulador da duração que se impõe a todas as sociedades humanas; mas estas captam-no, medem-no e transformam-no em calendário segundo as suas estruturas sociais e políticas, os seus sistemas económicos e culturais, os seus instrumentos científicos e tecnológicos.

A grande complexidade dos problemas do calendário não deriva só da relação, já por si complexa, entre calendário e sociedade global, mas, em primeiro lugar, das dificuldades que todas as sociedades encontraram no controlo do tempo natural. A primeira divisão do tempo natural que se apresenta aos homens, ou seja o dia, é uma unidade muito pequena para permitir o controlo da duração. Querendo encontrar unidades maiores, os dois pontos de referências naturais são a Lua e o Sol. O Antigo Testamento diz de Iavé: «Designou a Lua para marcar as estações, o Sol conhece o seu ocaso» [*Salmos*, 104, 19].

Ao olhar para o céu, o ciclo mais fácil de observar é o da Lua, o que leva a privilegiar o mês, pois a lunação – duração da revolução sinóptica, isto é, o tempo que separa duas voltas da Lua em conjunção com o Sol – dura em média cerca de vinte e nove dias e meio. Por outro lado, se se é mais sensível ao ciclo estacional da vegetação e aos aspectos climáticos, o ritmo que se impõe é o do ano. O indicador celeste é então o Sol, pois o ano é o tempo de uma revolução da Terra à volta do Sol. Esta revolução dura em média 365,24220 dias.

CALENDÁRIO

O papel da Lua apareceu muito cedo nas sociedades antigas, mas só a pouco e pouco foi compreendido. No século IV a.c., os Gregos descobriram o mecanismo dos eclipses e compreenderam assim o papel do movimento do Sol na sucessão dos dias e das noites, apesar de o nascer e de o ocaso estarem desfasados em relação à claridade diurna ou de poder ser tapado pelas nuvens. Em 1543, a revolução copernicana fez reconhecer que é a Terra que gira em volta do Sol e não vice-versa, e que o dia estava ligado à rotação da Terra sobre si própria; mas, no que diz respeito ao calendário, tratou-se apenas de definir o modo como o Sol exerce a sua influência nos ciclos terrestres.

Mas a elaboração de um calendário, mesmo pondo de parte a importância dos elementos religiosos, culturais e políticos, é complicada em virtude do próprio cálculo dos movimentos dos corpos celestes, de que o calendário depende, e isto por três motivos: 1) estes movimentos não são completamente regulares; 2) as sociedades humanas só gradualmente chegaram ao conhecimento rigoroso destas medidas; 3) para terem calendários utilizáveis, as sociedades devem poder aplicar aos movimentos naturais sistemas artificiais de cálculo e de numeração que não são feitos para esse fim e que envolvem cifras simples, inaplicáveis com exactidão àqueles fenómenos.

A duração do mês lunar varia desde cerca de vinte e nove dias e seis horas a cerca de vinte e nove dias e vinte horas. Esta irregularidade põe não só delicados problemas de cálculo, mas implica também a necessidade de observações frequentes e de decisões autoritárias para fixar ou rectificar as datas, reforçando assim o poder daqueles que detêm o controlo do tempo.

Na antiga Caldeia, o início do mês era em parte empírico, determinado pelo aparecimento, verificado pelos sacerdotes, da Lua Nova. Normalmente, tal aparecimento tinha lugar dois dias após a conjunção da Lua com o Sol. Se no vigésimo nono dia do mês, se via o crescente da Lua quando se observava a parte ocidental do céu ao pôr do sol, era proclamado o início de novo mês. Caso contrário, repetia-se a observação no dia seguinte. Se, passado o trigésimo dia, o estado do céu não permitia avistar a Lua, o grande sacerdote proclamava igualmente o início do novo mês ao som de trompa.

Para fazer face à irregularidade dos meses lunares na organização do ano, os Caldeus fixavam por isso a duração dos meses em vinte e nove ou trinta dias e contavam doze meses por ano, ou seja um total de trezentos e cinquenta e quatro dias. O atraso em relação ao ano cósmico atingia em geral um mês cada três anos e, nessa altura, um decreto real ordenava que se acrescentasse um décimo terceiro mês, com a consequência de uma grande confusão quando se instaurava este mês suplementar e mais ainda no seu registo nos actos oficiais (por vezes era decretado em dois anos seguidos).

Os Hebreus adoptaram o seguinte sistema: para eles, o grande problema era a determinação da data da Páscoa, que devia começar num dia de Lua Cheia durante o equinócio da Primavera. Além disso, no terceiro dia da Páscoa era preciso oferecer ao Senhor as primícias da ceifa da cevada. Os três dias da Páscoa deviam calhar a 14, 15 e 16 do mês de *nisan*, o mês das flores, que depois de Moisés foi o primeiro mês do ano religioso (o ano civil começava no Outono, no mês de *tishri*), porque era a época do êxodo do Egipto. Se acontecia que a cevada não estava madura por volta do dia 6 de *nisan*, o grande sacerdote decretava a reduplicação do mês de *adar* (o décimo terceiro mês chamava-se *veodar*, quer dizer, o segundo *adar*) e a Páscoa era celebrada trinta dias depois.

Este exemplo mostra a complexidade dos factores que presidiam à elaboração do calendário: a dependência da natureza, o papel do poder dominante (aqui na sua expressão religiosa e sacerdotal), o peso da história, a força do enraizamento socioeconómico, o prevalecer ocasional do fenómeno agrícola, as consequências da insuficiência de um instrumental científico que não permitia a previsão.

Na Grécia antiga, os erros de cálculo sobre a duração da lunação, por excesso ou por defeito, levaram a uma grande confusão no uso dos meses intercalares, até à descoberta, lendariamente atribuída a Méton, do facto de dezanove anos conterem exactamente duzentas e trinta e cinco lunações, ou seja, todos os dezanove anos recomeça o mesmo ciclo de lunações. Segundo Diodoro de Sicília, o *ciclo metónico* teria sido proclamado nos jogos olímpicos de 432 a.C.; os Atenienses teriam mandado gravar em letras de ouro o ciclo metónico nas colunas do templo de Minerva e ao número de ordem de um ano no ciclo chamar-se-ia «áureo número». Outros autores atribuem a descoberta a Calipo, ao passo que a sua introdução em Atenas teria tido lugar em meados do século IV a.C. Um documento testemunha o seu emprego em 342 a.C.

Os Hebreus, que entraram em contacto com a cultura grega na época helenística, adoptaram o ciclo metónico e aperfeiçoaram-no definitivamente no século IV, intercalando um décimo terceiro mês no terceiro, sexto, oitavo, décimo primeiro, décimo quarto e décimo nono ano do ciclo de dezanove anos. Finalmente, na época moderna, o início dos meses hebraicos já não dependia da observação da Lua Nova, mas sim de um cálculo teórico. Eis como se adaptou, no decurso dos séculos, um calendário lunar.

O calendário muçulmano sempre foi lunar e é-o ainda hoje; mas enquanto os Árabes antigos, como os Caldeus e os Hebreus, usavam os meses intercalares, Maomé proibiu esta prática, assim como qualquer calendário solar era considerado tabu. O ano muçulmano compreende, pois, doze meses alternadamente de trinta e de vinte e nove dias, num total de 354 dias. Neste sistema, os ciclos de lunação são de trinta anos. O último mês dos anos 2, 5, 7, 10, 13, 16, 18, 21, 24, 26 e 29 destes ciclos de trinta anos é acrescido de um dia. Trinta e três anos do calendário juliano--gregoriano usado pelas nações ocidentais correspondem a trinta e quatro anos nas nações que usam o calendário muçulmano.

Todavia, as grandes dificuldades que este sistema cria à administração por causa da diferença entre calendário e ano solar levaram no passado, ou, mais recentemente, os estados muçulmanos mais fortes ou «laicizados», de tendência unificadora, a adoptar medidas correctivas.

Na Idade Média, no Egipto dos Fatímidas, para determinar o início e o fim do mês, muito importantes sobretudo para o mês de jejum (ramadão), substituiu-se a proclamação por observação da Lua Nova pelo cálculo astronómico. Para o pagamento dos impostos e das remunerações dos funcionários, o Tesouro turco adoptou o calendário juliano. Em todas as localidades, a proclamação do início do mês com base na observação da Lua Nova por dois homens dignos de confiança tende hoje a ser substituída pela difusão feita pela rádio e pela televisão à escala nacional.

O uso que os Hebreus fizeram de um calendário lunar teve importantes consequências para o calendário cristão, sobretudo para aquele propriamente eclesiástico. Os três dias da Páscoa compreendem: o 14 de *nisan*, dia de Lua Cheia, com o sacrifício do cordeiro e uma refeição ritual; o 15, que começa ao pôr-do-sol com a celebração da Páscoa; e o 16 com a oferta de espigas de cevada. Quando a Páscoa calhava a uma sexta-feira, para evitar dois dias de festa consecutivos, era celebrada na noite de sábado. O que aconteceu também no ano da paixão de Jesus. Por isso ele instituiu a Eucaristia na noite de 14 de *nisan*, durante a refeição ritual, a ceia, mas como ressuscitou no domingo, os cristãos fixaram a Páscoa num domingo, conservando, no entanto, a ligação com a Lua Cheia. A Páscoa cristã foi fixada no primeiro domingo a seguir ao plenilúnio de Primavera e, como vimos, o Concílio de Nicéia, em 325, fixou a Páscoa no «domingo que segue o décimo quarto dia da Lua que chega a tal idade a 21 de Março ou imediatamente depois». Assim, não só a Páscoa foi uma festa *móvel*, como o calendário eclesiástico cristão é na realidade um calendário lunar do septuagésimo ao último domingo depois do Pentecostes, e torna-se solar apenas perto do Natal, fixado pela Igreja, em 376, no dia 25 de Dezembro, data de uma antiga festa solar. O carácter lunar deste calendário esteve na origem de dificuldades de uma extraordinária complexidade: limitar-nos--emos aqui a observar que, de um modo pouco claro, a Igreja cristã dos primeiros séculos conseguiu fazer adoptar uma técnica de previsão dos plenilúnios, e que no século VI, com a introdução do áureo número do ciclo metónico no cômputo juliano e a determinação (errada) que Dionísio, *o Pequeno*, fez em 532 da data do nascimento de Cristo e portanto do início da era cristã, foi instituído um quadro perpétuo do cômputo juliano das luas novas que permitiu estabelecer a longo prazo a data da Páscoa. Este cálculo não foi geralmente adoptado pelo cristianismo latino antes do século IX e o cristianismo ortodoxo grego manteve até aos nossos dias um sistema tradicional para fixar a data da Páscoa. Quando, em 1582, o papa Gregório XIII reformou o calendário juliano, reformou também o calendário lunar eclesiástico, substituindo os áureos números do ciclo metónico pelas *epactas*, sendo «a *epacta* gregoriana idade da Lua no 1.º de Janeiro diminuída de uma unidade» [Couderc, 1946].

Os calendários solares não apresentam tantas dificuldades como os lunares, visto que a duração de um ano solar se adapta melhor aos ritmos da vida das sociedades, e o movimento do Sol é mais regular do que o da Lua e portanto calculado com relativa precisão desde a Antiguidade. O calendário juliano, instituído por Júlio César no dia 1.º de Janeiro do ano 45 a.C., com a ajuda do astrónomo grego Sosígenes, representou uma reforma notável e radical. A completa ausência de qualquer referência à Lua e a escolha do ano como unidade de base conduziu à simplificação. O cálculo de 365,25 dias como duração do ano era uma óptima aproximação do valor real, que é de cerca de 365 dias, 5 horas, 49 minutos (Sosígenes estimara-o em 365 dias, 5 horas, 55 minutos), e a decisão de compensar o atraso deste ano de calendário em relação ao verdadeiro ano solar, acrescentando um dia suplementar de quatro em quatro anos, foi uma correcção insuficiente mas aceitável. Este dia suplementar foi – por razões religiosas – acrescentado ao 24.º dia de Fevereiro que – também por razões religiosas – tinha no calendário romano tradicional o nome de *sexto* antes do início de Março. Por isso, foi chamado *bis-sexto* e o ano correspondente também *bis-sexto*. De facto, o mês de Fevereiro era um mês nefasto, consagrado aos deuses infernais, com a duração de vinte e oito dias (número par, também ele nefasto, como então se admitia) e não podia todos os quatro anos tornar-se fasto só por efeito do número ímpar do dia 29. O dia suplementar, portanto, ficou sem nome; foi simplesmente considerado o duplicado do sexto dia antes das calendas de Março.

Todavia, o ano juliano acumulou um atraso em relação ao ano solar real, e o calendário juliano começou a afastar-se relativamente ao equinócio da Primavera, fixado em 21 de Março de 325 d.C. no Concílio de Nicéia. Durante toda a Idade Média discutiu-se uma reforma do calendário juliano. O papa Gregório XIII concluiu-a em 1582, depois de consultar uma comissão de sábios. Em 1582, o equinócio da Primavera foi a 11 de Março em vez de a 21, com uma diferença de dez dias. Estes dez dias foram suprimidos do ano de 1582, facto que alguns consideraram um sacrilégio. À quinta-feira 4 de Outubro seguiu-se sexta-feira 15. Além disso, era necessário suprimir três dias todos os quatrocentos anos para que o reajustamento se mantivesse. Foi decidido que os anos seculares cujo milésimo terminasse em dois zeros não seriam bissextos, exceptuando-se aqueles nos quais o número do século fosse divisível por quatro. Assim, depois de 1582 apenas 1600 foi bissexto; 1700, 1800, 1900 não o foram; o ano 2000 sê-lo-á de novo. Todavia, o ano gregoriano tem ainda em excesso três milésimos de dia, pelo que em dez mil anos o calendário gregoriano terá três dias a mais: será por isso necessário suprimir um dia nos próximos três mil anos, mas esta perspectiva não é de modo a preocupar os homens do nosso tempo.

Na China, a grande preocupação na instituição do calendário foi conciliar o mais possível os movimentos da Lua com o do Sol. Mas, de facto, «os dois grandes luminares» não são conciliáveis num só calendário: os calendários lunares não permitem que se preveja as estações, os solares são incapazes de prever os plenilúnios. «Contudo, a história da reforma do calendário resume-se a uma série de esforços para conciliar o inconciliável» [Needham, 1959]. Em 1912, a república chinesa adoptou o calendário juliano-gregoriano; ver-se-á em seguida com que sucesso.

Se, no mundo celeste, o problema do calendário é dominado pela Lua e pelo Sol, é preciso não esquecer o papel que tiveram as estrelas, sobretudo no passado. Com efeito, os homens que adoptaram um calendário lunar tentaram também seguir, tanto quanto possível, o movimento anual das estações. Voltaram-se por isso para as estações: a aparição de uma constelação em função do movimento do Sol fornecia o ponto de referência desejado. No seu movimento anual, o Sol passa por um certo número de constelações que formam, no seu conjunto, um sistema de doze (tantas quantos são os meses) a que os astrónomos do Oriente antigo deram o nome de *zodíaco*. Os Caldeus, por exemplo, demonstraram um grande interesse na observação da constelação do Leão e na da sua estrela principal, Régulo. Quando o Sol se encontra no mês correspondente à constelação do Leão, a sua luminusidade torna Régulo dificilmente visível, mas, em compensação, no mês seguinte, quando o Sol se desloca para leste, para a constelação vizinha, Virgem, descobre-se Régulo na esteira do Sol. Nesta ocasião há um dia em que, observando ao alvorecer o sector do céu onde o Sol está para surgir, se vê Régulo: é o *nascimento helíaco* de uma estrela. Quando o nascer helíaco de um astro acontecia numa constelação diferente, daquela onde se deveria ter verificado, significava que o calendário estava atrasado e que convinha introduzir um décimo terceiro mês intercalar [Couderc, 1946].

A observação das estrelas não foi monopólio dos astrónomos e dos governantes. Muitas vezes os camponeses e os marinheiros orientavam o seu trabalho segundo as previsões que os nascimentos e os ocasos helíacos lhes permitiam. A grande importância conferida à observação das estrelas foi particularmente posta em relevo no célebre poema de Hesíodo, *Os trabalhos e os dias* (século VII a.C.): «Quando as Plêiades, filhas de Atlante, clareiam no céu, tu começa a colheita, e quando se põem começa a cultivar o campo. Estas escondem-se por quarenta dias e outras tantas noites; depois, com o passar do ano, reaparecem de novo quando se afia a foice» (vv. 383-87). «Quando a bola de fogo do Sol mordente perde a chama que torna o homem mole de suor; quando Zeus omnipotente faz chegar as chuvas outonais, e os membros do homem se tornam muito mais ágeis – quando, de facto, a estrela Sirius passa sobre a cabeça dos homens mortais, ainda que por pouco tempo durante o dia, e se diverte a ficar mais tempo durante a noite; quando a madeira do bosque é completamente imune à picada do caruncho... então tu deves cortar a madeira do bosque...» (vv. 414-22). «Quando Zeus fez que se cumprissem sessenta dias invernais depois do solstício, só então a estrela de Arcturo, depois de ter abandonado a corrente sagrada do oceano, aparece pela primeira vez no céu ao cair das trevas. E depois dela, a filha de Pandíon de agudo lamento, a andorinha, lança-se para a luz entre os homens, no início da Primavera. Tu, antes da sua chegada, poda as vinhas, porque assim é melhor» (vv. 564-70).

Seria absolutamente falso e parcial limitar a relação do calendário com o Sol e a Lua a estes cálculos e a estas fórmulas, ainda que se tenha em conta a complexidade dos factores que entram em jogo. Se estes «luminares dos céus» presidiram à criação e à acção dos calendários, é porque inspiravam à humanidade sentimentos que iam muito além de uma simples observação científica e utilitária.

No já citado mito das origens dos índios *Pueblo*, eles estão omnipresentes: «O panteão *pueblo* é dominado por um ser supremo, criador original, cuja figura muito vaga é substituída na vida quotidiana pela do Sol, pai da humanidade e protector da caça, ao qual a aldeia dedica, na época do solstício, "paus de oração" plantados nos campos. A Lua é invocada da mesma maneira» [Bolens, 1971].

Para os povos lacustres da Costa do Marfim, o calendário é lunar e, como na Caldeia e na Palestina antigas, o mês lunar tem início com a observação e a saudação do quarto crescente da Lua Nova. As crianças têm um papel especial nestas manifestações: «Para as crianças a Lua é o astro que as faz crescer, portadora de saúde e de bom tempo. Para as mulheres, qualquer esposa que dê à luz naquele dia terá uma bela criança. A Lua é também o astro da beleza, objecto de um importante culto hoje desaparecido, de que apenas restam reminiscências... [Para os camponeses] a Lua é símbolo de vida, de abundância e de riqueza» [Niangoran-Bouah, 1964]. Estas crenças aproximam-se das dos Aztecas, para os quais «a Lua preside ao nascimento da vegetação. Seria talvez mais correcto falar de renascimento, pois a Lua, que aparece e desaparece no céu, simboliza para os antigos Mexicanos a morte e o renascimento das plantas» [Soustelle, 1940]. Os antigos Egípcios acreditavam também na influência benéfica da Lua na germinação das sementes e na fecundidade dos animais: na época baixa modelavam-se quartos crescentes com terra húmida e grãos, assim que se encontrava Osíris, a água do Nilo [Frankfort, 1948].

Na Roma arcaica, o calendário lunar combinou-se desde muito cedo com um sistema quase solar: a renovação do ano festejava--se na primeira Lua Cheia depois de 15 de Março, sob a protecção de uma deusa cujo nome, Ana Perena, evocava a continuidade dos tempos, enquanto Júpiter, deus predominante, era o deus do céu luminoso, a que pertenciam todos os idos, logo o ponto máximo de todos os ciclos mensais, «em que o esplendor da Lua Cheia sucede ao do Sol» [Bayet, 1957].

Na China, o Sol e a Lua disputam-se os pontos de referência no calendário. O calendário é eminentemente lunar e, depois da reforma do final do século II a.C., o fim do ano calha no dia da primeira Lua Nova depois de o Sol ter entrado na constelação de Aquário, em Fevereiro, enquanto os dois solstícios e os dois equinócios são assinalados por festas especiais. Marcel Granet insiste no facto de o conceito orientador da criação do calendário ser a alternância de um princípio masculino e de um princípio feminino, o *yang* e o *yin*, que devem conjugar-se. Quando a Lua está cheia e está de frente para o Sol, o rei e a rainha devem unir--se, mas, assim como a Lua recebe a sua luz emprestada pelo Sol, a rainha apenas possui o reflexo da autoridade do rei, o qual é «o pai e a mãe do povo».

Segundo Mircea Eliade [1964], a Lua é «por excelência o astro dos ritmos da vida»: a antiga raiz indo-europeia *me,* que designa a Lua, é também a de qualquer *medida*. «O tempo controlado e medido pelas fases da Lua é um tempo "vivo", refere--se sempre a uma realidade biocósmica, chuva ou marés, sementeira ou ciclo menstrual.»

O cristianismo não é muito favorável à Lua. A mulher apocalíptica, assimilada à Virgem Maria na iconografia medieval, pousa o pé num quarto crescente de Lua que simboliza a precariedade das coisas humanas, e ao louco chama-se lunático. As crenças populares europeias, em especial francesas, atribuem à Lua um grande poder, comprovado por inumeráveis provérbios e ditos, mas trata-se quase sempre de um poder maléfico [Sébillot, 1904/907].

No que se refere ao Sol, limitar-nos-emos a recordar, com base nos trabalhos de Soustelle [1940], o papel essencial que teve no pensamento cosmológico dos antigos Mexicanos. Se a Lua e o planeta Vénus estão estreitamente ligados às crenças e às práticas solares, se a Lua, em particular, é ao mesmo tempo um deus sacrificado e uma deusa que representa o lado feminino da natureza, a fecundidade, a vegetação, a embriaguez, e constitui com o Sol o antigo par primordial, no entanto é o Sol o dominador do jogo. Este identifica-se com o Universo, pois o mundo onde os Mexicanos viviam tinha sido, segundo eles, precedido por quatro mundos ou «sóis»: «Sol de Tigre», «Sol de Vento», «Sol de Chuva ou de Fogo», e «Sol de Água». O Sol actual tinha nascido no ano 13 *acutl*, um ano que pertencia ao Oriente, isto é, ao renascimento. Este Sol era, por outro lado, o deus supremo, Quetzalcóatl ressuscitado. Aliás, cada classe social tem o seu Sol, talvez segundo um esquema funcional, do género daquele que Georges Dumézil pôs em evidência para os Indo-europeus.

Quetzalcóatl-Nanauatzin era o sol-deus dos sacerdotes, que se sacrifica para renascer; Huitzilopochtli, o sol-herói dos guerreiros, combatente e triunfante. Havia enfim um sol-pai dos camponeses, pouco conhecido, mas que era provavelmente um deus da fertilidade. A função deste sol-deus reflectia-se em mitos ao longo de todo o seu movimento anual.

3. *O ano*

Se, do ponto de vista do calendário, o ano é sobretudo a sucessão das estações, e logo dos trabalhos e das festas (cf. § 8), comporta também quatro aspectos essenciais acerca dos problemas do tempo: 1) o problema do início do ano, isto é, do ano novo; 2) o problema do ritmo anual enquanto ritmo de equilíbrio nas sociedades modernas; 3) o problema do ano como unidade no cômputo da vida humana; 4) o problema do ano enquanto *data*, como ponto de referência de factos históricos.

O ano é a unidade fundamental do calendário. Os calendários-objecto, de que se falará mais tarde (§ 11), são calendários anuais (excluindo os calendários perpétuos).

Nos povos cujos calendários comportam ciclos plurianuais, cada ano é representado por uma marca ou por uma encarnação-símbolo. No caso dos Aztecas, por exemplo, cujo calendário compreende um ciclo de cinquenta e dois anos, os anos desenrolavam-se em grupos de quatro, cada um situado num dos pontos cardeais: de facto, os antigos Mexicanos, nas suas crenças, não separavam o espaço do tempo. Os pontos cardeais são representados por quatro glifos «portadores de anos»: *acatl* 'cana' para o leste; *tecpatl* 'silex' para o norte; *calli* 'casa' para o oeste; *tochtli* 'coelho' para o sul. Isto pode observar-se nos calendários circulares tradicionais, como por exemplo o de Veytia, da Biblioteca Nacional de Paris.

Nos calendários de inspiração budista, como na China e no Japão, encontra-se um ciclo zodiacal de doze anos, transposição do ciclo zodiacal de doze meses da antiga Caldeia. Este sistema baseia-se na história segundo a qual Buda convidou, no Ano Novo, os animais para que lhe rendessem homenagem. Em troca, conceder-lhes-ia um ano que tivesse o seu nome. Apareceram só doze animais, a cada um dos quais foi atribuído um ano, por ordem da sua chegada: o rato, o boi (o búfalo), o tigre, o coelho, o dragão, a serpente, o cavalo, a cabra, o macaco, o galo, o cão, o javali (o porco). Ver-se-á que estes anos são personalizados por influências fastas ou nefastas particulares.

Porém, o ano é sobretudo um ciclo completo de morte e de renascimento: se existem festas ligadas ao fim do ano, o grande problema, dado o simbolismo que o acompanha, é o da data do novo ano. Esta data está geralmente ligada ao ciclo vegetal e lunar.

Para os povos africanos da Costa do Marfim, o ano começa no início da grande estação seca (em Dezembro para os Gueré, em Janeiro para os Baulé), mas para os Alada começa com a curta estação seca em Julho. O ano inicia-se com as cerimónias Angbanji, festas da riqueza, e com as festas do inhame, a única planta da região que para produzir precisa do ciclo completo das quatro estações e dá uma única colheita. Para os Baulé, enquanto o ano profano começa em Janeiro, no momento da colheita dos inhames tardios, o ano ritual começa em Agosto, com a oferta das primícias dos inhames aos *manes* dos antepassados e à terra.

Na Grécia antiga, onde na época arcaica parecem terem existido duas únicas estações, a quente e a fria, o ano começava geralmente no início da estação quente. Em Atenas, por exemplo, o novo ano tinha lugar na Lua Nova depois do solstício de Verão (fim de Junho/princípio de Julho), quando os magistrados entravam em funções. Mas em Delos o ano começava depois do solstício de Inverno e em Delfos depois do equinócio de Outono.

Em Roma, até 153 a.C., o ano começava a 1 de Março e era festejado por ocasião do primeiro plenilúnio seguinte sob a protecção da deusa Ana Perena. Em 153, o início do ano foi fixado em 1 de Janeiro, data de entrada em função dos cônsules. O cristianismo manteve o calendário juliano, mas deslocou o início do ano, dando lugar à maior anarquia. Enquanto os Bizantinos faziam começar o ano a 1 de Setembro, os Latinos adoptaram variados costumes ligados a festas religiosas: o da Circuncisão (1.º de Janeiro: prosseguimento cristianizado do calendário juliano) foi conservado apenas em Espanha; o 1.º de Março, início do ano religioso romano, conservou-se aqui e ali e em particular foi adoptado pelos Venezianos; o da Encarnação (25 de Março) foi praticado sobretudo no Sul de França, na Alemanha e em Inglaterra, ao passo que os Florentinos lhe permaneceram fiéis durante toda a Idade Média; o da Natividade (25 de Dezembro), muito em uso na Alta Idade Média, conservou-se em Espanha, juntamente com o da Circuncisão, e foi adoptado pelos papas de Avinhão no século XIV. A maior complicação veio da adopção, no século XII, por grande parte da cristandade (e em especial pela França) do costume pascal, que fazia começar o ano com uma festa móvel.

Esta anarquia do calendário é muito típica da Igreja medieval: vontade de fazer desaparecer os costumes pagãos, impotência para dominar os particularismos regionais e locais, desejo de impor as grandes festas cristãs como ponto de referência ou, melhor, como ponto de partida.

Foi necessária a reforma de Gregório XIII em 1582 para que, a pouco e pouco, a velha cristandade medieval adoptasse a data de 1 de Janeiro como início do ano. Certos países, todavia, anteciparam-se à reforma gregoriana: assim, em França, um édito de Carlos IX de 1564 – entrado em vigor em 1567 – tornou obrigatória a adopção do 1.º de Janeiro como início do ano.

O mais espantoso é que durante toda a Idade Média o 1.º de Janeiro continuou a ser festejado pelo povo como o início do ano e os negociantes adoptaram-no muitas vezes como ponto de partida da sua contabilidade anual. Um bom exemplo – a que voltaremos – da coexistência não só de um calendário civil e de um calendário religioso, mas muitas vezes também – e talvez sobretudo – de um calendário oficial (e culto) e de um popular.

Assim, no Ocidente medieval perpetuou-se o uso, derivado em particular da Antiguidade romana e dos ritos tradicionais camponeses, das festas, dos cantos, dos carnavais do Ano Novo, ritos de passagem e de renovação [cf. Muller, 1881].

Às vezes o ano velho, manequim queimado, enterrado ou afogado ou enforcado, ou um rapaz vestido de velha, acompanhado por um cortejo zombeteiro, encarnava a morte do passado no limiar da renovação.

Na China, a datação do novo ano foi sempre um elemento essencial das reformas do calendário e um sinal do poder do imperador. As *Memórias históricas* de Ssu-ma Ch'ien (século II/ /I a.C.) dizem de T'ang, *o Vitorioso*, fundador da dinastia Yin: «Ele mudou o mês inicial e o primeiro dia». O imperador Wu, de que se viu a importância pela reforma do calendário, teve a sua apoteose em 113 a.c., ano em que o solstício de Inverno coincidiu com o primeiro dia do mês. Celebrou o sacrifício Kiao, houve uma luminosidade maravilhosa durante a noite e, no dealbar do primeiro dia do mês, uma nuvem amarela subiu até ao céu. O assistente do imperador proclamou: «O primeiro do mês tornou a ser o primeiro do mês! A série esgotou-se! Ela recomeça».

Por ocasião da coroação de um novo faraó no antigo Egipto, uma maldição ritual comparava os eventuais inimigos do rei a Apófis, a serpente das trevas que o deus Rá destruiu de madrugada: «Eles serão parecidos com a serpente Apófis na manhã do novo ano». Frankfort [1948] comenta assim esta fórmula: «A precisão "na manhã do ano novo" explica-se apenas no sentido de uma intensificação: a serpente é destruída em cada nascer do Sol, mas o Ano Novo celebra a criação, a renovação diurna, assim como a abertura do novo ciclo anual». Mircea Eliade acrescenta [1963[b]]: «Vê-se através de que mecanismo o cenário cosmogónico do Ano Novo pode ser integrado na consagração de um rei; os dois sistemas rituais almejam ao mesmo fim: a renovação cósmica».

Veremos, agora mais em síntese, os outros três aspectos importantes do ano.

A tendência para um ano estável e profano, sempre que existia um calendário ritual, explica-se em grande parte com motivos de governo, de gestão, separados dos ritmos naturais e agrícolas. Viu--se a importância do início do ano na antiga Grécia e em Roma, para a entrada em funções dos magistrados e a sua duração. Viu--se como o governo turco teve de adoptar o calendário juliano- -gregoriano face ao problema do pagamento dos funcionários e da cobrança dos impostos. Além disso, nas sociedades contem- porâneas, o ano torna-se cada vez mais o quadro de referência das finanças e do fisco: o ano financeiro e o fiscal ritmam a vida das nações ditas evoluídas. Viram-se parlamentares parar o relógio no último minuto de um ano para votar de maneira fictícia o orçamento do ano seguinte antes do seu começo. Nasce um novo ritual burocrático do calendário, mas neste processo de racionalização burocrática há sobrevivências e desfasamentos. Nos Estados Unidos, o orçamento entra em vigor a partir de 1 de Julho. Nos países em que as universidades são «autónomas», como em França, as autoridades académicas têm de conciliar um orçamento nacional enquadrado no ano civil com um orçamento universitário inserido no ano universitário, que normalmente começa por volta de 1 de Outubro.

O ano tornou-se, portanto, a medida da vida humana. Os demógrafos calculam em anos a esperança de vida. A introdução do registo civil limita já, a poucas populações, a existência dos fabulosos anciãos, aos quais se podia atribuir, sem controlo, uma idade comparável à dos patriarcas bíblicos. O dia do aniversário natalício tornou-se uma ocorrência significativa na vida individual e familiar.

Georges Niangoran-Bouah oferece-nos um gostoso relato da alegria, misturada com confusão, dos estudantes negros da África francesa que, em 1946, foram admitidos a receber a mesma instrução dos estudantes da metrópole. Dantes, o jovem africano podia entrar para a escola quando sabia construir uma paliçada, cultivar uma horta, confeccionar esteiras, etc.; agora, é preciso declarar um número de anos medidos por um calendário escrito. Ainda hoje «a imprecisão em que vive a elite escolarizada africana provoca uma situação de embaraço cada vez que é necessário definir uma idade» [Niangoran-Bouah, 1964].

Por fim, a propósito de anais e de datas, ver-se-á mais à frente a importância do ano na relação que existe entre calendário e história.

4. As estações

Veremos em seguida as estações (e os meses) como quadro de referência dos trabalhos e das festas do calendário. Mas antes de mais é necessário considerá-las enquanto personagens ou entidades do calendário, divisões ou fragmentos do ano, tempos de uma sinfonia. A estação, como fundo de um calendário articulado sobre o sistema dia/semana/mês/ano, é um bom observatório para o estudo dos aspectos tradicionais do calendário, relativamente independentes do cálculo astronómico.

O domínio cultural dos povos que vivem nos climas temperados difundiu um esquema quadripartido das estações. Em muitas grandes civilizações, a Primavera e o Outono emanaram uma aura que os impõe à sensibilidade e à arte, de tal modo que a sua expulsão do calendário aparece como impossível. Contudo, os povos antigos conheceram frequentemente apenas o alternar de duas únicas estações, a quente e a fria, e os habitantes dos climas não temperados vivem a maior parte das vezes num sistema de calendário articulado sobre duas estações, em geral uma húmida e outra seca.

Na China, o ano foi primeiro dividido em duas estações, a Primavera e o Outono, e terminava com a colheita. No século III a.C., o desenvolvimento da economia levou à invenção do Inverno e do Verão, e sucessivamente o ano começou com a Primavera, uma Primavera precoce em correspondência com o início de Fevereiro.

Todavia, o quente e o frio permanecem os elementos essenciais dos calendários populares. Na China antiga, contava-se um período de nove vezes nove dias depois do solstício de Inverno e traçavam-se «quadros da diminuição gradual do frio durante as nove novenas». Uma estela datada de 1488 conta, através de pequenos desenhos comentados por quadras, o progresso das nove novenas. Esta pequena obra, atenta aos sinais da vegetação e dos pássaros, tem um fio condutor filosófico, ao testemunhar o progressivo reforço do *yang*, princípio masculino do Sol, do calor, do Verão, da força, da vida, face ao *yin*, princípio feminino da Lua, do frio, do Inverno, da fraqueza, da morte. Marcel Granet retratou bem o modo como as festas da estação invernal tinham na China um carácter dramático, louco, orgíaco, e consistiam «num longo concurso de despesas, propício à constituição de uma hierarquia masculina» [Granet, 1968].

Jack Chen, que na época da «revolução cultural», em 1969//70, passou um ano numa aldeia chinesa, encontrou aí a mesma espera febril do desaparecimento do frio e desde Dezembro, com muitas semanas de avanço, os preparativos para as celebrações da Primavera, com a confecção dos fatos para tais festividades.

Nos índios *Pueblo*, existe uma estreita vinculação entre tempo e espaço, desde o mito das origens que as estações surgem ao mesmo tempo que os quatro pontos cardeais: Iatiku «criou, com a terra que se encontrava no seu cesto, Shakako, o espírito do

Inverno, a quem mandou viver sobre a montanha do Norte; Morityema, o espírito da Primavera, que foi residir para o Oeste; Maiyoshina, o espírito do Verão, que vive no Sul; Shruisthia, o espírito do Outono, que mora nas montanhas do Leste... O espírito do Inverno devia trazer a neve; o espírito da Primavera devia temperar o mundo; o do Verão devia aquecê-lo o bastante para que a vegetação vivesse; o do Outono, por fim, não devia gostar do cheiro das plantas e dos frutos e teria feito desaparecer este cheiro suprimindo os vegetais. Iatiku ensinou depois aos homens a rezar a estes espíritos para obter a humidade, o calor, a maturação e o gelo» [Sebag, 1971].

Georges Niangoran-Bouah mostrou que para todos os povos lacustres da Costa do Marfim o ano compreende o ciclo completo de quatro estações, com nomes que significam «a longa estação seca, a longa estação das chuvas, a breve estação seca, a breve estação das chuvas». As estações não têm geralmente a mesma duração e às vezes são marcadas por observações meteorológicas mais ou menos rituais. Para os Abure, cada estação começa e acaba com o aparecimento do arco-íris.

Entre os Baulé da Costa do Marfim, não existe uma palavra para dizer estação, mas o ano está subdividido em «tempos e períodos» que correspondem a estações. Do ponto de vista meteorológico, as «estações» são duas: a estação seca de Novembro a Maio e a estação das chuvas de Abril a Outubro. Mas são as duas actividades agrícolas mais importantes que determinam as «estações». Para o inhame são quatro: o tempo de limpar a floresta (a partir de Novembro), o tempo das queimadas (durante o mês de Março), o tempo de preparar o terreno (de Março até Maio), o tempo de arrancar os inhames (a partir de Agosto); e são três as estações para o café: o momento de mondar o café (Maio//Junho), o momento da colheita (de Outubro a Dezembro), o momento da venda (de Dezembro a Fevereiro) [Étienne, 1968].

Vimos como na Grécia antiga se passou das duas estações – a quente e a fria – para as quatro que existiam já na época de Homero. O sistema das quatro estações, religioso e simbólico mais do que agrícola, impôs-se tanto à arte como ao calendário antigo.

Henri Stein mostrou como no calendário de 354 o antigo sistema das estações, mais simbólico do que realista, se mistura com um sistema de trabalhos que, a partir do século IX, se torna o tema principal da divisão anual da Idade Média, ligando-se não já às estações mas aos doze meses.

Aliás, o tema das estações, tema vago que surge no calendário apenas graças aos pontos de referência astronómicos (solstícios e equinócios), conservou uma força particular, continuando a viver nos calendários populares, no mundo dos provérbios, nas expressões familiares (por exemplo, «mercador das quatro estações»), e na arte (concertos de Vivaldi, quadros de Poussin, etc.). O exemplo das estações demonstra que o calendário ultrapassa o estreito quadro dos simples calendários.

5. *O mês*

O interesse pelo mês no sistema do calendário parece residir na relação entre o aspecto natural do mês, ligado à lunação (mais ou menos registada nos diversos calendários) e os aspectos culturais estreitamente dependentes da história. O mês natural deriva da lunação, mas nos calendários solares esta origem é mais ou menos posta de parte. No entanto, este conserva uma grande pertinência no sistema do calendário e foi-se enriquecendo de significados no decurso da história.

Para certos povos, o mês é uma unidade flutuante, o ano não compreende um número preciso de meses, o mês não compreende um número preciso de semanas: é, em resumo, mais ou menos autónomo do sistema do calendário. É este o caso de algumas das populações africanas da Costa do Marfim que já referimos. Para os Baulé, os meses não têm nome nem ordem, e não correspondem a um momento preciso do ano. Não tem sentido perguntar a um Baulé quantos meses tem o ano. Os Guéré não dividem o mês em semanas mas em fases da Lua. Para certos povos lacustres desta região, há dois sistemas de meses: um mês lunar puramente agrícola e um mês ritual com um número de dias bem definido (30, 36 ou 42), que regula a vida social e religiosa. Assim, o mês tem sobretudo um carácter económico, enquanto regula a actividade do trabalho dos campos e da pesca. O mês ritual é, por outro lado, essencial, para todo um conjunto de cerimónias que têm lugar apenas uma vez no ciclo mensal.

Esta incerteza sobre a delimitação dos meses permitiu aos Chineses criar, num certo sentido, meios meses, dividindo o ano em vinte e quatro secções ou «nós» (*chieh*) essencialmente meteorológicos, cujos nomes, a partir de 6 de Fevereiro, são: Início da Primavera, Água de chuva, Despertar dos insectos, Equinócio da Primavera, Pura limpidez, Chuva de cereal, Início do Verão, Abundância de grãos, Grão na espiga, Solstício de Verão, Ligeiro calor, Grande calor, Início do Outono, Fim do calor, Orvalho branco, Equinócio de Outono, Orvalho frio, Queda de gelo, Início do Inverno, Pequena neve, Grande neve, Solstício de Inverno, Ligeiro frio, Grande frio.

Enfim, os meses estiveram por vezes na base de um sistema de períodos fastos e nefastos. Para os Babilónios, durante as festas do ano novo, o *akitu* (que durava doze dias, como o ciclo de doze dias que, no calendário tradicional, abre o ano na Europa: do Natal à Epifania celebrava-se o zakmuk, 'festa das sortes', durante a qual era sorteado o carácter fasto ou nefasto de cada um dos doze meses do novo ano.

Para os Romanos, o calendário juliano atribuía um significado de fasto e de nefasto aos números ímpares («*gaudet impari numero deus*») e pares. A um mês fasto de trinta e um dias (a partir de Janeiro) sucedia-se um mês nefasto de trinta dias; o mais nefasto – como se viu – era o mês de Fevereiro, que tinha só vinte e oito dias, número par – isto é, nefasto – mesmo nos anos bissextos, graças à convenção que evitava que se nomeasse o vigésimo nono dia.

Numa grande parte da Europa, Maio, mês de pleno retorno da Primavera, foi caracterizado por práticas mágicas destinadas a festejar a natureza que se renova: árvores de Maio, designação de uma *rainha* ou *beleza* de Maio. No século XVIII, a Igreja fez do mês de Maio o mês de Maria e da virgindade, mês em que não era conveniente casar-se, reevocando assim o carácter nefasto que o mês de Maio tinha para os Romanos, sobretudo do ponto de vista sexual.

Encontra-se uma variante do sistema dos meses fastos e nefastos, entre certos povos africanos, que estabelece uma hierarquia entre os meses. Os Guéré, por exemplo, consideram que «os meses melhores são os meses de trabalho» e põem em primeiro lugar o mês das primeiras chuvas, em que se planta o arroz, após três meses de estação seca.

Mas a hierarquia dos meses deriva sobretudo da sua ligação às actividades económicas, às quais voltaremos. O mês, ligado sobretudo à actividade rural, tem vindo a adquirir um novo significado socioeconómico nos países em que, depois do pagamento mensal dos empregados, dos criados, dos alugueres, etc., se instaura o pagamento mensal dos operários e dos impostos (por exemplo, em França).

6. A semana

A semana é a grande invenção humana no calendário; a descoberta de um ritmo que tem cada vez mais peso nas sociedades contemporâneas desenvolvidas. Poucos povos ignoram a semana; estão neste caso, como vimos, certos povos africanos.

Na Antiguidade, os Egípcios, os Chineses, os Gregos contaram primeiro por décadas. A semana parece ter sido uma invenção dos Hebreus que, neste caso, como em muitos outros ligados à astronomia, ficaram a dever muito aos Caldeus. Ainda que, para estes, sete fosse um número nefasto, eles interessavam-se todavia pelos sete astros móveis que tinham descoberto e a que chamavam planetas: a Lua (na realidade, um satélite da Terra), Marte, Mercúrio, Júpiter, Vénus, Saturno, e pelo Sol (na realidade uma estrela).

A semana é testemunhada no Antigo Testamento pelos sete dias da criação na *Génese*. Dos Hebreus passou para a Grécia e para Alexandria, mas só se difundiu no Ocidente depois do século III d.C. Da Ásia Central a semana penetrou no Extremo Oriente, na China e depois no Japão, na época dos T'ang (século VII/IX d.C.).

A grande virtude da semana é introduzir no calendário uma interrupção regular do trabalho e da vida quotidiana, um período fixo de repouso e tempo livre. A sua periodicidade pareceu adaptar-se muito bem ao ritmo biológico dos indivíduos e também às necessidades económicas das sociedades.

No entanto, o dia de repouso, que ainda hoje tem a marca das prescrições religiosas que legitimaram a sua instauração, põe alguns problemas: interdição de trabalhar, proibição de desenvolver certas actividades, não coincidência do dia de repouso nas grandes religiões. Os Judeus tinham estabelecido o sábado como dia de repouso e mantiveram este repouso do *sabbat*, que vai desde o pôr-do-sol de sexta-feira até ao do dia seguinte. Os cristãos escolheram o domingo para dia de repouso, dia da ressurreição de Cristo. Os muçulmanos anteciparam-no para sexta--feira, e começa ao pôr-do-sol de quinta-feira.

Nas sociedades urbanizadas contemporâneas o dia de repouso tende a transformar-se num fim-de-semana de dois dias, o sábado e o domingo – o *week-end* inaugurado pelos Ingleses, primeira nação industrializada. Este corresponde hoje a um fenómeno socioeconómico típico dos países desenvolvidos: a segunda casa no campo para as famílias abastadas que habitam na cidade.

A semana tornou-se a articulação mais importante do calendário, divisão artificial que se insere facilmente nos anos e nos meses do calendário tradicional. Um astrónomo contemporâneo, membro de uma comissão de reforma do calendário actual, declarou ter descoberto durante os trabalhos desta comissão o uso de uma ligação contínua nos problemas de cronologia: esta ligação é a semana.

7. O dia e a noite

O sistema do calendário é constituído essencialmente pelo conjunto dia (de vinte e quatro horas no nosso sistema actual)/ /semana/mês/ano. A organização do tempo que compõe o dia não é o objecto deste artigo. O dia interessa-nos aqui enquanto célula mínima do tempo do calendário. Jano com dupla face – uma diurna e uma nocturna – a que o calendário dá pouco relevo.

Enquanto unidade mínima do calendário, resultado evidente da experiência, o dia é um elemento facilmente manipulável. Por esta razão, foi mais sobre ele do que sobre os anos e sobre os meses que se exerceu a manipulação religiosa do fasto e do nefasto. Entre os Celtas, por exemplo, cujos sacerdotes tinham essencialmente a função de estabelecer e controlar o calendário, os druidas, como o irlandês Cathba, ensinavam aos discípulos as técnicas para determinar os dias fastos e nefastos. Um calendário romano pré-juliano gravado em pedra, encontrado em Anzio, indica 109 dias nefastos, 235 fastos e 11 mistos. Se o direito sobre o ano pertencia sobretudo aos reis, o direito sobre o dia pertencia sobretudo aos sacerdotes. Em Roma, por exemplo, os áugures podiam adiar «para um outro dia» a consulta dos presságios, de que dependiam as decisões públicas mais importantes.

O conceito de dia, ainda que evidente, é sempre complexo. Os povos Abure da Costa do Marfim têm, por exemplo, cinco termos para a palavra 'dia': *ayen*, o dia de vinte e quatro horas; *oyewe*, para designar o dia aliado à noite; *alyen*, para indicar o dia em oposição à noite; *étin*, para falar de uma data ou de um aniversário; *alié*, finalmente, para indicar a luminosidade diurna. Para os Baulé, os dias nefastos, em que não se pode trabalhar (dia negro ou *mau*), não têm o mesmo nome dos dias fastos, em que se pode tocar na terra (dia belo ou *gracioso*).

A outra ambiguidade do dia é conter uma parte de luz e uma parte de sombra. Entre os Aztecas, como se pode ver no *Codex Borbonicus*, cada dia tem um número de ordem, um glifo e duas divindades quotidianas, uma diurna e a outra nocturna, acompanhadas de dois pássaros. Entre certos povos africanos, a noite é como se fosse excluída, afastada do dia. Para os Baulé, o dia começa ao amanhecer e acaba ao crepúsculo. A criança que tiver nascido depois do pôr-do-sol será chamada segundo o nome do dia seguinte. Para os Kulango a palavra 'dia', *bireko*, significa também 'Sol' e é absolutamente oposta a *dérégé* 'noite'.

Na *Teogonia*, Hesíodo faz da noite a mãe de todos os males: «A noite... gerou a Sorte odiosa, e a negra Kere, e a Morte...» (vv. 211-12) e também Sarcasmo, Miséria, as Parcas, Nemésis, Engano, Velhice, Luto, Pena, etc.

O Ocidente medieval, que tinha em relação à noite um grande temor (praticar crimes ou más acções durante a noite constituía uma circunstância agravante), contou por vezes os períodos de tempo tanto em noites como em dias. O mesmo faziam os antigos Germanos. A noite foi e ainda é o tempo de certas festas: a noite de Natal, de Páscoa, de S. João...

Entre os *Pueblo* o equilíbrio entre o dia e a noite é considerado ideal. Já o demonstra o mito das origens: «Ao cair da noite, as duas irmãs ficaram muito assustadas; não sabiam que o movimento do Sol era ordenado e pensaram que Tsichtinako as tivesse traído. Mas este explicou-lhes que seria sempre assim e que o Sol reapareceria no dia seguinte a este. «Quando a noite chega deveis repousar-vos e dormir tal como fazíeis quando tudo estava imerso na obscuridade». Tranquilizadas, elas adormeceram e levantaram-se no dia seguinte, felizes, para acolher o Sol» [Sebag, 1971]. No mito são também castigados os animais que rompem a alternância entre o dia e a noite: a pega, o escaravelho, o coiote.

Na cultura popular há certos dias que se individualizam. Isto é óbvio para aqueles dias cujo significado foi reforçado pela religião oficial, como a Terça-Feira-Gorda ou a Quarta-Feira--de-Cinzas no calendário cristão, mas também dias mais tradicionais ou folclóricos, tais como a segunda-feira de festa do Ocidente medieval, chamada «*bon lundi*» ou, a partir do século XVI, *blaue Montag* 'segunda-feira azul' nas regiões germânicas.

O dia de vinte e quatro horas, que começa às zero horas (meia--noite), não se difundiu ainda por toda a parte. Para muitos povos (Judeus, Muçulmanos, Africanos, etc.), o dia vai de um pôr-do-sol ao pôr-do-sol seguinte. Os calendário dos povos que adoptaram o dia do calendário juliano-gregoriano exibem ainda traços do corte que marca a passagem da luz às trevas e vice-versa: habitualmente vem indicada a hora a que o Sol se levanta e se põe. A civilização industrial não conseguiu ainda separar o dia de vinte e quatro horas do dia natural, com a sua dupla face de luz e sombra. Todavia, os turnos contínuos de oito horas em certas fábricas e o funcionamento de alguns serviços, vinte e quatro horas sobre vinte e quatro, são a negação da noite.

Enfim, é preciso não esquecer que para alguns povos o dia é ainda hoje uma fonte de inspiração para os nomes dos filhos. Por exemplo, na Costa do Marfim as crianças têm por vezes o nome do dia em que nasceram. Para os Abé tem-no a primeira criança viva nascida depois de vários nados-mortos; os Baulé dão o nome do dia do nascimento, segundo um calendário ritual particular.

8. Os trabalhos e as festas

Uma função essencial do calendário é ritmar a dialéctica do trabalho e do tempo livre, a urdidura dos dois tempos: o tempo regular, mas linear, do trabalho, mais sensível às mutações históricas, e o tempo cíclico da festa, mais tradicional, mas permeável às mudanças da história.

Já tivemos ocasião de salientar os laços do calendário com os dois sistemas, aliás muitas vezes ligados, dos trabalhos e das festas.

Os calendários aztecas, reproduzidos em manuscritos, comportam muitas vezes um calendário das festas fixas. Por exemplo, o *Codex Ixtlilxóchtil* da Biblioteca Nacional de Paris contém um calendário ritual das cerimónias anuais celebradas no teocáli de Tenochtitlán.

Sob a dinastia Shang, na China, o ano civil e o agrícola coincidiam e *nien* significava ao mesmo tempo 'ano' e 'colheita': as festas da colheita eram também as festas do fim do ano. Marcel Granet descreveu muito bem o desenrolar do ano no calendário chinês ao ritmo dos trabalhos dos campos: «O ano agrícola iniciava-se no primeiro mês de Primavera, quando os animais em hibernação começavam a dar os primeiros sinais de acordar e os peixes se deixavam entrever, através do gelo que o vento de leste tornara mais fino; preparavam-se então os arados e os camponeses associavam-se aos pares. No segundo mês, as andorinhas que voltavam assinalavam o equinócio, os pessegueiros floriam, o verdilhão cantava, sabia-se então que se avizinhavam as primeiras chuvas, e ia-se logo trabalhar a terra e semear. O arco-íris reaparecia, o trovão soava de novo, milhares de animais surgiam ao mesmo tempo saindo da terra, a poupa pousava nas amoreiras: era o tempo de preparar as gradezinhas para os bichos de seda...» E conclui: «No tempo em que se escreveram os rituais, as observações dos camponeses serviram para ilustrar eruditos calendários de base astronómica, que foram depois apresentados como emanados da sabedoria dos príncipes, da mesma maneira que se admitia que "a próspera fortuna dos trabalhadores dos campos" era um espelho da virtude do senhor» [Granet, 1929].

Entre os Kulango da Costa do Marfim, para quem a mesma palavra *oroko* designa o ano e o campo, frequentemente as festas estão ligadas ao ciclo das culturas, como as festas propiciatórias do novo inhame e a festa do milho novo.

Este calendário dos trabalhos, em que predomina a economia rural, parece votado ao tempo cíclico do eterno recomeço. É todavia sensível à lenta evolução da economia e das técnicas. No antigo calendário romano pré-juliano podia distinguir-se uma estratificação arcaica de divindades e de festas de origem itálica com influências etruscas, onde predominavam as divindades da criação e das culturas: Liber, deus da geração (17 de Março); Ceres, deusa do crescimento da vegetação (15 de Abril); em Maio, Pales, que protegia os rebanhos, Robigo, que afastava a ferrugem das espigas; Flora que fazia com que os cereais florissem; em Agosto, Conso, que os metia nos celeiros e Ops, a abundância. O ano acabava a 15, 17 e 19 de Dezembro com o aparecimento de Ops e de Conso, que ladeavam Saturno que presidia às festas de fim de ano. Mas uma segunda estratificação evoca uma época «em que a agricultura tomou nitidamente a dianteira sobre a criação», o ciclo de Abril/início de Maio dos *Cerialia, Parilia, Vinalia, Robigalia, Floralia*. O ciclo dos *Ambarvalia* do fim de Maio protege os campos, com uma procissão ao longo do seu perímetro, etc. Trata-se de um ciclo do calendário em que se exprimem também o estilo económico e a mentalidade religiosa de um povo. Jean Bayet [1957] observou que os antigos Latinos não se inspiravam na «patética mitologia (grega) de Perséfone, do cereal seco que desaparece para renascer milagrosamente», mas contentavam-se em organizar a abundância rural.

CALENDÁRIO

Num incunábulo editado em Lyon em 1485 (*Le Propriétaire des choses*, de Barthélemy de Glanville) está retratado o ciclo dos trabalhos e dos dias:

> Janeiro, olha para o ano passado e para o que está para vir
> Fevereiro, o mês mais duro em que a vida parece parar
> Março, no qual começam os trabalhos da vinha
> Abril, colhem-se as primeiras flores
> Maio, «o tempo está belo e amoroso»
> Junho, os trabalhos da terra
> Julho, o corte do feno
> Agosto, a ceifa
> Setembro, a sementeira
> Outubro, a vindima
> Novembro, mandam-se os porcos às bolotas
> Dezembro, mata-se o porco gordo.

Na França antiga, «as cerimónias do calendário encontram fácil ordenação no âmbito das estações: ciclo do Carnaval e Quaresma no fim do Inverno; da Páscoa e de Maio na Primavera; de S. João no solstício de Verão; do Outono e dos doze dias (do Natal à Epifania) no Inverno» [Belmont,1973].

Sobre a persistência das crenças ligadas à lenta história das técnicas e das mentalidades e sobre a pressão que exercem no sentido de um conservadorismo do calendário, ou sobre a permeabilidade do calendário às grandes evoluções históricas, convém não fazer juízos precipitados. Por exemplo, Nicole Belmont não aceita a hipótese de continuidade entre as festas do calendário celta e as do calendário cristão, enquanto Claude Gaignebet [1974] a defende e pensa poder demonstrá-la.

A observação feita por Jack Chen numa aldeia chinesa do Honan, durante a revolução cultural, é instrutiva; os camponeses davam pouca importância ao calendário solar oficial e ao Ano Novo do 1.º de Janeiro, e continuavam a preparar as festividades para o tradicional Ano Novo lunar, que em 1970 calhava a 6 de Fevereiro e em 1971 a 27 de Janeiro. Celebravam a Festa da luz e da claridade a 5 de Abril, comemoração tradicional dos antepassados. O seu calendário continha ainda os vinte e quatro «nós» solares, as nove novenas de mitigação do frio, as três dezenas do tempo quente do Tigre de Outono e, por fim, a Festa do Ano Novo lunar. Mas uma festa de família de três dias tinha substituído a anterior quinzena festiva do Ano Novo e a festa do meio do Outono – esta última ligada ao pagamento das rendas e das dívidas extintas – desaparecera completamente.

A longa duração e a adaptação do calendário atestam a existência de uma história lenta, mas não imóvel, das sociedades, mesmo nos seus aspectos ligados à ordem natural.

9. Além do ano: era, ciclo, século

Além do sistema essencial dia/semana/mês/ano (comum a toda a humanidade), os sábios e os governantes sentiram a necessidade de ver mais longe, de dominar mais amplamente o tempo do calendário.

O calendário necessita apenas de uma data de Ano Novo, mas a história e todos os actos e documentos que exigem uma datação põem o problema da data do início do tempo oficial. Este ponto fixo, a partir do qual se inicia a numeração dos anos, introduz no calendário um elemento linear. Este conduz a uma ideia de evolução positiva ou negativa: progresso ou decadência. O ponto fixo é a *era*, que é também o sistema de datação do tempo a partir de uma dada *era* e definitivo do próprio tempo. As eras são em geral acontecimentos considerados como fundadores, criadores, com um valor mais ou menos mágico. Até os revolucionários franceses consideravam o início da nova era que queriam instaurar, um «talismã». Tais acontecimentos são às vezes míticos, outras vezes históricos.

Em 260 a.C. foi fixada na Grécia antiga a origem da datação a partir de 776 a.C., data em que começaram a ser conservados os registos com os nomes dos vencedores dos jogos olímpicos. No século I a.C. os Romanos adoptaram o cômputo de Varrão, segundo o qual a fundação de Roma, origem dos tempos romanos, tivera lugar em 753 a.C.

Quando os cristãos puderam exprimir o seu ponto de vista, adoptaram em primeiro lugar a era dos mártires ou era de Diocleciano, que começava em 284. Em 232, um monge, Dionísio, *o Pequeno*, não suportando ver o nome do perseguidor Diocleciano ligado aos novos tempos e verificando a impotência dos cristãos quanto a entenderem-se sobre a data da criação do mundo, propôs que se iniciasse a era cristã com o nascimento de Cristo, que ele situava no ano 753 de Roma. A sua proposta foi adoptada a pouco e pouco em toda a cristandade e hoje a era cristã é a mais usada no mundo. Os muçulmanos têm como início da sua era a data da fuga de Maomé de Meca para Medina, a 16 de Julho de 622. É a *Hégira* (a fuga).

Mais recentemente, a Revolução Francesa durante treze anos e o fascismo italiano durante vinte e um, impuseram em França e em Itália duas eras que sublinhavam a vontade de uma renovação fundamental. Todavia, enquanto no primeiro caso, não obstante um recurso muitas vezes inconsciente a dados franceses, existia a aspiração ou, em todo o caso, a esperança de fundar uma era para todos os povos, a era fascista, pelo contrário, fechava-se no mais tacanho nacionalismo.

Muitos povos inseriram um tempo cíclico dentro do seu tempo linear. Este tempo é geralmente sagrado, ritual, religioso em todo o caso. Os Gregos tinham períodos de quatro anos que separavam duas celebrações de jogos olímpicos: as Olimpíadas. Os Romanos contaram às vezes por lustres, períodos de cinco anos que separavam as cerimónias purificadoras que os censores ofereciam no campo de Marte, quando deixavam as funções. Os Aztecas tinham ciclos de cinquenta e dois anos, o «século» indígena, o *xiuhmolpilli,* 'ligação dos anos'. No último dia do último ano do ciclo, à meia-noite, deve acender-se o fogo novo, senão o mundo perecerá num grande cataclismo. Para os budistas existe, como vimos, um ciclo zodiacal de doze anos. Certos povos africanos têm ciclos de sete anos: por exemplo, os Abidji veneram o deus Miesi, muito poderoso, todos os sete anos. Os Baulé todos os setes anos «tiram para fora» a máscara da pantera (*Goli*). Havia também uma cerimónia que tinha lugar todos os setenta anos e que consistia em demolir todas as habitações de uma geração. Os Dogon do Mali celebram cerimónias semelhantes todos os sessenta anos.

O tempo dos ciclos é aparentemente um tempo circular. Isto é particularmente evidente no caso dos Aztecas que representam o ciclo de cinquenta e dois anos em calendários circulares, e para os Indianos que têm também calendários circulares. Mas o tempo linear apodera-se na maior parte das vezes deste tempo circular. Na Grécia, as Olimpíadas eram ordenadas de maneira a formar uma sucessão dos tempos. Os antigos Mexicanos têm (como, por exemplo, no *Codex Telleriano-Remensis* da Biblioteca Nacional de Paris), ao lado de um calendário das festas fixas, um *tonalámatl* (isto é, um calendário ritual e divinatório que comporta o ciclo de duzentos e sessenta dias, repartidos em vinte períodos de treze dias, e o ciclo de cinquenta e dois anos), em que se observa uma cronologia que descreve, ano a ano, os grandes acontecimentos da história azteca.

A grande conquista em matéria de unidade do calendário superior ao ano é o século, período de cem anos. A palavra latina *saeculum* era aplicada pelos Romanos a períodos de duração variável, ligada muitas vezes à ideia de uma geração humana. Os cristãos, embora conservassem a palavra na sua antiga acepção, conferiram-lhe também o sentido derivado de vida humana, vida terrena, em oposição ao Além. Mas, no século XVI, certos historiadores e eruditos tiveram a ideia de dividir os tempos em porções de cem anos. A unidade era bastante longa, a cifra 100 simples, a palavra conservava o prestígio do termo latino, e no entanto levou algum tempo a impor-se. O primeiro século em que verdadei-ramente se aplicaram o conceito e a palavra foi o século XVIII: a partir daí, esta cómoda noção abstracta ia impor a sua tirania à história. Doravante, tudo devia entrar nesta forma artificial, como se os séculos fossem dotados de uma existência, tivessem uma unidade, como se as coisas mudassem de um século ao outro. Para os historiadores, o sentido da verdadeira duração histórica teve de passar pela destruição desta dominação do século.

Mas o século (talvez preparado na Idade Média pelo *jubileu* de 1300, celebrado pela primeira vez pelo papa Bonifácio VIII e que, em princípio, deveria celebrar-se todos os cinquenta anos) favoreceu todo um renovar de comemorações: os *centenários*, que podem ser múltiplos. O século é um bom instrumento de uma humanidade que domina porções cada vez maiores do tempo e da história.

10. *História e calendário*

Verificou-se ou sentiu-se a cada passo que o calendário é o resultado de um diálogo complexo entre a natureza e a história. É chegado o momento de retomar a acção da história sobre o calendário, acrescentando algumas considerações suplementares.

O calendário, órgão de um tempo que recomeça sempre, conduz paradoxalmente à instituição de uma história cronológica dos acontecimentos. À data, ano e possivelmente também ao mês e ao dia juntam-se acontecimentos. No livro-almanaque europeu, e sobretudo francês, a partir do século XVII e sobretudo do século XVIII, a história torna-se cada vez mais importante, interrompendo «a monotonia das predições astrológicas». A história dos almanaques e dos calendários é uma história de reis e de grandes personagens, de heróis e, sobretudo, de heróis nacionais. Nos séculos XVII e XVIII, Turenne é frequentemente representado nos almanaques franceses. É também uma história romanesca e anedótica. Geneviève Bollème, no seu estudo sobre um almanaque francês do século XVII [1969] conclui observando que, se recorrermos à nossa sumária mnemónica histórica, verifica-se que os assuntos evocados são pobres e que a sua escolha está longe de ser guiada por motivos de ordem científica. Seria necessário estudar mais a fundo a escolha dos factos recordados, estes curiosos caprichos devidos ou não ao acaso, e também as omissões, os subentendidos. É graças ao «messager boîteux», que na França do século XVIII se afirma a dimensão histórica do almanaque.

Na Antiguidade, o calendário foi suporte de um desenvolvimento da história no quadro anual: é o tempo dos anais, que reencontramos, de forma ilustrada, em certos calendários aztecas. Hoje, curiosamente, o ano reencontra em parte o seu papel de quadro referencial da história. As grandes enciclopédias publicam um panorama dos principais acontecimentos do ano precedente: o *Book of the Year* da *Encyclopaedia Britannica*, o *Universalia* da *Encyclopaedia Universalis*.

Se no passado o calendário misturou grande e pequena história, segundo uma lógica que os historiadores modernos refutam, o mesmo calendário pode hoje, sobretudo se tem em atenção as festas, na sua dupla veste de sistema e de objecto, oferecer aos historiadores etnólogos ou aos etno-historiadores, aquela história do quotidiano, da cultura material, da festa, através da qual estes procuram renovar a sua disciplina. História de tempos e ritmos diferentes, ora linear ora repetitiva, que volta a ser a do nosso tempo.

11. A cultura dos calendários e dos almanaques

Até aqui falámos do calendário sobretudo enquanto sistema. Chegou o momento de nos ocuparmos dele enquanto objecto. Trata-se de um objecto eminentemente cultural, um campo privilegiado de encontro entre cultura popular e cultura erudita. Referir-nos-emos sobretudo ao calendário e ao almanaque francês, baseando-nos nos trabalhos de John Grand-Carteret e de Geneviève Bollème.

Os calendários e os almanaques deram lugar a obras de valor muito variado. Na Idade Média, os calendários aparecem nas iluminuras e nas esculturas; concebidos para a colectividade, tornam-se o deleite dispendioso dos grandes senhores e dos ricos burgueses que podiam comprar iluminuras. No reinado de Luís XIV, magníficos calendários-estampas, preciosamente gravados, atingem tiragens notáveis e são vendidos pelos seus autores. Alguns são levados para o estrangeiro, como presentes, pelos embaixadores e pelos cônsules reais, costume que recorda o dos imperadores chineses que ofereciam calendários aos vassalos para lhes lembrar o próprio poder sobre o tempo e o pagamento dos tributos.

A partir do século XV fabricam-se calendários volantes pelo processo da xilogravura. Estes contêm as indicações astronómicas do cômputo e são estampados a negro e a vermelho, com pequenas vinhetas alegóricas sobre cada mês, muitas vezes em forma de medalha. Conhecem um particular sucesso na Alemanha, onde são decorados com molduras de uma riqueza e fantasia extremas, com personagens curiosamente enfeitadas. Em França, são usados pela propaganda régia, sobretudo em glória de Luís XIV, sob forma histórica, militar, política. Mas exprimem também a contestação: um almanaque de 1653, publicado por confrarias de ofícios, denuncia «a pobreza, a miséria». Num almanaque de 1662 vêem-se ao lado de grandes senhores animais falantes. Um pássaro diz: «Tudo se pagará»; um cão: «Quando? quando? quando?»; um galo: «Devemos tanto»; um carneiro: «Jamais». A polémica sobre o sistema de Law aparece também nos almanaques. Através destes pode seguir-se a evolução da cultura e do gosto do século XVIII: do Iluminismo ao Rococó.

A Revolução Francesa altera o almanaque. Invadem-no símbolos e alegorias revolucionárias: a liberdade, a igualdade, a justiça, a lei, o génio da república, etc. Celebram as grandes vítimas da contra-revolução como Marat – ou os heróis, como o jovem Barras. A inspiração antiga encontra aí também o seu lugar. No tempo do império triunfam os calendários de gabinete, de formato médio, impressos em duas folhas coladas sobre cartão. São decorados com pequenos motivos variados, muito raramente com retratos de Napoleão e da imperatriz. Durante a Restauração, almanaques monárquicos e bonapartistas entram em conflito. Em 1818 sai o almanaque dos carteiros. A monarquia de Julho vê aparecerem os calendários de parede, com ilustrações: os mistérios de Paris, Robert Macaire; a actualidade encontra aí o seu lugar, e especialmente a guerra na Argélia. Os almanaques tornam-se também utilitários: publicam os horários das diligências, dos barcos a vapor, das carruagens. A fantasia reencontra os seus direitos: são pintados calendários sobre o corpo de personagens. Na segunda metade do século o almanaque perde terreno face à agenda de bolso. No século XX, a fotografia restitui-lhe parte do antigo sucesso.

Geneviève Bollème demonstrou que os almanaques apareciam a par dos livros sagrados. A Bíblia e o calendário são os dois alimentos culturais do povo.

O primeiro almanaque é impresso na Alemanha em 1455; em 1464, com um almanaque de barbeiros, começam a publicar-se os almanaques das corporações; em 1471 aparece o almanaque anual. No século XVII, a literatura popular de divulgação acolhe e difunde os almanaques.

Guarnecido de signos, figuras, imagens, o almanaque dirige--se aos analfabetos e a quem lê pouco. Reúne e oferece um saber para todos: astronómico, com os eclipses e as fases da Lua; religioso e social, com as festas e especialmente as festas dos santos, que dão lugar aos aniversários no seio das famílias; científico e técnico, com conselhos sobre os trabalhos agrícolas, a medicina, a higiene; histórico, com as cronologias, as grandes personagens, os acontecimentos históricos ou anedóticos; utilitário, com a indicação das feiras, das chegadas e partidas dos correios; literário, com anedotas, fábulas, contos; e, finalmente, astrológico.

Na sua forma popular interessa sobretudo ao pastor e ao camponês. Em 1491 aparece a obra-prima dos almanaques: *Le Grand calendrier compost des bergers*. É um «vasto calendário da vida humana» e «oferece as grandes estruturas da actividade humana». Assim, os calendários e os almanaques são locais de encontro privilegiados entre cultura erudita e cultura popular. Por um lado, o saber popular no campo meteorológico, médico, narrativo, atinge os citadinos e os letrados, por outro lado, a ciência dos eruditos penetra nos ambientes populares. Este facto não é especificamente europeu: por exemplo, na China da dinastia Sung, uma compilação popular, composta em 1222 e feita de citações de outras obras, é simultaneamente um calendário, um manual de botânica e um livro de receitas farmacêuticas.

Em particular, os calendários e os almanaques veiculam, conservam e difundem um saber de tipo astrológico, que nas modernas sociedades evoluídas conhece uma nova e extraordinária aceitação. O calendário zodiacal volta a ter o seu auge: os horóscopos instituem-se, propagam-se e têm uma enorme saída. No Ocidente baseiam-se no dia do nascimento; no Extremo Oriente no ano: são vendidos aos milhares às portas dos templos, nas lojas, nas ruas. *The Japanese Fortune Calender*, editado pela primeira vez em 1965, em 1976 ia na vigésima terceira reimpressão. Para ter uma ideia do carácter desta produção, que de resto não é muito diferente da correspondente ocidental, bastará ler os seguintes conselhos: «O melhor casamento para uma pessoa nascida no ano do dragão, será com uma pessoa do ano do rato, da serpente, do macaco ou do galo. Como segunda alternativa, são de preferir as pessoas do ano do tigre, do cavalo, da cabra ou do javali. O casamento com alguém nascido no ano do cão será um erro».

12. Os calendários utópicos

Apesar do seu êxito, os homens não se contentaram em controlar o tempo por meio dos calendários utilitários. Fizeram--nos também depositários dos seus sonhos e das suas esperanças, levados às vezes ao nível da quimera e da utopia.

Houve, pelo menos, um grande calendário utópico que funcionou durante um certo período: o calendário revolucionário. Inspirado pela natureza, pela história e pela razão, foi uma magnífica construção a que nada faltou, a não ser as bases sólidas da tradição nas quais qualquer calendário deve inspirar-se.

Utopia retomada por Michelet num surpreendente texto de 1869, com o título *Ce que je rêvais dans l'église d'Engelberg* (publicado no suplemento literário, n.º 44, do «Figaro», 29 de Outubro de 1892): «Quanto aos pequenos livros, o almanaque seria um excelente meio de educação. Bastaria substituir o velho calendário, no que este tem de confuso e muitas vezes de absurdo, pelo calendário que falasse dos verdadeiros santos, sobretudo os da pátria. Uma página para cada um, não seria muito, nem difícil de recordar. Desejaria que a maior parte destas vidas fosse escrita por escritores jovens, por almas ingénuas, dotadas da simplicidade que permite falar ao povo. Se fosse eu a fazer este almanaque, dos santos cristãos, escolheria apenas aqueles que tiveram um papel positivo na história da humanidade, que serviram a causa do progresso. Continuaria, assim, através das idades, sem interrupções, a série de patronos que cada um, à sua escolha, poderia imitar. *Imitar*! Nunca esta palavra foi mais apropriada e mais fecunda de resultados imensos, duráveis, do ponto de vista da educação religiosa e cívica do povo e de todos. Mas em que ordem dispor estes santos do dever, do heroísmo, da devoção? A que mês na Antiguidade, por exemplo, destinar Marco Aurélio? E Turgot, nos tempos modernos?... Escolhê-los por séculos, por nações? Porque este novo almanaque, o primeiro verdadeiramente educativo, poderia interessar ao mundo inteiro».

Utopia do calendário fixo concebido por Auguste Comte, em 1849, com treze meses iguais de vinte e oito dias seguido de um dia branco, cada mês com quatro semanas e todos idênticos. O dia branco seria o Ano Novo, a 29 de Dezembro: única fantasia no meio do mais monótono dos calendários que, não contente em violar as tradições mais legítimas, se baseia no número treze, que os astrónomos e os medidores do tempo desaconselham categoricamente por causa da sua inadequação aritmética.

À volta da ideia de calendário universal (que seria também um calendário perpétuo) gravitam muitos projectos e estudos, individuais ou colectivos, no seio de numerosas comissões. Uma das tentativas mais recentes foi a de Elisabeth Achelis, em 1930, sob o patronato da World Calendar Association, com sede em Nova Iorque, que continua a fazer uma abundante publicidade em todas as línguas. O calendário mundial proposto contém doze meses de trinta e trinta e um dias e um dia intercalar no Ano Novo. Este projecto, que tem como subtítulo «A matemática pura na vida quotidiana», pretende adaptar o calendário tradicional «às exigências da vida moderna»; declara-se de acordo com a natureza e com a religião e oferece uma imagem simbólica que seria a da cidade ideal do Apocalipse. O tom da apresentação une o misticismo ao racionalismo, mas a menção do Apocalipse não é o único elemento que faz pensar na utopia.

Sabe-se que a multiplicidade dos calendários suscita um crescente embaraço para as nações que estão empenhadas numa organização internacional sempre mais desenvolvida e constitui um obstáculo à adopção de um calendário universal, a qual pressuporia uma «noite de 4 de Agosto», dos particularismos sobreviventes em matéria de medida e de controlo do tempo.

A reforma juliana, a reforma gregoriana, as reformas chinesas provam que uma reforma do calendário é possível e que pode trazer inegáveis progressos. Mas o calendário vincula os homens e a sociedade em todos os aspectos da sua vida e, em primeiro lugar, na sua história individual e colectiva. Uma reforma do calendário, para ser bem sucedida, deve antes de mais respeitar a história, porque o calendário é a história.

DOCUMENTO/MONUMENTO

1. Os materiais da memória colectiva e da história

A memória colectiva e a sua forma científica, a história, aplicam-se a dois tipos de materiais: os *documentos* e os *monumentos*.

De facto, o que sobrevive não é o conjunto daquilo que existiu no passado, mas uma escolha feita quer pelas forças que operam no desenvolvimento temporal do mundo e da humanidade, quer pelos que se dedicam à ciência do passado e dos tempos passados, os historiadores.

Tais materiais da memória podem apresentar-se sob duas formas principais: os *monumentos*, herança do passado, e os *documentos*, escolha do historiador.

A palavra latina *monumentum* remete para a raiz indo-europeia *men*, que exprime uma das funções essenciais da mente (*mens*), a memória (*memini*). O verbo *monere* significa 'fazer recordar', donde 'avisar', 'iluminar', 'instruir'. O *monumentum* é um sinal do passado. Se se remontar às suas origens filosóficas, o monumento é tudo aquilo que pode evocar o passado, perpetuar a recordação (por exemplo, os actos escritos). Quando Cícero fala dos «*monumenta huius ordinis*» [*Filípicas*, XIV, 41], designa os actos comemorativos, quer dizer, os decretos do Senado. Mas desde a Antiguidade romana, o *monumentum* tende a especializar-se em dois sentidos: 1) uma obra de arquitectura ou de escultura de carácter comemorativo: arco de triunfo, coluna, troféu, pórtico, etc.; 2) um monumento funerário destinado a perpetuar a recordação num campo em que a memória tem um valor especial: a morte.

As características do monumento são ligar-se à capacidade – voluntária ou involuntária – de perpetuar as sociedades históricas (é um legado à memória colectiva) e reenviar para testemunhos que só numa parcela mínima são testemunhos escritos.

O termo latino *documentum*, derivado de *docere*, 'ensinar', evoluiu para o significado de 'prova' e é amplamente usado no vocabulário legislativo. É no século XVII que se difunde, na linguagem jurídica francesa, a expressão *titres et documents* e o sentido moderno de testemunho histórico data apenas do início do século XIX. O significado de «certidão justificativa», especialmente no domínio policial, por exemplo, demonstra a origem e a evolução do termo. O documento que, para a escola histórica positivista do fim do Séc. XIX e do início do Século XX, será o fundamento do facto histórico, apesar de ser o resultado de uma escolha, de uma decisão do historiador, parece apresentar-se por si mesmo como prova histórica. Parece possuir a objectividade que se contrapõe à intencionalidade do monumento. Além de mais, afirma-se essencialmente como um testemunho *escrito*.

No final do século XIX, Fustel de Coulanges pode ser tomado como um testemunho válido de como *documento* e *monumento* se transformaram para os historiadores. Os dois termos encontram-se, por exemplo, nas clássicas páginas do primeiro capítulo de *La monarchie franque* [1888]: «Leis, cartas, fórmulas, crónicas e histórias, é preciso ter lido todas estas categorias de documentos sem omitir uma única... Encontraremos no curso destes estudos várias opiniões modernas que não se apoiam em *documentos*; deveremos estar em condições de afirmar que não são conformes a qualquer texto, e por esta razão não nos cremos com o direito de aderir a elas. A leitura dos *documentos* não serviria, pois, para nada se fosse feita com ideias pré-concebidas... A sua única habilidade (do historiador) consiste em extrair dos documentos tudo o que eles contêm e em não lhes acrescentar nada do que eles não contêm. O melhor historiador é aquele que se mantém o mais próximo possível dos textos».

É claro que para Fustel, como para a maior parte dos historiadores embebidos de um espírito positivista, vale: documento = texto. A esta história, fundada em documentos que se impõem por si próprios, Fustel de Coulanges opõe o espírito e a realização da história erudita alemã; espírito e realização que estão expressos, por exemplo, nos «Monumenta Germaniae historica», e marcados, segundo ele, não pela chancela da ciência, mas pela do patriotismo.

Pode-se, então, falar do triunfo do *documento* sobre o *monumento*. Lento triunfo. Quando, no final do século XVII, Mabillon publica o seu *De re diplomatica* [1681], fundamento da história «científica» que aceitará utilizar criticamente o *documento* e de certa maneira criá-lo, trata-se apenas ainda de *monumento*. Quando, em 1759, o inspector-geral das Finanças do rei de França, Silhouette, decide a criação de um depósito-geral de Direito Público e de História – que será mais tarde o Gabinete de Chartes – e confia a direcção ao advogado e publicista Jacob-Nicolas Moreau, historiógrafo de França, este escreve: «Baseado em *monumentos* do meu depósito, empreendi a história da nossa constituição e do nosso direito público... O nosso direito público, uma vez fundado em factos e *monumentos* reconhecidos, estará mais do que nunca ao abrigo das vicissitudes que produz o arbítrio...» [Paris, Bibliothèque Nationale, Collection Moreau, n.° 283, fol. 33; cf. Barret-Kriegel, 1978]. O inspector-geral Bertin, sucessor de Silhouette, escreve ao rei Luís XVI: «A história e o direito público de uma nação baseiam-se em *monumentos*», [Collection Moreau, n.° 309, fol. 102].

No seu relatório de 10 de Março de 1837 a Guizot, Thierry [1837] escreve ainda: «Assim, a recolha dos *monumentos* da história do terceiro Estado deve, num certo sentido, fazer vir à luz as raízes mais profundas e mais vivas da nossa ordem social actual... Porque realiza um dos votos mais queridos das grandes mentes históricas do século XVIII... que viam nos *monumentos* da legislação municipal a origem mais segura e mais pura do nosso antigo direito consuetudinário».

O termo 'monumentos' será ainda correntemente usado no século XIX para as grandes colecções de documentos. O caso mais célebre é o dos «Monumenta Germaniae historica», publicados a partir de 1826 pela sociedade fundada em 1819 pelo barão Karl von Stein, para a publicação das fontes da Idade Média alemã.

Em Turim aparecem, a partir de 1836, por decisão do rei Carlos Alberto, os «Monumenta historiae patriae». Assim, a pouco e pouco, são editadas nas diversas províncias italianas colecções de *Monumenti*: os «Monumenti di storia patria delle provincie modenesi», a partir de 1861; os «Monumenti istorici pertinenti alle provincie della Romagna», a partir de 1869; os «Monumenti storici», publicados pela Regia Deputazione Veneziana de História Pátria, a partir de 1876; os «Monumenti storici» organizados pela Società Napolitana de História Pátria, a partir de 1881.

Todavia, destacando-se de um conjunto de palavras (*provas, instrumentos, testemunhos*, etc.) – que tentavam reunir os novos métodos da memória colectiva e da história, ao desejo de, por um lado, ter provas científicas (o bolandista Daniel van Papenbroeck, pioneiro como Mabillon da crítica histórica na segunda metade do século XVII, recomendara o estudo das velhas certidões *ad historicam probationem* «com os fins de prova histórica») e, por outro, ao renovamento da legislação e do direito («esta ciência», escrevia Bertin a Luís XVI [Collection Moreau, n.º 309, fol. 102], «depende da ciência da legislação») –, o termo 'documento' colocar-se-ia em primeiro plano.

A partir de 1791, Bréquigny e La Porte du Theil publicam o primeiro volume dos *Diplomata, chartae, epistolae, leges aliaque instrumenta ad res Gallo-Francicas spectantia...*

Chateaubriand, profeta de uma nova história, escreverá no prefácio dos *Études Historiques* (1831): «Os antigos conceberam a história de modo diferente do nosso... libertos daquelas imensas leituras sob as quais tanto a imaginação como a memória são esmagadas, tinham poucos documentos para consultar...» [citado *in* Ehrard e Palmade, 1964].

Em França, aparece, a partir de 1835, a «Collection de documents inédits sur l'histoire de France». Os «Documenti di storia italiana» são publicados pela «Regia Deputazione sugli studi di storia patria per le provincie di Toscana, dell'Umbria e delle Marche», desde 1867; os «Documenti per servire alla storia di Sicilia», publicados pela «Società siciliana per la storia patria», aparecem a partir de 1876. Na historiografia institucional de todos os países europeus encontram-se, no século XVIII, as duas séries paralelas de *monumentos* (em declínio) e de *documentos* (em plena ascensão).

2. O século XX: do triunfo do documento à revolução documentária

Com a escola positivista, o documento triunfa. O seu triunfo, como bem o exprimiu Fustel de Coulanges, coincide com o do texto. A partir de então, todo o historiador que trate de historiografia ou do ofício de historiador recordará que é indispensável o recurso ao documento.

No prefácio à obra colectiva *L'histoire et ses méthodes*, Samaran [1961], enunciando os princípios do método histórico, afirma: «Não há história sem documentos».

No curso da Sorbonne, de 1945/46, sobre a historiografia moderna (retomado na obra póstuma *La naissance de l'historiographie moderne*), Lefebvre também afirmava: «Não há relato histórico sem documentos»; e precisava: «Pois se dos factos históricos não foram registados documentos, ou gravados ou escritos, aqueles factos perderam-se» [1971].

Todavia, se o conceito de documento não se modificava, o seu conteúdo enriquecia-se e ampliava-se. À partida, o documento era sobretudo um texto. No entanto, o próprio Fustel de Coulanges sentia o limite desta definição. Numa lição pronunciada em 1862 na Universidade de Estrasburgo, declararia: «Onde à história faltam os monumentos escritos, é necessário que ela exija das línguas mortas os seus segredos... Deve examinar as fábulas, os mitos, os sonhos da fantasia... Onde o homem passou, onde deixou qualquer marca da sua vida e da sua inteligência, aí está a história» [ed. 1901].

Os fundadores da revista «Annales d'histoire économique et sociale» (1929), pioneiros de uma nova história, insistiram sobre a necessidade de alargar a noção de documento: «A história faz--se com documentos escritos, sem dúvida. Quando estes existem. Mas pode fazer-se, deve fazer-se sem documentos escritos, quando não existem. Com tudo o que a inventiva do historiador lhe permite utilizar para fabricar o seu mel, na falta das flores apropriadas. Logo, com palavras. Marcas. Paisagens e telhas. Com as formas do campo e das ervas. Com os eclipses da Lua e os arreios dos cavalos de tiro. Com os exames de pedras feitos pelos geólogos e com as análises de metais feitas pelos químicos. Numa palavra, com tudo o que, pertencendo ao homem, depende do homem, serve o homem, exprime o homem, demonstra a presença, a actividade, os gostos e as maneiras de ser do homem. Toda uma parte, e sem dúvida a mais apaixonante do nosso trabalho de historiadores, não consistirá num esforço constante para fazer falar as coisas mudas, para fazê-las dizer o que elas por si próprias não dizem sobre os homens, sobre as sociedades que as produziram, e para constituir, finalmente, entre elas, aquela vasta rede de solidariedade e de entreajuda que supre a ausência do documento escrito?» [Febvre, 1949].

Por seu lado, Bloch, na *Apologie pour l'histoire ou métier d'historien* [1941/1942]: «Seria uma grande ilusão imaginar que a cada problema histórico corresponde um tipo único de documentos, especializado para esse uso... Que historiador das religiões se contentaria em consultar os tratados de teologia ou as recolhas de hinos? Ele sabe bem que sobre as crenças e as sensibilidades mortas, as imagens pintadas ou esculpidas nas paredes dos santuários, a disposição e o mobiliário das tumbas, têm pelo menos tanto para lhe dizer quanto muitos escritos».

Por isso, Samaran desenvolve a afirmação acima citada – «Não há história sem documentos» – com esta precisão: «A palavra 'documento' deve ser entendida no sentido mais amplo – documento escrito, ilustrado, transmitido pelo som, pela imagem, ou de qualquer outro modo» [1961].

Mas este alargamento do conteúdo do termo *documento* foi apenas uma etapa para a explosão do documento que se produz a partir dos anos 60 e que levou a uma verdadeira *revolução documentária* [cf. Glénisson, 1977].

É uma revolução, ao mesmo tempo, quantitativa e qualitativa. O interesse da memória colectiva e da história já não se cristaliza exclusivamente sobre os grandes homens, os acontecimentos, a história que avança depressa, a história política, diplomática, militar. Interessa-se agora por todos os homens, suscita uma nova hierarquia mais ou menos implícita dos documentos; por exemplo, coloca em primeiro plano, para a história moderna, o registo paroquial que conserva para a memória todos os homens [cf. a utilização de documento de base que, de um modo pioneiro, lhe deu Goubert, 1960, e o valor científico que lhe foi reconhecido por Chaunu, 1974]. O registo paroquial, em que estão assinalados, paróquia a paróquia, os nascimentos, os matrimónios e as mortes, representa o ingresso na história das «massas dormentes» e inaugura a era da documentação de massa.

Mas esta dilatação da memória histórica teria, certamente, ficado no estado de intenção, de coragem individual de qualquer historiador que reunisse capacidade de trabalho e espírito inovador no interior do tratamento artesanal tradicional do documento, se quase ao mesmo tempo não se tivesse produzido uma revolução tecnológica, a do computador.

Da confluência destas duas revoluções nasce a *história quantitativa*, que repõe em discussão a noção de documento e o seu tratamento. Desejada em primeiro lugar pelos historiadores da economia, obrigados a tomar como documentos de base séries de verbas ou de dados numéricos [cf. Marczewski, 1961], introduzida depois na arqueologia [cf. Gardin, 1971] e na história da cultura [cf., por exemplo, Furet e Ozouf, 1977], a história quantitativa altera o estatuto do documento. «O documento, o dado, já não existem por si próprios, mas em relação com a série que os precede e os segue, é o seu valor relativo que se torna objectivo e não a sua relação com uma inapreensível entidade 'real'» [Furet, 1974].

A intervenção do computador permite uma nova periodização na memória histórica: produz-se, a partir de então, um corte fundamental no momento em que se podem formar séries [sobre a história serial, entre os seus numerosos escritos, cf. Chaunu, 1972]; tem-se, doravante, uma idade pré-estatística e uma idade quantitativa. Mas é necessário observar que, se este corte corresponde a um grau de diferença das sociedades históricas em relação ao levantamento estatístico – indiferença ou desconfiança em relação ao número, por um lado, atenção sempre maior e mais precisa, por outro –, a história quantitativa, como o demonstra a arqueologia, pode transpor alegremente esta fronteira histórica. Porque a história quantitativa não é nem uma revolução puramente tecnológica, nem a consequência da importância assumida pelo número na história. Não é imposta nem pelo computador nem pelo passado. Como observa Glénisson, no século XIX, no início estava o documento; hoje, no início está o problema. É uma «revolução da consciência historiográfica» [Furet, 1974].

A revolução documentária tende também a promover uma nova unidade de informação: em lugar do facto que conduz ao acontecimento e a uma história linear, a uma memória progressiva, ela privilegia o dado, que leva à série e a uma história descontínua. Tornam-se necessários novos arquivos, onde o primeiro lugar é ocupado pelo *corpus*, a fita magnética. A memória colectiva valoriza-se, organiza-se em património cultural. O novo documento é armazenado e manejado nos bancos de dados. Surge uma nova ciência que balbucia ainda e que deve responder simultaneamente às exigências do computador e à crítica da sua sempre crescente influência sobre a memória colectiva.

3. A crítica dos documentos:
em direcção aos documentos/monumentos

Não nos devemos contentar com esta verificação da revolução documentária e com uma reflexão crítica sobre a história quantitativa de que esta revolução é o aspecto mais espectacular. Recolhido pela memória colectiva e transformado em documento pela história tradicional («na história, tudo começa com o gesto de *pôr de parte*, de reunir, de transformar em «documentos» certos objectos catalogados de outro modo», como escreve Certeau [1974]), ou transformado em *dado* nos novos sistemas de montagem da história serial, o documento deve ser submetido a uma crítica mais radical.

Iniciada na Idade Média, consolidada no início do Renascimento, enunciada pelos grandes eruditos do século XVII, aperfeiçoada pelos historiadores positivistas do século XIX, a crítica do documento tradicional foi essencialmente uma procura da autenticidade. Ela persegue os falsos e, por consequência, atribui uma importância fundamental à datação.

A Alta Idade Média fabrica, sem qualquer peso na consciência, falsos diplomas, falsas cartas, falsos textos canónicos, mas a partir do século XII, a Igreja, e mais particularmente a Cúria romana (sobretudo sob o pontificado de Alexandre III e de Inocêncio III), empreende a luta contra os falsos e os falsários. Dá-se um passo importante quando o famoso humanista florentino Lorenzo Valla demonstra, mediante argumentos filológicos e em resposta à solicitação de Afonso, *o Magnânimo*, rei de Aragão e de Sicília, no seu tratado *De falso credito et ementita Constantini donatione declamatio* (1440), que a famosa doação de Constantino, com a qual o imperador teria feito o papa dono do Estado pontifício, é um falso. A *Declamatio* é publicada apenas em 1517 pelo amigo de Lutero, Ulrich von Hutten.

Evidenciou-se a importância fundamental do *De re diplomatica* (1681) de Mabillon. É necessário relacionar esta obra – apesar das polémicas cortesas que contra ela se manifestaram – com a publicação, empreendida pelos jesuítas, de textos hagiográficos nos «Acta Sanctorum». Depois do padre Héribert Roswey (Rosweyde), falecido em 1629, do padre Jean Bolland (que dará o nome à sociedade dos bolandistas, 1596/1665) e sobretudo do padre Daniel van Papenbroeck (Papebroch) que, no início do tomo II de Abril dos «Acta Sanctorum», em 1675, publicou uma dissertação "sobre o critério do verdadeiro e do falso nos velhos pergaminhos» [cf. Tessier, 1961], Bloch [1941/42] pôde escrever: «Naquele ano de 1681 – o ano da publicação do *De re diplomatica*, uma grande data na história do espírito humano – foi definitivamente fundada a crítica dos documentos de arquivo».

Mas os fundadores dos «Annales» davam início a uma crítica em profundidade da noção de documento. «Os historiadores ficam passivos, demasiado frequentemente, perante os documentos, e o axioma de Fustel (a história faz-se com textos) acaba por se revestir para eles de um sentido deletério», afirmava Lucien Febvre [1933], que lamentava não já a ausência de sentido crítico nos historiadores – que praticavam todos, mais ou menos, a crítica dos documentos preconizada pela École des Chartes e a história positiva do século XIX –, mas o facto de que se pusesse em discussão o documento enquanto tal. Por isso, Marc Bloch teria escrito: «Não obstante o que por vezes parecem acreditar os principiantes, os documentos não aparecem, aqui ou ali, pelo efeito de um qualquer imperscrutável desígnio dos deuses. A sua presença ou a sua ausência num fundo arquivístico, numa biblioteca, num terreno, dependem de causas humanas que não escapam de forma alguma à análise, e os problemas postos pela sua transmissão, longe de serem apenas exercícios de técnicos, tocam, eles próprios, no mais íntimo da vida do passado, pois o que assim se encontra posto em jogo é nada menos do que a passagem da recordação através das gerações» [1941/42].

Mas era necessário ir mais longe.

Já Paul Zumthor [1960] tinha aberto a via a novas relações entre documento e monumento. Tratando-se de um muito pequeno número de textos, os mais antigos em língua francesa (século VIII/IX), ele propôs uma distinção entre os monumentos linguísticos e os simples documentos. Os primeiros respondem a uma intenção de edificação, «no duplo significado de elevação moral e de construção de um edifício», ao passo que os segundos respondem «apenas às necessidades da intercomunicação corrente». Confrontando os textos latinos e os testemunhos em língua vulgar da época, Paul Zumthor quase identificou escrito e monumento: «O escrito, o texto é mais frequentemente *monumento* do que *documento*». Mas, mais adiante, admite «que houve monumentos a nível de expressão vulgar e oral» e que existiram «tradições monumentais orais» [*ibid.*]. O que distingue a língua monumental da língua documental é «esta elevação, esta verticalidade» que a gramática confere a um documento, transformando-o em monumento. Por isso, a língua vulgar, que provisoriamente permaneceu no plano documental, só pouco a pouco se transformará em «francês monumental» [*ibid.*]. Por outro lado, duas observações de Zumthor conduzem-nos ao centro do problema. «O futuro "francês" foi identificado como uma entidade linguística particular na medida em que passou... conforme as necessidades do verdadeiro direito do rei, ao estado monumental». E ainda: «O testemunho dos monumentos mais numerosos, mais antigos e mais explícitos revela-nos quanto deve ter influído, na tomada de consciência linguística da Alta Idade Média, a revolução política que então se operava nos reinos mais orgânicos da România: Gália merovíngia, Espanha visigótica, Lombardia» [*ibid.*].

Assim, Paul Zumthor descobria o que transforma o documento em monumento: a sua utilização pelo poder. Mas hesitava em transpor o fosso que consistia em reconhecer em todo o documento um monumento. Não existe um documento objectivo, inócuo, primário. A ilusão positivista (que, bem entendido, era produzida por uma sociedade cujos governantes tinham interesse em que não houvesse mudanças), a qual via no documento uma prova de boa-fé, desde que fosse autêntico, pode muito bem encontrar-se ao nível dos dados mediante os quais a actual revolução documentária tende a substituir os documentos.

A concepção do documento/monumento é, pois, independente da revolução documentária e entre os seus objectivos está o de evitar que esta revolução necessária se transforme num derivativo e desvie o historiador do seu dever principal: a crítica do documento – qualquer que ele seja – enquanto monumento. O documento não é uma mercadoria invendida do passado, é um produto da sociedade que o fabricou segundo as relações de força que nela detinham o poder. Só a análise do documento enquanto documento permite à memória colectiva recuperá-lo e ao historiador usá-lo cientificamente, isto é, com pleno conhecimento de causa.

Michel Foucault [1969] colocou a questão em termos duros. Antes de mais, ele declara que os problemas da história se podem resumir numa só palavra: «o processo ao documento». E logo recorda: «O documento não é o feliz instrumento de uma história que seja em si própria, e com pleno direito, *memória*: a história é um certo modo que uma sociedade tem de dar estatuto e elaboração a uma massa documentária da qual não se separa» [*ibid.*].

Segue-se-lhe a definição de revolução documentária em profundidade e da nova tarefa que se apresenta ao historiador: «A história, na sua forma tradicional, dedicava-se a "memorizar" os *monumentos* do passado, a transformá-los em *documentos* e em fazer falar os traços que, por si próprios muitas vezes não são absolutamente verbais, ou dizem tacitamente coisas diferentes do que dizem explicitamente; hoje, pelo contrário, a história é que transforma os documentos em monumentos e que, onde dantes se decifravam traços deixados pelos homens e se descobria em negativo o que eles tinham sido, apresenta uma massa de elementos que é preciso separar, reagrupar, tornar pertinentes, relacionar, constituir em conjunto» [*ibid.*].

Assim, como dantes a arqueologia tendia para a história, «poder-se-ia dizer, jogando um pouco com as palavras, que actualmente a história tende para a arqueologia, para a descrição intrínseca do monumento» [*ibid.*].

Tomarei como exemplo de uma nova atitude em relação ao documento, considerado como monumento, o estudo de Monique Clavel-Lévèque, *Les Gaules et les Gaulois* [1974], que antes de mais se integra no neomarxismo e não faz referência a Foucault. É certo que o documento analisado no livro é um documento literário, a descrição das Gálias e dos Gauleses na *Geografia* de Estrabão [IV, 58 – V, 25], mas dado como um texto «científico» objectivo, uma descrição. Mediante uma «completa assunção do discurso considerado nas condições concretas em que foi produzido», que comporta uma pluralidade de leituras, recorrendo de preferência a análises estruturalistas, Monique Clavel-Lévèque desmonta, desestrutura o documento, pondo em evidência o carácter de monumento. Uma oposição fundamental, ontem/hoje, revela que nas Gálias tudo melhorou depois de terem passado para o benéfico domínio de Roma. Um estudo das menções dos rios demonstra que tais menções estão ligadas a uma estrutura subjacente, um discurso subterrâneo que a analogia rios – vias navegáveis/transportes/mercadorias –, produção, desenvolvimento, conquista, tende na prática a sublinhar também aqui o carácter vantajoso que teve, para as Gálias, a conquista romana. A descrição do habitante da Gália, definida sobretudo pelas suas relações com a natureza e a guerra, é estruturada de modo a fazer ressaltar uma espécie de «bom selvagem» a quem os Romanos trouxeram a civilização, que ele acolhe bem e demonstra aceitar.

Assim, Monique Clavel-Lévèque [*ibid.*] revela, com a sua análise, que o documento é composto de elementos que «funcionam como um 'inconsciente cultural' que assume um papel decisivo e intervêm para orientar uma apreensão, um conhecimento, um modo de apresentar as Gálias... profundamente baseada nas lutas e nas realidades imperialistas do momento".

Tal resultado só foi atingido porque a autora considerou o seu documento como um monumento do qual era preciso encontrar, mediante uma crítica interna, as condições de produção histórica e, logo, a sua intencionalidade inconsciente.

Seja-me permitido, enfim, recordar o apelo a uma revisão da noção de documento, lançado por Pierre Toubert e por mim no 100.º congresso nacional das sociedades de cultura francesa, realizado em Paris, em 1975 [cf. Le Goff e Toubert, 1977].

O medievalista (e, poder-se-ia acrescentar, o historiador) que procura uma história total deve repensar na verdadeira e apropriada noção de documento.

A intervenção do historiador que escolhe o documento, extraindo-o do conjunto dos dados do passado, preferindo-o a outros, atribuindo-lhe um valor de testemunho que, pelo menos em parte, depende da própria posição na sociedade da sua época e da sua organização mental, insere-se numa situação inicial que é ainda menos «neutra» do que a sua intervenção. O documento não é inócuo. Antes de mais, é o resultado de uma montagem, consciente ou inconsciente, da história, da época, da sociedade que o produziu, mas também das épocas sucessivas durante as quais continuou a viver, talvez esquecido, durante as quais continuou a ser manipulado, também pelo silêncio. O documento é uma coisa que fica, que dura, e o testemunho, o ensinamento (para evocar a etimologia) que traz devem ser em primeiro lugar analisados desmistificando o seu significado aparente. O documento é monumento. É o resultado do esforço realizado pelas sociedades históricas para impor ao futuro – voluntária ou involuntariamente – determinada imagem de si próprias. No limite, não existe um documento-verdade. Todo o documento é mentira. Cabe ao historiador não passar por ingénuo. Os medievalistas, que tanto trabalharam para construir uma crítica – sempre útil, de facto – do falso, devem superar esta problemática porque qualquer documento é, ao mesmo tempo, verdadeiro – incluindo, e talvez sobretudo, os falsos – e falso, porque um monumento é em primeiro lugar uma roupagem, uma aparência enganadora, uma montagem. É preciso começar por desmontar, demolir esta montagem, desestruturar esta construção e analisar as condições de produção dos documentos-monumentos.

Ora, esta desmontagem do documento-monumento não pode fazer-se com o auxílio de uma única crítica histórica. Numa perspectiva de descobrimento dos falsos, a diplomática, cada vez mais aperfeiçoada, cada vez mais inteligente, sempre útil, repetimo-lo, é suficiente. Mas não está em condições – ou, pelo menos, não o está sozinha – de explicar o significado de um documento/monumento como, por exemplo, um cartulário. Produto de um centro de poder, de uma senhoria, quase sempre eclesiástica, um cartulário deve ser estudado numa perspectiva económica, social, jurídica, política, cultural, espiritual, mas sobretudo enquanto instrumento de poder. Foi dito, justamente, que um cartulário constituía um conjunto de provas em apoio dos direitos. É preciso ir mais longe. Ele é o testemunho de um poder polivalente e, ao mesmo tempo, cria-o.

Mais ainda do que estes múltiplos modos de abordar um documento, para que ele possa contribuir para uma história total, é importante não isolar os documentos do conjunto de monumentos de que fazem parte. Sem subestimar o texto que exprime a superioridade, não do seu testemunho mas do ambiente que o produziu, monopolizando um instrumento cultural importante, o medievalista deve recorrer ao documento arqueológico, sobretudo àquele que utiliza o método estratigráfico, ao documento iconográfico, às provas que fornecem métodos avançados como a história ecológica, que faz apelo à fenologia, à dendrologia, à palinologia: tudo o que permite a descoberta de fenómenos *in loco* (a semântica histórica, a cartografia, a fotografia aérea, a foto-interpretação) é particularmente útil.

O novo documento, mais completo do que os textos tradicionais, transformado – sempre que a história quantitativa é possível e pertinente – em dado, deve ser tratado como um documento/monumento. Daí a urgência de elaborar um novo saber capaz de transferir este documento/monumento do campo da memória para o da ciência histórica.

II PARTE
O IMAGINÁRIO DO TEMPO

IDADES MÍTICAS

Para dominar o tempo e a história e para satisfazer as próprias aspirações à felicidade e à justiça ou para dominar os temores face ao desenrolar ilusório ou inquietante dos acontecimentos, as sociedades humanas imaginaram a existência, no passado ou no futuro, de épocas excepcionalmente felizes ou catastróficas e, por vezes, inseriram essas épocas, antigas ou recentes, numa série de idades, segundo uma certa ordem.

O estudo das idades míticas constitui uma abordagem particular, mas privilegiada, às concepções do tempo, da história e das sociedades ideais. A maior parte das religiões situa uma idade mítica feliz, se não perfeita, no início do universo. A época primitiva – quer o mundo tenha sido criado, ou formado de qualquer outro modo – é imaginada como uma «*idade de ouro*». Por vezes, as religiões situam uma outra idade feliz no fim dos tempos, considerando-a quer como o tempo da eternidade quer como a última idade antes do fim dos tempos.

Num certo número de casos, particularmente nas grandes religiões e civilizações, as idades de ouro, inicial e final, estão ligadas por uma série de períodos. A evolução do mundo e da humanidade, ao longo desses períodos, é geralmente uma degradação das condições naturais e morais de vida.

A idade mítica final é, frequentemente, a repetição da idade inicial. Em especial, é o caso das religiões do «eterno retorno», que fazem passar o mundo e a humanidade por séries de ciclos, eternamente repetidos [cf. Eliade, 1949; 1969]. Mas pode também tratar-se de religiões com uma concepção definida, linear do tempo [cf. Gunkel, 1895].

Estas teorias de ciclos e de idades por vezes deram lugar, nomeadamente na religião judaico-cristã, a cálculos mais ou menos simbólicos, que fizeram surgir calendários míticos e datas proféticas cujo uso, com fins políticos e ideológicos, desempenhou, por vezes, um papel importante na história.

A descrição e o saber destas idades míticas encontra-se em primeiro lugar nos mitos, depois nos textos religiosos e filosóficos, muitas vezes próximos dos mitos e, por fim, em textos literários que, pela sua antiguidade, nos transmitiram mitos que, de outro modo, teriam ficado desconhecidos ou pouco conhecidos. Por isso, eles serão aqui citados e utilizados, enquanto os textos mais recentes, em que o carácter metafísico das alusões às idades míticas é cada vez mais duvidoso, serão postos de lado ou ligeiramente abordados no fim do capítulo.

Estudaremos sucessivamente as idades míticas nos mitos das sociedades primitivas e religiões extra-europeias, depois na Antiguidade, seguidamente na religião judaico-cristã e no cristianismo medieval, por fim no grande despertar do Renascimento, quando as idades míticas conhecem uma renovação e, contemporaneamente, sofrem metamorfoses que as deixam diferentes e que, sobretudo, as fazem passar para o domínio estritamente literário, enquanto parecem outras formas de periodização em história.

Faremos breves alusões ao Milénio e ao Tempo Final.

1. As idades míticas nas zonas culturais extra-europeias

Tomaremos como exemplo dos mitos da idade de ouro nas sociedades ditas «primitivas», as crenças da tribo Aranda, da Austrália central [cf. Strehlow, 1947], dos índios Guaranis da América do Sul [cf. Eliade, 1971] e as crenças de certos povos africanos [cf. Baumann, 1936].

1.1. A tribo Aranda

Entre os Arandas, esta idade do ouro existe, ou existiu, a um duplo nível. Há no Céu, para onde se retirou com a sua família, um Ser supremo que não criou a Terra nem nela intervém, o Grande Pai com pés de ema, que «vive nesse firmamento perpetuamente verde, cheio de flores e frutos, atravessado pela Via Láctea» [Eliade, 1971], onde a morte não existe e onde, por esta razão, os homens aspiram chegar. Mas, depois que as árvores e as escadas que ligavam a Terra ao Céu foram interditas aos homens, no momento da interrupção das relações entre Terra e Céu, só alguns heróis xamãs e feiticeiros conseguem lá chegar. Mas esta idade do ouro existiu igualmente na Terra, no momento da sua formação pelos antepassados totémicos, quando se assemelhava a um Paraíso, «onde a caça se deixava facilmente apanhar e água e frutos abundavam» [*ibid*.], onde não existia bem nem mal, leis ou interdições. Strehlow [1947] interpreta os ritos da orgia ritual dos Arandas como um retorno à liberdade e beatitude dos antepassados; no seu decurso suspendem-se as proibições por um breve instante (como durante as Saturninas entre os Romanos). Mas, na Terra, esta idade do ouro parece eternamente perdida.

1.2. Os índios Guaranis

Não acontece o mesmo com os índios Guaranis [cf. Schaden, 1954; 1955]. Acreditam na existência de uma «terra sem mal», a «terra da imortalidade e do repouso eterno», situada «do outro lado do oceano ou no centro da Terra», na ilha dos Beatos, o Paraíso do mito original: o actual mundo impuro e decadente vai desaparecer numa catástrofe; só a «terra sem mal» será poupada. Os homens devem, pois, tentar alcançá-la antes da última catástrofe. Daí a razão das migrações dos Guaranis, desde há séculos, em busca da ilha fabulosa.

Métraux [1957] refere um jesuíta do século XVII, a propósito de uma etnia guarani, os Tupinambás: «Os xamãs persuadem os índios a não trabalhar, a não ir para os campos, prometendo-lhes que as sementeiras crescerão por si, que a comida, ainda que escassa, encherá as suas cabanas e que as enxadas trabalharão sozinhas a terra, que as flechas sozinhas caçarão para os seus donos e capturarão muitos inimigos. Predisseram também que os velhos se tornariam jovens» [citado *in* Eliade, 1969]. Mircea Eliade comenta este texto: «Reconhece-se a síndroma da idade do ouro» [*ibid*.]. Sublinha igualmente que este paraíso da idade do ouro é o do princípio dos tempos: «O Paraíso representa, para os índios

Tupi-Guarani, o mundo perfeito e puro do "princípio", quando foi acabado pelo Criador e onde os antepassados das tribos actuais viviam na vizinhança de deuses e heróis» [*ibid.*]. E ainda: «O Paraíso que procuram é o mundo retornado à sua beleza e glória iniciais» [*ibid.*].

1.3. Alguns povos africanos

Segundo Baumann [1936], para vários povos africanos «a idade do ouro em que os homens viviam com os deuses e eram felizes e imortais... era também a idade da "doce ociosidade"». Para o Achanti, o Deus Criador tinha proibido as relações entre os sexos. Quando foi violada a proibição, Deus impôs aos homens o dote e o trabalho e às mulheres um parto doloroso. Para o povo Luba, Deus condenou ao trabalho e à mortalidade os homens que tinham comido as bananas proibidas. Poder-se-ia interrogar, pelo menos nestes dois casos, se não haveria aqui a existência de influências cristãs. A introdução do trabalho é semelhante nalguns mitos do Culuva da África oriental, do Niamuesi e de outros povos [*ibid.*].

Voltaremos ao conteúdo do mito da idade do ouro. Sublinhe--se desde já que o mito implica quase sempre uma localização simultânea no tempo e no espaço. Impõe-se uma primeira distinção: a que existe entre os paraísos terrestres e os paraísos extraterrestres, geralmente situados no Céu. Quanto aos paraísos terrestres, é necessário distinguir os imaginários e os outros. Entre os primeiros, alguns foram ficções voluntárias e conscientes, próximas da utopia (como a Atlântida, de Platão), outros foram considerados como tendo realmente existido (por exemplo, as ilhas dos Beatos, quer se trate da «terra-sem-mal», dos Guaranis, quer das ilhas paradisíacas da Antiguidade greco-latina ou da geografia do Ocidente medieval). Com o Renascimento europeu, voltar-se-á uma página ao tentar identificar a terra da idade do ouro com regiões reais (mito paradisíaco da América) ou com lugares onde se irá implantá-la. Foi esta aliança do tempo com o espaço que inspirou a «politização» do mito na concepção das idades míticas.

1.4. Algumas civilizações orientais

Se analisarmos agora as civilizações orientais e mais em geral as grandes religiões e civilizações, exceptuando as três grandes religiões monoteístas (judaica, cristã, islâmica), a partir dos mitos e crenças relativos ao nascimento do mundo, encontramos ao mesmo tempo, e frequentemente, um mito original da idade do ouro ligado a um paraíso e uma doutrina da idade do mundo, muitas vezes ligada a uma concepção reversível do tempo ou do eterno retorno. O paraíso da idade do ouro é por vezes um jardim, muitas vezes uma ilha e raramente uma montanha. A idade do ouro que existe no princípio de um ciclo de idades é frequentemente considerada a época do deus-Sol [cf. MacCaffrey, 1959; Hackel, 1963]. O paraíso da idade do ouro tanto se situa na Terra como no Céu; existe também uma concepção do mundo que une a Terra e o Céu [cf. Vuippens, 1925].

Sabe-se que, no Egipto antigo, raramente se efectuou uma unificação dos diferentes mitos e ritos das populações primitivas do mundo egípcio; não há, pois, «um único relato oficial da "primeira vez" do mundo» [Naissance, 1959]. Mas vários textos evocam uma idade do ouro, dada como anterior à própria criação do mundo, fora da génese. Os textos das pirâmides falam do tempo, anterior ao demiurgo no qual «ainda não havia nem a morte nem a desordem» [*ibid.*]. No tempo de Ogdoade, divindade primordial com quatro entidades, desdobradas por sua vez em oito génios, os «oito antepassados dos primeiros tempos anteriores», «a Terra vivia na abundância, os ventres estavam saciados, e a Duas Terras [o Egipto] não conhecia a fome. Os muros não desabavam, nem os espinhos picavam ...». Segundo um outro texto, da mesma época, «no tempo dos deuses anteriores», «a ordem cósmica passou do Céu para a Terra e misturou-se intimamente com todos os deuses. Havia abundância, sem restrição de víveres e alimentos. Não existia o mal nesta terra, nem o crocodilo predador, nem a serpente que morde» [*ibid.*].

Estes textos são oriundos de Heliópolis, a «cidade do Sol», onde foi usado um dos sistemas cosmogónicos mais difundidos do Egipto antigo. Nele encontramos evidentemente, em primeiro lugar, o papel do Sol. O deus-Sol (Ra-Atum) surge de repente, uma bela manhã, sob a forma de criança radiosa, de uma flor-de--lótus; difundiu a luz e criou os deuses e os seres. Este aparecimento da luz teve lugar numa ilha maravilhosa, a «ilha da Luz». Esta criação chama-se «Primeira Vez» porque foi chamada a recomeçar. No fim de cada ciclo há a ameaça do retorno ao caos. Em suma, a criação dá-se, uma vez mais, cada manhã quando a luz brota, no início de cada estação, de cada ano, de cada novo reinado de um faraó.

O cosmogónico *Poema da Criação* (*Enuma elísh*), epopeia babilónica, é um hino à glória do herói Marduque que matou a deusa má Tiãmat, o mar, e a partir do seu corpo construiu o universo e o homem. Marduque, chamado «Sol dos céus», simboliza o triunfo das forças da renovação primaveril. Todos os anos as cerimónias babilónicas do Ano Novo repetem a criação de Marduque [cf. Naissance, 1959; cf. também Labat, 1935]. No zoroastrismo, ou masdeísmo, «a ideia do tempo limitado domina tudo» [Naissance, 1959]. O tempo entrou na criação do mundo através do deus da luz, Ormusd (Ahuramazda, em Zenda) e do antagonismo fundamental que opõe Ormusd ao deus das trevas, Arimânio. O grande ano cósmico deve durar nove mil anos. Depois de ter estado paralisado durante três mil anos, Arimânio lutará ainda seis mil anos. A meio deste período aparecerá Zoroastro, que vai ensinar aos homens a verdadeira religião. Ao fim de nove mil anos, um salvador, juntamente com Ormusd, vai proceder ao julgamento universal, expulsando os demónios e o mal, durante os dez últimos dias do último ano do mundo, que acaba no dia de Ormusd, do mês de *fravartin*, primeiro dia da Primavera.

A morte deixará de existir e reinará a felicidade perfeita. O livro palava da *Bundahishn* (criação) também contém este mito do tempo zoroástrico: «Ormusd diz ao Espírito do Mal: "Fixa-me um tempo, para que eu te faça guerra durante nove mil anos, de acordo com esse pacto", pois ele sabia que ao fim desse tempo podia reduzir à impotência o Espírito do Mal. Sem se aperceber das consequências de tal pacto, o Espírito do Mal concordou com ele… Graças à sua omnisciência, Ormusd sabia também que, destes nove mil anos, três mil decorreriam totalmente de acordo com a sua vontade; durante os outros três mil, as vontades de Ormusd e Arimânio seriam misturadas, equilibrando-se; e durante o último período de guerra, poderia reduzir à impotência o Espírito do Mal e eliminar da criação a contracriação» [*ibid.*].

No hinduísmo, a teoria das idades míticas é mais complexa e insere-se na crença do eterno retorno. A unidade do tempo mítico é um dia de Brama ou *kalpa*. Cada *kalpa* divide-se em séries de quatro *yuga*: o *Krtayuga*, o *Tretayuga*, o *Dvapazayuga* e o

Kaliyuga. Entre um *yuga* e outro, as condições do mundo e do homem pioram. O *Krtayuga* é uma idade do ouro em que os homens são felizes, virtuosos, vigorosos e vivem muito tempo. Vão-se tornando cada vez mais infelizes, maus, doentes, e têm uma vida cada vez mais curta. Um *kalpa* abarca mil séries de quatro *yuga*. No fim de cada dia de Brama, a Terra é destruída e só existe em estado latente durante o sono de Brama, que dura quatro mil *yuga*. Depois, a Terra renasce e recomeça um novo *kalpa*. A vida de Brama dura cem *kalpa*. Quando esta acaba, produz-se um fim geral do mundo, o *mahapralaya*, e depois há uma nova criação geral. Actualmente, a humanidade encontra-se no princípio de um mau *Kaliyuga* que, tendo começado 3102 anos a.C., acabará daqui a 432 000 anos, dando lugar a um novo *Krtayuga*, uma nova idade do ouro [cf. Glasenapp, 1960]. Segundo outros textos e, em particular, segundo as *Leis de Manu*, a sucessão cíclica das idades é diferente [cf. Naissance, 1959]. Também os Chineses conheceram uma teoria cíclica de um mundo sem princípio nem fim, que decorreria no interior de um ciclo de 129 600 anos, com períodos em que o mundo existe em acto e outros em que existe apenas em potência. Os Chineses também consideram nestes ciclos uma idade do ouro [cf. Lévi, 1977].

Assinale-se, a propósito, que a mais mítica de todas as idades, onde por vezes se situa a idade do ouro, é, em certas religiões, anteriores à criação, quando o tempo ainda não existia. Idade ambígua, nomeadamente pela oscilação entre o caos ou desordem e a perfeição total, muitas vezes simbolizada pelo ovo (por exemplo, entre os Egípcios). Esta perfeição total exprime-se, com frequência, nos mitos do andrógino, em que os sexos ainda não estão separados. Esta androginia primitiva é especialmente notável na China, onde a oposição entre o princípio masculino ou *yang* e o feminino ou *yin* é fundamental [cf. Baumann, 1955]. Entre os Tai, do Laos e do Camboja, reencontra-se o mito da idade do ouro: «Exceptuando a génese *ahour*, as cosmogonias *tai* narram o nascimento de um mundo que precedeu o nosso, cosmos em miniatura onde reinava a idade do ouro; então, Céu e Terra, deuses e homens, comunicavam entre si» [Naissance, 1959].

Mesmo no Tibete, em textos *bonpo*, influenciados pelo budismo, como o *Klu'bum* "as cem mil serpentes", se encontra também o mito da idade do ouro: «Nesse tempo não se distinguiam estações: o Sol, a Lua, os planetas, as constelações alteravam-se pouco e, mesmo o trovão, os raios, os relâmpagos, a chuva, o gelo e o granizo, não seguiam o curso das estações. Os infelizes não tinham mestres; as florestas e os vegetais cresciam naturalmente; o mundo nada podia contra este estado de coisas... Havia muitos pássaros e caça mas não havia quem os caçasse... Havia aquilo a que chamamos doenças, mas não causavam sofrimento, nem dor. Havia também o que chamamos alimentos, mas não eram consumidos nem faziam engordar. Havia o que chamamos demónios, mas não podiam opor-se a nada. Havia o que se chama *Klu* mas não magoavam nem paralisavam. Nesse tempo, a felicidade existia, mas não havia ninguém que a apreciasse» [*ibid.*, 1959].

Finalmente no budismo, tal como no hinduísmo, reencontramos ciclos de idades. As idades são tempos de formação, de subsistência, de destruição e de repouso. Os períodos de subsistência do mundo dividem-se em vinte: dez, em que a civilização progride; dez, em que retrocede. Durante a idade do ouro do primeiro período, os homens são felizes, virtuosos e vivem muito tempo. Depois, gradualmente, os homens tornam-se cada vez mais infelizes, maus e de vida efémera. No final de um ciclo, os homens matam-se uns aos outros numa guerra geral. Só alguns, refugiados na floresta, virão a ser os antepassados de uma nova humanidade. «E assim como a qualidade moral cresce de geração em geração, também as condições gerais do mundo melhoram sempre até que a duração de vida chega até aos oitenta mil anos... Quando decorrerem vinte civilizações como esta, de decadência e de evolução, esvaziam-se os abismos infernais, a Terra e os céus divinos inferiores... A Terra, desabitada, é então completamente destruída. A pouco e pouco surge um novo mundo material no qual renascem os seres do outro mundo e isso até ao fim» [Glasenapp, 1960, pp. 86-87].

2. As idades míticas na Antiguidade greco-romana

A preocupação com os últimos momentos de vida parece ter sido secundária, quer nos Gregos quer nos Romanos da Antiguidade. Em contrapartida, a especulação sobre as origens, a crença numa idade do ouro primitiva e as esperanças de retorno a esse paraíso original eram muito fortes. Os mitos que exprimem estas concepções chegaram até nós quase sempre através de textos literários, muitos dos quais da autoria dos maiores escritores gregos e latinos; outros, de poetas considerados de segunda ordem, porque foram tratados injustamente pela tradição humanista ocidental dos tempos modernos.

2.1. Hesíodo

Encontramos a primeira expressão coerente de uma série de idades míticas, no poema *Os Trabalhos e os Dias,* de Hesíodo (meados do século VII a.C.). Verificou-se que Hesíodo tinha misturado dois temas já existentes: o de um mito das quatro idades com nomes de metais, por ordem decrescente de excelência, e a lenda de uma idade dos heróis, inserida entre as terceira e quarta idades.

«Uma estirpe dourada de homens mortais criou nos tempos primitivos os imortais que tinham a sua morada no Olimpo. Viveram no tempo de Crono, quando reinava nos céus; como deuses, viviam com o espírito livre da angústia, despreocupados, à margem das fadigas e da miséria; nem a terrível velhice ensombrava a sua vida, mas sempre com o mesmo vigor nos pés e nas mãos gozavam nos festins, longe de todos os males. Morriam como vencidos pelo sono; tinham todas as coisas belas: a terra fértil, espontaneamente, oferecia-lhes frutos em grande quantidade, sem economizar; por isso gozavam os bens, contentes e tranquilos, com muitos motivos de alegria [riqueza de animais, apreciados pelos felizes deuses]» [v.v. 109-19].

Este texto, de capital importância, deu, senão o tema, pelo menos o nome a essa idade primitiva de felicidade, que é preciso reencontrar. Da estirpe evocada por Hesíodo, os nostálgicos da era paradisíaca fizeram uma idade do ouro. A metáfora dos metais foi muitas vezes retomada. Já aqui vemos aparecer os principais caracteres das idades míticas e, sobretudo, da idade do ouro. Voltaremos a este tema. As três restantes estirpes assinaladas por Hesíodo (que se tornaram o símbolo das idades) estão marcadas com os estigmas da decadência.

«Depois, uma estirpe inferior, uma estirpe de prata, foi criada mais tarde pelos habitantes do Olimpo. Esta não se assemelhava, nem pela estatura nem pela inteligência, à áurea. Ao contrário, a criança crescia durante cem anos, brincando dentro de casa, junto da sua veneranda mãe, infantilmente leviana. E quando, crescendo em idade, atingia o tempo que marca a adolescência, vivia pouco tempo e, por causa da sua estultícia, pois nas suas relações não conseguiam manter-se afastados da arrogante violência, nem queriam venerar os imortais e realizar sacrifícios nos altares santos dos beatos, que é pio dever dos homens, segundo a tradição local. E assim, com o tempo, Zeus, filho de Cronos, escondeu-os sob a terra» [vv. 127-38].

«E Zeus, pai dos deuses, criou uma terceira estirpe de homens mortais, a do bronze, muito diferente da de prata, saída do freixo, terrível e poderosa. Só pensavam na guerra e eram insolentes. Não comiam pão. O seu ânimo era firme como o aço; eram inquebrantáveis. Poderosa era a sua força, invencíveis os braços ligados pelos ombros aos seus corpos vigorosos. As suas armas eram de bronze, de bronze as casas, no bronze trabalhavam, pois não havia o negro ferro. Subjugados pelas suas próprias mãos, depressa caíram na esquálida morada do terrível Hades» [vv.143-
-52].

«E praza ao céu que eu não tivesse de viver entre os da quinta estirpe e a minha morte tivesse sido mais cedo ou pudesse ter nascido mais tarde. Porque esta é a estirpe de ferro. De dia, sofrerão fadigas e misérias e, de noite, serão consumidos por duras angústias que os deuses lhes enviarão. Mas, no entanto, algum bem será misturado aos seus males.

«Zeus aniquilará também esta estirpe de mortais, quando os homens vierem ao mundo já com os cabelos brancos desde o nascimento. Então o pai não será igual aos filhos, nem estes ao pai, nem o hóspede será grato ao hospedeiro, o amigo ao amigo, como era antigamente. Pelos pais, logo que envelheçam, só sentirão desprezo... Não haverá mais o apreço por aquele que respeita um juramento, nem pelo homem justo ou pelo homem bom; honrarão, antes, o criminoso e o violento. A justiça será a violência e a vergonha não existirá... Contra o mal não haverá recurso» [vv. 174-202].

Entre a estirpe de bronze e a estirpe de ferro, sabe-se que Hesíodo intercalou, vinda sem dúvida de um outro mito, a estirpe dos heróis: «Zeus, filho de Crono, modelou ainda outra estirpe sobre a Terra fecunda, mais justa e mais corajosa, a estirpe divina dos heróis, chamados semideuses. Alguns morreram nas guerras; a outros, Zeus, filho de Crono, e pai dos deuses, concedeu uma vida e uma morada longe dos homens, colocando-os nos confins da terra.

«É aí (bem longe dos imortais, sobre os quais Crono tem autoridade) que eles habitam, com o espírito livre de cuidados, na ilha dos Beatos, nas margens do oceano, de profundas correntes. Felizes heróis para quem a terra fecunda, florindo três vezes por ano, produz doces e abundantes frutos» [vv. 156-73].

Este texto fundamental de Hesíodo é complexo. Em primeiro lugar, se é certo que há deterioração contínua, da primeira à quinta estirpe, não só a quarta – a dos heróis – introduz uma descontinuidade nesta decadência, como permite supor a criação de uma raça melhor e, depois da idade do ferro, a vinda de uma idade mais feliz, pois Hesíodo lamenta-se de «ter morrido muito tarde» ou «ter nascido muito cedo». Portanto, mais do que de um verdadeiro declínio contínuo, fala-se em *Os Trabalhos e os Dias* de um retorno à idade do ouro. Sabe-se que Hesíodo, longe de se entregar ao desespero nesta idade do ferro, exorta a uma vida de coragem e trabalho e, na primeira parte do poema, apresenta um outro mito, que não exalta a doce ociosidade da idade do ouro, mas sim a actividade criadora do homem, o mito de Prometeu. Note-se ainda que um elemento que habitualmente faz parte da idade do ouro aparece aqui na idade dos heróis – o tema da ilha dos Ditosos.

Assim, o poema de Hesíodo apresenta distorções essenciais, quanto aos temas das idades míticas: quatro idades que são cinco, se assim se pode dizer; uma idade do ouro, um ciclo de decadência que conhece altos e baixos e não acaba, nem numa catástrofe final, nem num retorno ao tempo primitivo. E, se o tema da idade do ouro apresenta os caracteres habituais e correntes, os valores exaltados por Hesíodo estão mais marcados do que é habitual pela ideologia e ética da Grécia arcaica: a fertilidade agrícola, a recusa do excesso (*hybris*), o afecto para com os pais, os hóspedes, os amigos e os deuses, a consciência individual (*aidós*), a justiça (*dikê*) e o bem (*agathón*). Hesíodo permanece, por isso, o primeiro testemunho do que Lovejov e Boas [1935] chamaram o primitivismo cronológico.

Após Hesíodo, na literatura greco-latina, o tema da idade do ouro perderá grande parte do seu carácter mítico para se tornar essencialmente ético nalguns autores, enquanto noutros as quatro idades se reduzem a duas, estando a idade de Crono (ou Saturno) em nítida oposição com a idade de Zeus (ou Júpiter).

No poema de Arato, os *Fenómenos* (século IV a.C.), a Virgem que, na idade do ouro, simboliza a justiça, vivia com os homens que eram pacíficos, vegetarianos e simples, praticavam o comércio marítimo e viviam prosperamente da agricultura («dos bois e da charrua»). Mas, com a idade da prata e a idade do bronze, os homens tornaram-se guerreiros e carnívoros e a justiça afastou-se deles progressivamente. No poema não se fala de criações sucessivas, mas da evolução da mesma raça humana ao longo de três idades.

2.2. Ovídio

O ponto de encontro das concepções de Hesíodo sobre as idades míticas na Antiguidade é Ovídio, cuja difusão na Idade Média e no Renascimento assegurou o êxito perene da concepção de uma felicidade primitiva, simbolizada não por uma estirpe de ouro mas, mais propriamente, por uma idade do ouro (*aurea aetas*) da humanidade.

A descrição de Ovídio da idade do ouro encontra-se no livro I das *Metamorfoses* [vv. 76-215], mas o tema reaparece no livro XV [vv. 75-142] e no livro III dos *Amores* [VIII, vv. 35-56].

«Primeira flor espontânea foi a idade feliz do ouro / na qual, sem lei nem castigo, imperavam a fé e a justiça. / Não se temiam os castigos, nem estavam escritas no bronze / ameaçadoras leis, e a turba suplicante / não temia a presença dos juízes, pois sentia-se segura / Os pinheiros não se cortavam das montanhas / e não desciam as correntes dos rios / para visitar outras terras; e os mortais / não conheciam outras margens, além das suas / Não havia profundos fossos em volta dos castelos; / não havia trombetas, nem corno de bronze, nem espadas, nem elmos / e, sem guerras, as pessoas viviam tranquilas num doce repouso. / A terra, ainda virgem, ainda não trabalhada / nem sulcada pelo arado, produzia espontaneamente tudo: / alegres, com os alimentos que ela dava, sem trabalho / colhiam os frutos das árvores, os morangos dos bosques, os mirtilos / as amoras pendentes das noites espinhosas / e as landes caídas da grande árvore de Júpiter. / A Primavera era eterna, e os doces zéfiros acariciavam / com seus tépidos sopros as flores aparecidas sem prévia sementeira. / Embora por arar, a terra abundava de cereais e o campo / não desbravado ondulava de pesadas espigas: / rios de leite e néctar corriam e o loiro mel escorria do verde carvalho» [*Metamorfoses*, I, vv. 89-112].

Zeus, depois de ter expulso Saturno do Olimpo, criou as quatro estações, o calor e o frio. Os homens vivem em casas, o pão é dividido em família, os bois gemem sob o jugo: é a idade da prata. Mas a idade do bronze ainda é pior. Aparecem todas as espécies de males; o pudor, a verdade e a boa fé desaparecem; a mentira, a astúcia, a cobardia e a violência desencadeiam-se. Os barcos aparecem pela primeira vez, ao mesmo tempo que a propriedade privada. Os homens revolvem as entranhas da terra para extrair o ouro e o ferro, fabricar armas e fazer a guerra. A hospitalidade e o afecto familiar desaparecem e nasce o desprezo pelos deuses. A devoção é vencida e a justiça foge para longe. No *Livro dos Amores* [III, VIII, vv. 35-56] Ovídio sublinha a ausência das moedas de prata na idade do ouro e opõe a idade de Saturno à idade de Júpiter, como a idade da Agricultura à idade do Comércio.

Segundo a análise de Lovejov e Boas [1935], a idade do ouro de Ovídio apresenta as seguintes características: 1) um regime anárquico, sem poder, sem leis, sem propriedade privada; 2) o reino da paz; 3) ausência de comércio e de viagens; 4) o arcaísmo tecnológico; 5) o vegetarianismo; 6) uma moral de inocência primitiva, numa espécie de país da abundância (variante do Paraíso e do país da idade do ouro, aparecida na Idade Média, como se verá). Algures, nas *Metamorfoses* [XV, vv. 75-142], Ovídio só opõe duas idades míticas: a idade do ouro e uma idade injusta e sangrenta, aparecida quando um inovador, que a humanidade bem dispensaria (*non utilis auctor*), comete o primeiro crime, matando os animais selvagens para os comer. Em parte alguma, porém, Ovídio alude ao retorno da idade do ouro.

Só no âmbito das práticas religiosas dos Gregos e dos Romanos, podem ser interpretadas, as pouco conhecidas festas gregas das *Cronia* e as romanas das *Saturnalia,* instauração efémera de um mundo invertido que, como indica explicitamente um texto de Trogo Pompeu (início do século I d.C.) conservado por Justino [*Historiarum Philippicarum epitome*, XLIII, 1, 3-4], era considerado um retorno à idade do ouro, em que os escravos, se não eram senhores, eram pelo menos iguais aos homens livres, as guerras estavam suspensas e os tribunais não tinham razão para existir.

2.3. A teoria dos ciclos

Mas, a par das concepções de uma idade do ouro seguida de uma ou várias idades de decadência, a idade do ouro aparece em filósofos e escritores da Antiguidade num outro contexto: o de ciclos de idades que implicam o retorno da idade do ouro.

Na Antiguidade, a paternidade da teoria dos ciclos foi atribuída a Heraclito que – segundo Ezio – atribuiu a cada ciclo uma duração de 18 000 anos. Sob a acção do fogo, elemento fundamental, o mundo conhece através dos contrários, em perpétuo fluxo de interacção, fases alternadas de criação (γένεσις) e de desintegração (ἐκπύρωσις) que se exprimem por uma alternância de períodos de guerra e de paz.

Empédocles distingue, no interior de um ciclo, uma fase a que chama a «idade do amor» (Κύπρις βασίλεια "a rainha Amor"): «Os homens veneravam-na com estátuas sagradas, pinturas e perfumes sabiamente misturados, oferendas de mirra pura e incenso perfumado, espalhando no solo libações de mel. O altar não brilhava do sangue dos touros, pois tirar a vida e devorar as vísceras era o mais abominável dos actos» [Empédocles, *in* Diels e Kranz 1951]. «Todos eram amáveis e obedientes com os homens, os animais e os pássaros e todos revelavam um doce afecto recíproco» [*ibid.*]. Os filósofos estóicos (Zenão, Cleantes, Crisipo e Possidónio) difundiram a teoria dos ciclos. Segundo Eusébio e Nemésio, autores da Antiguidade, os estóicos pensavam que, durante longos períodos, tudo se dissolveria num fogo aéreo, para depois voltar a tomar forma e assim sucessivamente. A palavra "destruição" significava só "mudança" e todas as idades voltariam a existir com as mesmas coisas e os mesmos homens.

Mas os que deram ao primitivismo (e através dele à idade do ouro) as formas mais provocantes foram os cínicos, no século IV a.C. Não podendo praticar todas as formas de vida primitiva que defendiam, esforçavam-se por viver o mais próximo possível do que pensavam ser o estado natural, a idade original. Queriam bastar-se a si próprios, vendendo todos os bens e vivendo frugalmente. Consideram inúteis as artes e as ciências, comendo os alimentos crus, defendendo a comunhão de mulheres e crianças, o incesto, a antropofagia, um comportamento semelhante ao dos animais.

Um escritor grego do século II d.C., Massimo de Tiro, identificou o ideal de vida dos cínicos com o da idade de ouro, na sua *Dissertação XXXVI*. Este Rousseau do século II, apresentando Diógenes como modelo, imagina uma discussão entre um «bom selvagem», praticante da vida dos cínicos, dos primitivos do tempo de Saturno, e um «civilizado». Toda a sua simpatia vai para o homem que vive «nu, sem casa, sem artes nem ofício, que substitui a casa e a família pelo mundo inteiro». A vida civilizada é uma prisão onde os homens pagam frívolos prazeres com terríveis males. Quem é tão estúpido – pergunta Massimo de Tiro – que prefira pobres e efémeros prazeres, bens inseguros, incertas esperanças e equívocos sucessos, a um tipo de vida que é, certamente, um estado de felicidade?

2.4. A Écloga IV *de Virgílio*

O mais célebre texto da Antiguidade que evoca a eventualidade, e mesmo a iminência de um retorno à idade do ouro é a *Écloga IV* de Virgílio [cf. Carcopino, 1930; Jeanmaire, 1939]. Virgílio, identificando a idade de Saturno com idade do ouro, equiparou esta última, na *Eneida* [VIII, vv. 314-271] ao reino mítico de Saturno em Itália, no Lácio, «onde civilizou uma raça indócil e dispersa pelas altas montanhas e lhe deu leis» e, em seguida, «governou o seu povo em paz até que, pouco a pouco, a idade se deteriorou lentamente, dando lugar ao furor bélico e ao amor pela propriedade». Assim se forma uma idade do ouro não primitiva: uma idade de civilização e de progresso;o que não nos surpreende num poeta que, nas *Geórgicas* (I, vv. 125-55], faz um quadro da idade do ouro, com o elogio da idade de Júpiter, na qual o homem teve de aprender o efeito benéfico e a sagrada lei do trabalho.

Resta, pois, a famosa *Écloga IV*. Virgílio considera iminente o regresso da virgem e da idade de Saturno, o regresso da idade do ouro, que substituiria a idade do ferro. As expressões usadas por Virgílio – *ultima aetas* "a idade do fim", *magnus saeculorum ordo* "o grande ciclo dos séculos", *nova progenies* "uma nova raça", *ferrea gens et aurea gens* "estirpe de ferro e estirpe de ouro", *saturnia regna* "o reino de Saturno", *redit Virgo* "o regresso da Virgem"', *magni menses* "os grandes meses" – constituem uma referência à sucessão das estirpes de Hesíodo e ao tema da idade do ouro, semelhante ao do reino de Saturno, mas também uma referência à virgem da idade do ouro de que fala Aratos (de quem foram feitas várias traduções latinas, inclusive do próprio Cícero), à teoria estóica dos ciclos, tendo, porém, em vista um retorno iminente da idade do ouro, entendida como idade do fim, como fim da história.

Virgílio faz uma descrição da idade do ouro semelhante às já mencionadas. A paz reinará, os animais selvagens confraternizarão com os domésticos, as serpentes e as ervas venenosas desaparecerão, os campos abundarão de colheitas, frutos e mel. Ficarão, no entanto, ainda alguns traços de imperfeição das idades anteriores: os homens continuarão a navegar, construirão muralhas e trabalharão a terra. Mas, dentro em pouco, já não serão precisos barcos, porque cada país produzirá tudo em abundância, não será preciso trabalhar a terra, nem tingir as peles, porque os felinos e os cordeiros terão peles coloridas.

Virgílio alude expressamente aos oráculos da Sibila e aos textos sagrados de Cuma. Verificou-se que a principal fonte de Virgílio, na *Écloga IV*, foi a literatura profética chamada sibilina que, pelo menos desde o século III a.C., se tinha espalhado pelo Oriente, sobretudo entre os Judeus, mas já depois de ter sofrido fortes influências helenísticas, principalmente no Egipto, e dado origem a uma teoria cíclica de dez idades que terminava com o retorno a uma primeira idade feliz, identificada, por vezes, especialmente no Egipto, com o reino do deus-Sol.

Virgílio diz: «Eis o reino de Apolo». Verificou-se que, entre o fim da República romana e o princípio do Império predominava uma mentalidade e até uma mística de «renovação», especialmente perceptível nos símbolos e inscrições das moedas, com a presença dominante dos símbolos solares (como, por exemplo, as moedas de António). Este segundo século, que de novo era o primeiro, iniciava-se sob os auspícios da «senhora dos últimos tempos».

Embora o judaísmo e o cristianismo tenham rompido com as concepções do eterno retorno e do tempo cíclico dos Gregos, atribuindo à história um sentido e um fim, a literatura sibilina, transmitida aos cristãos pelos judeus, imbuída de influências gnósticas, favoreceu a crença judaica na vinda de um messias e a concepção apocalíptica cristã de um milénio. Nos primeiros séculos da era cristã, a noção da idade do ouro encontrou-se numa encruzilhada de concepções e tendências pagãs, judaicas, cristãs e gnósticas. É, pois, evidente e certo que, contrariamente a ulteriores interpretações cristãs (as profecias sibilinas, de resto, terão grande sucesso na Idade Média cristã e no Renascimento), Virgílio, quando fala da virgem ou da criança, de modo algum anuncia Maria, Jesus ou a religião cristã.

2.5. Platão e Aristóteles

Por fim, sob uma forma que se afasta dos mitos tradicionais, encontramos a teoria dos ciclos e uma certa concepção da idade do ouro, na obra de dois grandes filósofos da Antiguidade grega, Platão e Aristóteles.

Platão fala das Idades Míticas e das várias fases da civilização, em quatro diálogos: *Político*, *Timeu*, *Críticas* e *Leis*.

No *Político*, Platão imagina duas espécies de ciclos: quando o Sol, os astros e as coisas humanas são guiados pelos deuses predomina o Bem; quando os deuses descuram as coisas, a *matéria*, princípio do Mal, tudo arrasta consigo. Todavia os deuses reassumem o controlo das coisas e a ordem é restaurada. Depois, o caminho do mundo inverte o seu sentido, os velhos tornam-se jovens, os jovens crianças e as crianças cada vez mais pequenas até que, por fim, desaparecem. Certamente, diz Platão, que no tempo de Crono os homens viviam mais perto do estado natural; mas nenhum documento nos permite dizer se eram felizes. De qualquer modo, na actual idade de Zeus, as primeiras fases não foram perfeitas, porque os homens não tinham artes, nem capacidades de invenção e o alimento acabou por lhes faltar. Felizmente, alguns deuses e heróis, principalmente Prometeu, Hefesto e Atena, deram aos homens o fogo, a arte de trabalhar os metais e a agricultura e, assim, a humanidade conseguiu progredir e tomar em mãos o seu destino. Não há, pois, em Platão, idealização da idade do ouro, nem sequer a aspiração de um retorno a essa idade.

Também nas *Críticas* e no *Timeu*, o mito da Atlântida, ilha afortunada que prefigura um estado utópico, é ambíguo. Se é certo que reinam a justiça, a paz e a abundância, o que se descreve não é um estado de supernatureza, mas de hipercivilização. «Muitas coisas... oferecia então a própria ilha para as necessidades da vida; em primeiro lugar, todas as substâncias sólidas e líquidas que se escavam nas minas: e o metal que agora só se nomeia, auricalco, era então mais do que um nome, pois em muitos lugares da ilha se extraía da terra e era, naquele tempo, mais precioso do que o ouro...

Além disso, quantos perfumes hoje existem na terra, de raízes ou ervas, madeiras ou sucos, destilados das flores e dos frutos, todos ela produzia então com abundância» [*Críticas*, 114e-115a]. Os habitantes da Atlântida têm leis (excelentes, para dizer a verdade, pois foram-lhes dadas por Poseidon), cidades, templos, palácios, e são muito ricos. Por outro lado, quando, também lá, os deuses abandonaram os homens à sua sorte, estes tornaram-se cúpidos e imperialistas, conquistaram um grande império e atacaram a Grécia, mas Atenas resiste-lhes e vence-os. Os deuses, irritados com os habitantes da Atlântida, provocaram um cataclismo e a ilha afundou-se no mar. «Quando a essência divina, misturada com a natureza mortal, neles [os habitantes] se extinguiu, e prevaleceu a natureza mortal, degeneraram por não poderem suportar a prosperidade e aqueles que sabiam ver tornaram-se torpes por terem perdido as coisas mais belas e mais preciosas; mas, principalmente aqueles que não sabiam ver a verdadeira vida, para obter a felicidade, julgaram-se belíssimos e bons, cheios, no entanto, de injusta soberba e prepotência. Mas Júpiter, o deus dos deuses, que governa segundo as leis, tendo compreendido, como só aqueles que sabem ver compreendem, a degeneração de uma estirpe outrora boa, pensou puni-los, para que, depois de castigados, se tornassem melhores» [*ibid.*, 121b-c]. Platão aplica à Atlântida as teorias com que interpretava a história de Atenas e exprimia a sua filosofia política. Como diz na *República*, dado que cada ciclo dura trinta e seis mil anos e que a guerra entre Atenas e a Atlântida, assim como o seu desaparecimento, tiveram lugar há nove mil anos, Atenas estava no fim da segunda idade; nessa altura, na época de Platão, entra na quarta idade – idade de decrepitude e declínio.

Para dizer a verdade, Platão parece utilizar os mitos das idades apenas em termos literários, quando a utilização do *cliché* cronológico convém à sua demonstração. O seu pensamento oscila entre o seu antiprimitivismo, a sua valorização dos processos de aquisição de civilização e a sua teoria política do inevitável declínio de todas as idades, através do ciclo da decadência dos quatro regimes políticos possíveis. Platão tem, aliás, uma posição próxima da maioria dos grandes escritores da Antiguidade. Nos Romanos, por exemplo, se Tácito parece tender para o primitivismo, Lucrécio tem uma posição equilibrada, enquanto Cícero e Virgílio pendem nitidamente para o lado do progresso e da civilização. Resta-nos referir uma passagem das *Leis* [676a, 682a], que exerceu grande influência e que apresenta uma imagem mais positiva da idade primitiva. Mas é mais uma idade do ouro virtuosa, do que uma idade do ouro de facilidade.

Aristóteles, com a sua concepção da eternidade do mundo e a teoria dos ciclos cósmicos aliados à crença num tempo circular e no eterno retorno, poderia ter sido um apologista da idade primitiva e um defensor do seu retorno; nunca se encontra nele a ideia de um progresso linear, no universo cósmico ou no universo cultural, político ou moral. Pode dizer-se que a sua concepção da história era uma «teoria da ondulação eterna» [Lovejoy e Boas, 1935]. Contudo, mais ainda do que com Platão, deformações desta teoria transformaram-no num filósofo da idade do ouro, quando, de facto, Aristóteles despreza os homens primitivos e os selvagens da sua época [por exemplo, cf. *Política*, 1268b, 36-1269a, 8; e cf. também *Ética a Nicómaco*, 1149a-b; cf. Lovejoy e Boas, 1935].

Estas críticas negativas têm origem, em primeiro lugar, na crença de Aristóteles num comunismo primitivo [*Política*, 1257a, 5 ss.] que fez dele, segundo alguns, um adepto das formas primitivas de organização social e, em seguida, do papel fundamental da ideia de *natureza* na sua filosofia. Ora, ainda que Aristóteles use com frequência a palavra / φύσις (physis) /nos seus vários sentidos, esta noção corresponde a uma ideia de norma, de organização lógica e ética, muito distante daquilo a que o primitivismo chama o «estado de natureza». Por exemplo, enquanto o primitivismo condena a ideia da guerra por ser incompatível com a idade do ouro (idade de paz e sem armas), para Aristóteles [*Política*, 1256b, 23-26], algumas vezes, certas formas de guerra são «justas por natureza».

3. As idades míticas nas três grandes religiões monoteístas, na Antiguidade e na Idade Média

Na bacia oriental do Mediterrâneo, a história provocou aculturações, trocas e sincretismos entre as religiões e o pensamento greco-latino e a religião judaico-cristã (e, mais tarde, a islâmica), que se reencontram nas concepções das idades míticas – como se viu, por exemplo, a propósito da literatura sibilina [cf. Siniscalco, 1976].

3.1. A tradição judaico-cristã

A tradição judaico-cristã apresenta também características originais, que se podem definir sumariamente assim: a idade do ouro primitiva apresenta-se sob os traços muito peculiares de Paraíso. Se no cristianismo medieval há uma certa crença na sobrevivência de um Paraíso terrestre, a escatologia cristã divide-se entre a espera – para os eleitos – de um Paraíso celeste e, na Terra, antes do fim do mundo, a de uma idade feliz ou milénio, espera essa que assume várias formas heréticas ou para-heréticas (cf. o capítulo «Escatologia»). De modo geral, sendo o tempo judaico-cristão linear, não há crenças num retorno à idade do ouro. Quanto muito, pode supor-se que a ideia de *reforma*, uma presença quase permanente no cristianismo medieval ocidental a partir da época carolíngia e, sobretudo, da reforma gregoriana (fim do século XI), apresentando-se muitas vezes sob o aspecto de um retorno à forma de Igreja primitiva (*Ecclesiae primitivae forma*), foi um pálido equivalente da aspiração a um retorno à idade do ouro. Com efeito, para o cristianismo, tendo a escatologia começado com Cristo e a encarnação, os inícios da Igreja podem ser considerados como uma espécie de nova idade, de renovação.

No Antigo Testamento, o que equivale a dizer, no judaísmo antigo, e depois no cristianismo, encontra-se uma idade do ouro primitiva, a do Paraíso, da *Génese* que assume uma forma um pouco diferente na versão do Iavista e na do Códice Sacerdotal [cf. Naissance, 1959]. Segundo o Yavista, Yavé, depois de ter criado o Céu e a Terra, fertilizou o deserto, fazendo chover e criando o homem para trabalhar o húmus. Coloca-o num jardim onde há toda a espécie de plantas agradáveis de ver e boas para comer, incluindo a Árvore da Vida, no meio do jardim e a Árvore do Conhecimento do Bem e do Mal. O jardim é atravessado por um rio que se divide em quatro braços; há um território do ouro, onde os animais são companheiros do homem, e o homem e a mulher (Adão e Eva) andam nus. Segundo o Códice Sacerdotal, no princípio há a criação da luz, o caos primitivo é aquático e não terrestre, os animais foram criados antes do homem, a economia é arbustiva e de pastorícia, reproduzindo-se naturalmente. Deus cria o tempo, um tempo alternado («que haja astros no firmamento dos céus, para separar o dia da noite, e que indiquem tanto as festas como os dias e os anos»). Não se refere o trabalho do homem, pois a criação é apresentada como um trabalho de Deus: «E Eloim, tendo acabado a obra que fizera, ao sétimo dia descansou de todo o trabalho que tinha realizado. Eloim também abençoou o sétimo dia e fez dele um dia santo. Nesse dia repousou depois de concluído todo o trabalho de criação» [*Genesis*, 2, 1].

O mundo da Criação, o belo mundo primitivo, é evocado em mais dois textos do Antigo Testamento. O Salmo 104 enriquece, sem lhe acrescentar grande coisa, a descrição da *Génese*. Permite--nos quanto muito entrever o iniciar implícito de um certo desenvolvimento da cultura e da civilização em lugar de um mundo e uma economia puramente naturais: fala de animais domésticos, sem dizer para que servem, de pão, de vinho e de azeite, sem dizer como são produzidos; o mar é percorrido por barcos.

O discurso de Iavé, que canta a sua criação no livro de Job [38-40], é mais complexo do ponto de vista da idade primitiva, pois Iavé, com o seu poder, a sua habilidade e a sua perspicácia na previdência, evoca sobretudo a criação para justificar o estado do mundo na época de Job. Apresenta-se como um artesão, um técnico superior; os búfalos, por exemplo, foram criados tendo em vista a sua colaboração na agricultura, o cavalo devido à sua interpidez nos combates. O processo cultural posterior à idade primitiva, consecutiva à queda, é apresentado não só como previsto por Deus, mas como uma das motivações do mecanismo da criação. Finalmente, este mundo encerra dois monstros, Behemoth e Leviatão, bem dominados por Deus, mas que não deixam de ser alarmantes.

De notar que, depois da criação e da queda, intervém um cataclismo, frequente nas diferentes cosmogonias – o Dilúvio – depois do qual há uma espécie de segunda criação do mundo. Os primeiros livros do Antigo Testamento (*Pentateuco*) fornecem também uma noção importante do ponto de vista do primitivismo. Apesar do desenvolvimento das artes e das técnicas na organização social e militar que aí são descritas, permanece fundamental a oposição cidade-deserto. Estes heróis míticos, os patriarcas, vivem em tendas, e a tenda torna-se o símbolo de um ideal judaico-cristão, que se configura como uma quase idade do ouro.

A par desta idade do ouro muito singular, outro tema – a compatibilidade mítica do tempo – é introduzido por Daniel no Antigo Testamento. Daniel expõe de facto uma compatibilidade e periodização do tempo da história, que terá grande sucesso sob dois pontos de vista. Antes de mais, há a cronologia dos quatro reinos que se sucedem e que o cristianismo medieval procurará aplicar aos impérios da Antiguidade. Esta teoria abrirá caminho a uma tentativa de periodização «política» da história e, ao mesmo tempo, a um esboço de descrição e interpretação da evolução histórica, do ponto de vista político e do ponto de vista cultural. Serão as teorias da *translatio imperii* (transferência do poder do Império Romano) que Alemães, Franceses e papas disputarão entre si na Idade Média, e da *translatio studii* (transferência da educação, da cultura e da religião) que Chrétien de Troyes, no fim do século XII, fará transitar da Grécia para Roma e depois para França e que, com o desenvolvimento da Universidade de Paris no século XIII, se tornará numa sucessão entre Atenas-Roma-Paris. Acrescenta-se, além disso, a concepção de que a história desloca os centros de poder para oeste, concepção que animará a prepotência dos conquistadores e colonizadores europeus das Américas e será uma das fontes da ideologia ocidental.

Por outro lado, Daniel apresenta toda uma compatibilidade escatológica, medindo o tempo que separa a criação do advento da Quinta Monarquia (a seita baptista puritana dos Fifth Monarch Men desempenhará um papel importante na revolução inglesa do século XVII) da que o *Apocalipse* chamará o Milénio.

O *Apocalipse* não fornece muitos detalhes sobre esta futura idade mítica do Milénio, que não é concebida como um retorno à idade paradisíaca primitiva, mas como um regresso de Cristo: não é um regresso ao passado, mas uma recriação, um advento do futuro. Pode considerar-se quanto muito que, dado que se segue à queda da Babilónia – razão do seu advento – e que esta simboliza ao mesmo tempo todos os vícios e todos os abusos dos poderes políticos terrestres, será uma idade sem poder «civil». Porque Satanás será encarcerado e porque os «santos» do Milénio serão «padres de Deus e do Cristo com quem reinarão», será uma idade religiosa e virtuosa.

Podemos finalmente assinalar duas características importantes e originais das concepções judaico-cristãs das idades do futuro. A primeira é que o Milénio será precedido de um período de calamidades, catástrofes e opressão, o reino do Anticristo. Será uma idade da «abominação e da desolação», e os servos de Deus deverão saber resistir durante esta época de perseguições. Para os justos, será uma idade de recusa e de martírio. Podemos prever, aqui e ali, em certas circunstâncias políticas, o que é que esta concepção poderá trazer até aos nossos dias. A segunda é que o paraíso do fim dos tempos, evocado pelo judaísmo e pelo cristianismo, não é o Jardim da Criação, mas a Sião dos últimos tempos, a futura Jerusalém. Ao ideal naturalista, ecológico e primitivo da idade do ouro tradicional, estas religiões opõem uma visão urbana da futura idade do ouro. Podemos encontrar vagos antecedentes desta concepção urbana da eterna morada dos eleitos, em *Isaías*, depois no *Apocalipse*, na versão iavista do *Géneses*, onde se fala da cidade de Assur, banhada pelo Tigre, terceiro rio do Paraíso, e nos textos babilónicos em que Marduque, criando o mundo, constrói Babilónia, Nippur, Uruk e, explicitamente, «a cidade» [cf. Naissance, 1959].

Sem rejeitar a ideia de Milénio, oficializado pela integração – depois de muitas discussões e hesitações – do *Apocalipse de S. João* no corpo canónico das Sagradas Escrituras, a Igreja cristã esforçou-se por atenuar a sua importância; teve igual comportamento no confronto das concepções que, a partir do Milénio, atribuíam a cada idade da história uma duração de mil anos. O objectivo da Igreja era reservar para Deus a escolha do fim do mundo, sem a encerrar em cálculos *a priori*, e assim salvar a história e evitar o aparecimento de movimentos milenaristas cujo fervor aparecia como perigoso para a ordem estabelecida, primeiro, com a fundação e, depois, com a oficialização da Igreja.

Para fornecer aos fiéis uma cronologia ortodoxa da história, os intelectuais cristãos partiram dos dados numéricos fornecidos pela Bíblia. Depois de um período de incertezas – em que apareceram periodizações sobretudo com base no número cinco (Orígenes: idades de Adão, de Noé, de Abraão, de Moisés e de Cristo); no seis (Hipólito: idades de Adão, de Noé, de Abraão, de Moisés, de David e de Cristo); no oito (*Liber Generationis*, I: idades de Adão, de Noé, de Falech, de Abraão, de Jesus Nave, de David, do cativeiro da Babilónia, de Cristo); no sete (*Crónica* de Eusébio de Cesareia na tradução latina de S. Jerónimo: idades de Adão, de Noé, de Abraão, de Moisés, de Salomão da primeira edificação do Templo, da segunda edificação do Templo, sob Dario, e de Cristo) – três números atraíram a atenção da Igreja: o seis, o cinco e o três.

O número seis vem do *Géneses* e da concepção apocalíptica judaica de uma idade sabática no fim dos tempos. Corresponde aos seis dias da Criação, seguidos do descanso do último dia; o cristianismo transformou-os numa divisão essencial do tempo, a semana. Santo Agostinho conferiu-lhe autoridade de teoria das seis idades da história em vários textos (por exemplo, *De divinis quaestionibus, quaestio* LVIII, 2; *De catechizandis rudibus,* XXII, 39; *De civitate Dei,* XXII, 30, 5). As seis idades são, para Agostinho, de Adão a Noé, de Noé a Abraão, de Abraão a David, de David ao cativeiro da Babilónia, do cativeiro ao nascimento de Cristo, do nascimento de Cristo ao fim do mundo. O fim do mundo incluirá três fases: a vinda do Anticristo, o regresso de Cristo, o Juízo Final. Agostinho acrescenta, para reforçar a teoria das seis idades, um argumento tomado à cultura pagã que tem alguma importância. As seis idades do mundo são a imagem das seis idades da vida humana («sunt enim aetates sex etiam in uno homine», *De divinis quaestionibus, quaestio* LVIII, 2). Estas seis idades do homem são: a primeira infância, a infância, a adolescência, a juventude, a idade adulta e a velhice *(infantia, pueritia, adolescentia, juventus, gravitas, senectus).* O mundo, tal como o indivíduo, tem uma evolução dirigida para o declínio. Além disso, assim como o mundo está na sexta idade, a da velhice, os cristãos da Antiguidade tardia e da Alta Idade Média vivem num mundo decrépito. Deste modo, o cristianismo retoma e relança a noção de *decadência* na história. Outros, menos prudentes do que Santo Agostinho, defenderão que o fim do mundo está próximo.

3.2. As concepções medievais

A divisão em seis idades elaborada por Santo Agostinho será retomada por dois «fundadores» da Idade Média, que lhe confirmarão a validade: Isidoro de Sevilha (no *Chronicon* e nas *Etymologiae* [V, 38, 5]) e Beda, o Venerável *(De temporum ratione* [LXVI ss.]).

O número cinco, que serviu de base a outra periodização, tem origem na parábola evangélica dos obreiros da undécima hora [*Mateus,* 20, 1-16] e na divisão do dia no calendário monástico que, desde a Alta Idade Média até ao século XIV, constituiu, por excelência, o tempo da Igreja e, devido ao seu poder sobre o conjunto da vida dos homens da Idade Média, o tempo dos homens do Ocidente cristão. Esta concepção foi defendida por um outro «fundador» da Idade Média, provavelmente a mais eficaz autoridade depois de Santo Agostinho, na formação das ideias e mentalidades medievais, São Gregório I, *o Grande,* que, numa homilia, disse: «A manhã do mundo durou de Adão a Noé, a terceira hora, de Noé a

Abraão, a sexta, de Abraão a Moisés, a nona, de Moisés à vinda do Senhor, a undécima, da vinda do Senhor ao fim do mundo» [*Homiliae in Evangelia*, I, homilia XIX]. (Reconhece-se aqui as matinas, as terças, as sextas, as nonas, as vésperas).

Uma terceira periodização vem, sem dúvida, do judaísmo, através da «Escola de Elias» (Eliyyahu) e do *Talmude* da Babilónia. Aí se ensinava que o mundo duraria 6000 anos: 2000 anos no nada, 2000 anos nos ensinamentos do Tora e 2000 anos no tempo messiânico. O cristianismo, ao introduzir o acontecimento central da encarnação de Cristo, transformou-as nas três idades «antes da lei, com a lei, com a graça» (*status ante legem, sub lege et sub gratia*). Santo Agostinho fez-se eco deste esquema no seu *De Trinitate* [IV, 4,7] e também no *De diversis quaestionibus* [*quaestio* LXVI]. Recebeu apoio de importantes intelectuais da primeira metade do século XII, como o polígrafo Honório de Autun e o teólogo Hugo de S. Victor, cujas obras tiveram grande difusão. Integraram esta periodização num sistema articulado. Para Hugo de S. Victor «é preciso dividir toda a série e desdobrar o tempo em dois estados: o antigo e o novo; em três momentos: a lei natural, a lei escrita e a graça; e em seis idades» [*Exceptionum allegoricarum libri XXIV*, 4: *Tractatus de historia ab Adamusque ad Christum*, 1].

Para Honório de Autun, a teoria das três horas identificada com os três tempos «*ante legem, sub lege e sub gratia*» combina-se com a concepção das três vigílias [*Gemma animae*, 1-11] que se encontra, por exemplo, também em Bruno de Segni, que escreve no seu comentário ao Evangelho segundo S. Lucas [II, 27]: «Há três vigílias, três tempos: *ante legem, sub lege, sub gratia*».

Esta periodização tripartida das idades da história irá adquirir um extraordinário sucesso com a difusão das ideias de Joaquim da Flora, a partir do princípio do século XIII [cf. Buonaiuti, 1931; Crocco, 1960; Reeves, 1969]. O abade de Cister que, no fim da sua vida, foi chefe da pequena congregação de Flor que fundara, autor do tratado *De unitate et essentia Trinitatis*, condenado como herético em 1215, depois da sua morte enriqueceu a literatura apocalíptica com os seus tratados *Liber concordiae*, *Expositio in Apocalypsim*, *Liber figurarum*.

Joaquim periodiza a história segundo uma divisão bi e tripartida. Por um lado, há dois Testamentos, o Antigo e o Novo; duas Igrejas, a Sinagoga e a Igreja de Cristo. Por outro lado, há e haverá três estados: o dos leigos, ou casados; o dos clérigos e o dos monges. Esta organização da sociedade, que é também um motor da história («*tres status saeculi mutationes temporum operumque testantur*» [*Liber concordiae*, citado in Reeves, 1969]), corresponde às três pessoas da Trindade. Estes três estados reencontram-se nas três idades da história, segundo o esquema *ante legem, sub lege, sub gratia*, adoptado por Joaquim. Esta terceira idade, que porá fim aos dois Testamentos e às duas Igrejas, sublimando-os e não suprimindo-os, verá o advento da *spiritualis intelligentia* saída dos dois Testamentos (será o «Evangelho eterno») e a *Ecclesia spiritualis* que assinalará o período de máximo florescimento da Igreja de Cristo. O terceiro estado ou a terceira idade será o tempo dos monges e do Espírito Santo.

Retomado pelos contestatários religiosos do século XIII e das épocas seguintes, em especial a corrente «esquerdista» da tendência dos Espirituais no seio ou às margens do franciscanismo, misturando-se com o retomar da tradição milenarista e com o desenvolvimento das profecias sibilinas [cf. Sackur, 1898], o joaquinismo, mantendo-se embora inteiramente no plano místico e teológico, politizou-se. Transformado numa arma contra o papado, que identifica com a Besta do *Apocalipse*, na Grande Prostituta da Babilónia e destinado a desaparecer com o advento da terceira idade, consequentemente a favor dos inimigos do papado (como, por exemplo, o imperador Frederico II, apresentado como um novo Carlos Magno, o imperador do fim dos tempos), o joaquinismo é o melhor exemplo do modo como a historicização dos temas das idades míticas se torna, na Idade Média, numa arma ideológica e política. Bernheim demonstrou bem como esta historicização levou à manipulação dos conceitos da idade do ouro e da idade do ferro, ao serviço dos grandes poderes da Idade Média, sobretudo do papado, e como foi uma cartada na luta contra o clero e o império. Depois de Agostinho, a Igreja cristã tinha mais ou menos identificado as noções de «rei justo» e de «rei injusto» ou «tirano» com as de «rei de Cristo», e «rei do Diabo» ou «Anticristo». Para a Igreja medieval, a idade do ouro aparecia quando havia acordo entre a Igreja e o imperador, quer dizer, quando o imperador aceitava ser o fiel servidor da Igreja. Para os príncipes laicos, a idade do ouro era a instauração da paz do príncipe, senhor da concórdia e da felicidade. Assim, ao serviço das instituições de paz concebidas tanto como «paz de Deus» quanto como «paz do príncipe», a teoria das idades míticas alimentava as grandes querelas da Idade Média [cf. Bernheim, 1918].

Uma última manifestação medieval da politização dos esquemas das idades míticas encontra-se no fim do século XV, na Florença de Savonarola. A melhor expressão disso é um tratado de um dos maiores apoiantes de Savonarola, o *Oraculum de novo saeculo* (1497), de Giovanni Nesi. Neste tratado, Nesi exalta em Florença, a Nova Sião e em Savonarola o homem da última ceia, da renovação (*novissimum convivium, renovatio*) que vai trazer a Florença a idade do ouro, uma idade do ouro cristã. «Eis que te introduzo agora, em nome de Deus, na nova era (*novum illud saeculum*); faço-te aceder à idade do ouro (*ad auream illam aetatem*) que é mais pura e mais preciosa que todas as outras, porque não sofreu a violência do cadinho nem do tempo. Vai a Florença, onde só reina Cristo e onde irradia a luz dos céus, a luz do arquétipo do mundo que iluminará todos os que enlanguescem na miséria terrestre» [Weinstein, 1970].

Em Savonarola e em Nesi confluem todas as correntes da idade do ouro e da idade mítica que estão para vir: nova criação ou retorno à idade do ouro, as teorias antigas, e nomeadamente as de Virgílio, as concepções joaquinistas e, também, as novas especulações graças às quais o fenómeno pertence tanto ao Renascimento como à Idade Média, ligado ao humanismo florentino, que tinha visto desenvolver-se uma atmosfera de idade do ouro já na época de Lourenço, *o Magnífico*, e que tinha inspirado Marsílio Ficino na sua célebre carta sobre a idade do ouro, enviada a Paulo de Middelburg, bispo de Fossombrone, em 12 de Setembro de 1492 [cf. Gombrich, 1961].

Na Idade Média, o discurso sobre a idade do ouro afasta-se do mito e da teologia, para se submeter à literatura. Um testemunho precioso é o de Jean de Meun que, na segunda parte do *Roman de la Rose* (segunda metade do século XIII), descreve o mundo «no tempo dos nossos primeiros pais e das nossas primeiras mães», quando «os amores eram leais e puros, sem avidez nem rapina e o mundo era muito bom» [vv. 8324 ss.]. É, antes de mais, a descrição de um mundo «natural»: mundo das colheitas, do mel, da água pura, das espigas cheias, das uvas não pisadas, da terra não arada, das vestes de aveludado couro não curtido, ou de lã não tingida, do abrigo em cabanas de ramos ou em cavernas. Na eterna primavera do amor livre, da dança, da igualdade entre homem e mulher, sem precisarem de casamento – «esse mau laço» –, idade da liberdade, «sem servos nem bens» onde não se faziam viagens nem peregrinações, onde todos, podendo satisfazer as necessidades nos seus próprios países, «eram igualmente ricos». Ainda não havia «rei nem príncipe». Mas um dia surgiu a mentira e todos os pecados e vícios e, sobretudo, a pobreza com o seu filho roubo, e os homens puseram-se a extrair pedras preciosas do solo, inventaram a propriedade privada, arranjaram um príncipe e senhor («um grande camponês, o mais bem feito de todos, o mais corpulento e o mais alto» [*ibid.*, vv. 9579-81], pagaram impostos para o seu sustento e para a sua guarda (polícia). Amealharam ouro e prata, fabricaram moedas e armas. Os ricos construíram castelos para proteger os bens, aumentaram as diferenças sociais e um só homem pode, agora, ser senhor de muitos homens.

3.3. A terra da opulência

A Idade Média vê nascer uma versão original da idade do ouro: a terra da opulência que, mais do que um mundo primitivo, é um mundo ao contrário e é mais uma utopia do que um mito.

Na versão mais conhecida, um *fabliau* de meados do século XIII, a terra da opulência é uma cidade, ainda com sabor a campo, mas fervilhante de ofícios, onde comerciantes e artesãos dão tudo em troca de nada e onde, sem qualquer esforço, reina a opulência: «No conto, o que chama a atenção é sobretudo o desregramento: a abadia de colunas e claustros de açúcar cristalizado; os ribeiros, de leite e mel, os gansos assados que voam até à boca dos consumidores; as cotovias, preparadas com cravinho e canela, que eram o *non plus ultra* da gulodice medieval e, como diz Dante, o principal fermento da corrupção; os leitões que correm pelas ruas de faca já espetada no dorso...». Em suma, uma terra de «festim permanente», onde «as orgias da imaginação» se desencadeiam [Cioranescu, 1971].

«No fim da Idade Média»: e compreende-se bem – diz Cioranescu – porque esta idade tinha inventado um conto deste género como «resposta goliardesca ou libertina ao ascetismo cristão», e como «acto de fé que substitui um Deus por outro»; e, no Renascimento, opulência, «mais anomia, ou país sem lei» do que «utopia, ou país sem lugar» apresenta, em comparação com os mitos cronológicos, todas as ambiguidades de um imaginário reconhecido como tal, a força e a fraqueza de uma fábula que não tem qualquer ligação à geografia ou à história [cf. Graf, 1892-93; Cocchiara, 1956]. No entanto, a meio caminho entre o imaginário e a realidade, as recordações livrescas e os relatos de viajantes, dos peregrinos e dos mercadores (é a época de Marco Polo), das extravagâncias de uma idade do ouro inventada ou existente, para lá de Gog e de Magog, na remota Ásia ou nas ilhas Afortunadas, misturam-se dois mitos orientais que povoam as imaginações do Ocidente cristão.

A Índia e o oceano Índico – quase desconhecidos – foram objecto de sonho. Sonho de riqueza e exuberância fantástica; sonho de um mundo, de uma vida diferente, «onde os tabus são destruídos ou substituídos por outros, onde a sensação de estranheza dá uma impressão de libertação, de liberdade. Face à rígida moral imposta pela Igreja, desdobra-se a sedução perturbadora de um mundo de aberração alimentar, onde se pratica coprofagia e canibalismo, um mundo da inocência corporal onde o homem, liberto do pudor do vestuário, reencontra o nudismo e a liberdade sexual; onde o homem, abatido pela pobreza da monogamia e pelas barreiras familiares, se entrega à poligamia, ao incesto e ao erotismo» [Le Goff, 1970]. «O paraíso terrestre indiano transforma-se no mundo primitivo da idade do ouro, sonho de uma humanidade feliz e inocente, anterior ao pecado original e ao cristianismo» [*ibid.*].

O islamismo que, tal como o judaísmo e o cristianismo, tem uma escatologia e uma apocalíptica [cf. Massignon, 1947] e, como o cristianismo, tem um ponto cronológico central na história, neste caso a hégira, dá lugar de destaque ao paraíso. No fim do mundo, depois do julgamento universal, os eleitos voltarão a esse paraíso primitivo, lugar de felicidade, onde se encontra a quinta-essência dos prazeres terrestres [cf. Horovitz, 1923]. Este paraíso situa-se geralmente no sétimo céu. O *Alcorão* e a tradição islâmica fornecem numerosos detalhes sobre a vida no paraíso. Por exemplo: «Entre os bem-aventurados circularão pratos e taças de ouro; lá existirá o que é desejado e deleita os olhos e lá estareis eternamente... Haverá frutos abundantes que comereis» [*Alcorão*, 3, 133]. Estes bem-aventurados do paraíso têm a idade de Jesus, o rosto de José, o coração de Abraão, a grande estatura de Adão, a bela voz de David e a eloquência de Maomé. Levam uma existência corporal plena de prazeres sexuais e gastronómicos. Não conhecem a morte nem o sono, seu irmão. No paraíso, o ambiente é de uma eterna aurora, sem sol, lua, noite ou crepúsculo. A luz eterna inunda os bem-aventurados [Naissance, 1959].

Se procurarmos agora reunir os traços característicos da idade do ouro, da Antiguidade ao Renascimento, oscilando entre um pólo «natural», em que a vida feliz é uma vida selvagem e simples, e um pólo «cultural» em que a felicidade reside numa vida de abundância e riqueza, podemos simplesmente resumir isso da seguinte forma: o paraíso ou a idade do ouro, ou seja a idade do ouro paradisíaca, tem um carácter essencialmente rural. A tendência é para a colheita, a nudez, a alimentação crua, na altura em que, entre os Gregos, o mito rival da tecnologia é o de Prometeu, inventor do fogo. Não há comércio, nem indústria (exploração mineira), nem moeda, nem pesos ou medidas. Reina a paz e a juventude, ou seja a imortalidade. Há de tudo com fartura; a necessidade e, sobretudo, a fome são banidas. Mas o traço dominante reside no facto de o trabalho ser desconhecido. Cioranescu [1971] bem o notou quando escreveu, a propósito da máxima expressão da idade do ouro, a terra da opulência: «Para o problema do trabalho, foi encontrada uma solução tão radical quanto possível, na lenda da terra da opulência. Se bem que a superabundância seja o detalhe mais evidente desta terra, a lei fundamental não é a que manda encher a pança, mas a que obriga a fazê-lo sem trabalhar... De todo o conteúdo do conto, esta fantasia constitui, sem dúvida, o traço materialista mais claramente anticristão. A religião e a moral cristãs admitem o prazer, mas só como recompensa do trabalho. Desde o dia em que o nosso pai comum foi condenado a ganhar o pão com o suor do seu rosto, e apesar da redenção (posterior) da humanidade, pelo sacrifício de Cristo, a consciência desta relação necessária nunca se atenuou. Na terra da opulência a gratuitidade e o abuso fazem lei». Não podemos esquecer-nos de que o fascínio exercido pelo mito da idade do ouro e pela fábula da terra da opulência devem muito (tal como, noutra perspectiva da história mítica, o Apocalipse) às imagens populares ou criadas por grandes artistas que as ilustraram. Um estudo completo das idades míticas exigiria uma vasta pesquisa iconográfica.

4. Do Renascimento até hoje: fim das idades míticas? As etapas da cronologia mítica.

O florescimento do tema da idade do ouro, no Renascimento, não deve criar-nos ilusões. Em primeiro lugar, porque a Reforma e a Contra-Reforma vão ter maior respeito pela concepção cristã do tempo, que exclui o tempo circular, o tempo cíclico, o eterno retorno. Apenas a ideia do milénio se conservará, talvez um pouco, nas seitas. Em segundo lugar, porque a periodização da história se encaminha para o sucesso da ideia de progresso, que triunfará com o Iluminismo, no século XVIII.

4.1. A concepção da idade do ouro no Renascimento

Cioranescu [1971] exagera, sem dúvida, quando escreve que, a partir do Renascimento, a tradição clássica se reduz a um simples motivo literário, que sobrevive artificialmente, tal como todos os temas tratados pela mitologia; é uma tradição que não se liga a qualquer realidade presente ou a qualquer previsão futura, porque a visão circular do tempo histórico se tornou também numa simples imagem sem profundidade; talvez também porque, a partir do momento em que não garantia contra a dura necessidade de trabalhar, o mito só punha problemas, sem apontar soluções. A tendência continua, no entanto, bem presente. É certo que a concepção da idade do ouro assume no Renascimento caracte-rísticas originais, interessantes, mas que alteram profundamente o tema tradicional. Para os humanistas, o retorno da idade do ouro não é o regresso a um estado de natureza, mas, pelo contrário, depois da barbárie da *media aetas* (*média idade*, termo e ideia apenas tinham nascido), um renascimento do mundo que é, sobretudo, das letras e das artes [cf. Reeves, 1969]. É a exclamação de Rabelais: «Estão já constituídas todas as disciplinas!», que faz eco a Marsilio Ficcino, o qual afirma que o século em que vive merece ser chamado idade do ouro, porque produz inteligências de ouro (*aurea ingenia*), as quais trouxeram à luz as artes liberais quase extintas.

Savonarola passará desta concepção humanista da idade do ouro a uma concepção ascética e virá a queimar na praça pública o que antes tinha adorado.

Do mesmo modo, um século mais tarde, Tomasso Campanella – cuja obra suporta várias leituras, mas surge como fruto de um homem de transição entre a Idade Média e o Renascimento, prematuro em relação à época de Galileu e Descartes – na *Monarchia Messiae* (1605) escreve que, no *saeculum aureum*, o das suas esperanças, se verá a sabedoria humana desenvolver-se com a difusão da paz, a ciência multiplicar-se pela segurança da navegação, das viagens, do comércio e da informação.

A segunda grande originalidade que o tema da idade do ouro representa, deriva da sua aplicação à América. Mas, também aqui, o tema é ambíguo. Se é verdade que, durante muito tempo, a ideia de um retorno a um paraíso natural, a descoberta do índio «bom selvagem», a crença de que as Américas eram as «ilhas Afortunadas» [cf. Eliade, 1969], é também verdade – como é realçado por Cioranescu [1971] – que, em contacto com os índios das Antilhas, que não semeavam e não trabalhavam, faziam as colheitas em comum e, no entanto, conheciam a guerra e o ódio e um século de ferro, «a ideia de uma idade do ouro frugal e pura, primitiva e modesta, tinha sido chumbada e o seu esquema não resistia à análise». E indica, como exemplo desta evolução da idade do ouro, Antonio de Guevara, que no seu *Libro llamado Relox de Príncipes* (1529), evoca uma idade do ouro da felicidade «singularmente limitada», onde o trabalho é necessário e, sobretudo, no qual existe, pela primeira vez, a propriedade privada [cf. Levin, 1969].

Também os esforços de alguns exegetas católicos para conciliar as perspectivas cristãs da história e o tema da idade do ouro e para dar crédito à espera de um papa angélico (*Papa angelicus*), na tradição do joaquinismo do século XIII, não chegam muito longe. Coelius Pannonius (Francisco Gregório) na sua explicação do *Apocalipse,* de 1571, quando descreve a sétima idade sabática como o retorno dos *aurea saecula*, só consegue, para a definir, aludir a dias mais felizes, a um sol mais brilhante, ao desaparecimento do raio e do trovão.

Bartolomeu Holzhauser, na sua interpretação do *Apocalipse*, no princípio do século XVII, define a idade próxima da felicidade, essencialmente pelo desaparecimento dos hereges e pela realização na Terra da palavra evangélica: «Haverá um só pastor e um só rebanho, graças à constituição de uma monarquia católica, que reúne todos os homens» [Reeves, 1969, p. 463].

O calabrês Tommaso Campanella, na *Monarchia Messiae*, no *De Monarchia Hispanica*, nos *Aforismi,* identifica também «a idade do ouro socialista» – que julgou ver na *Cidade do Sol* – com a monarquia universal única, como tinha anunciado Guillaume Postel e – na linha da politização joaquinista e medieval do milenarismo – designa a Espanha e, depois, desiludido, a França, como sendo a monarquia do século da felicidade; já no fim da vida (1639) verá no futuro Luís XIV, que acabava de nascer, o monarca universal da idade do ouro.

4.2. As ideologias dos séculos XVIII e XIX

A partir da revolução científica do século XVII, as idades míticas e a idade do ouro parecem não passar de termos literários, metafóricos, que vão ao encontro das velhas luas da mitologia, como diz Cioranescu. Podemos no entanto perguntar se nas ideologias dos séculos XVIII e XIX não estiveram sempre presentes, mais ou menos camufladas, as velhas ideologias cronológicas. A teoria de Rousseau, principalmente no *Discours sur l'origine de l'inégalité parmi les hommes*, assemelha-se muito a uma ideologia da idade do ouro [cf. Lovejoy, 1923; Whitney 1934].

O romantismo, sobretudo o alemão, por oposição ao «progressismo» do Iluminismo, olhou com frequência para um retorno à idade do ouro [cf. Mähl, 1965]. O socialismo, lançando por terra o sentido da cronologia mítica e proclamando que «a idade do ouro, que se julgava estar para trás, está na nossa frente» e marca, tal como já acontecera com o judaísmo e o cristianismo, uma viragem na concepção da história, mas não integra nem ao menos uma parte da ideologia cronológica, no seu milenarismo materialista.

Será que a teoria das três idades do positivista Auguste Comte nada tem que ver com as velhas concepções dos três estados, por exemplo, com as de Joaquim da Flora?

Se a teoria das idades míticas continua, de modo subjacente, a ser fascinante, é porque, para lá do conteúdo atraente de temas como a idade do ouro, a terra da opulência ou o milénio, estas teorias, hoje extravagantes, foram um dos primeiros esforços – um esforço plurissecular – para pensar e dominar a história.

A escatologia atribui um sentido à história, as idades míticas dão-lhe conteúdo e ritmo no interior desse significado. O que está em causa, em primeiro lugar, nas idades míticas, é a ideia de progresso. Tudo seria, realmente, melhor no início? Podemos ser felizes na história e no tempo, sem os negarmos? Em simultâneo com a ideia de progresso, está também em jogo a de civilização. Será que a felicidade, a justiça, a virtude, se situam numa idade primitiva da natureza selvagem ou que, como na escatologia, reencontramos o conteúdo revolucionário na ideia de igualdade e de inexistência da propriedade privada? Ou, pelo contrário, não estará o progresso no desenvolvimento das técnicas, artes, costumes, em suma na cultura?

As teorias das idades míticas, sobretudo, introduziram no domínio do tempo e na história, a ideia de período e, mais ainda, a ideia de uma coerência na sucessão dos períodos, a noção de periodização. Como corolário, surge uma importante questão: como e por que razão se passa de um período a outro? Daí deriva toda uma série de problemas essenciais: os da *transição*, do *motor da história* e, evidentemente, do *significado da história*. É certo que as concepções das idades míticas preencheram o pensamento histórico de dados tanto mistificadores ou demolidores quanto revolucionários. Do ponto de vista científico, conseguiu-se um grande progresso quando a periodização deixou de estar ligada às idades míticas valorizadas (ou desvalorizadas).

Foi no século XVI que apareceram dois sistemas de periodização que marcaram uma viragem na ciencia histórica. Um é a divisão em três partes da história da humanidade: história antiga, história medieval e história moderna. Outro é a definição aritmética do século em cem anos, por oposição à noção sacra, mítica, de *saeculum*.

Nos dias de hoje, época em que os historiadores vêem, de preferência, os malefícios destas periodizações que encerram a história em falsas barreiras é-se levado a esquecer os progressos realizados graças a elas.

Está então morta a idade do ouro? Estão mortas as idades míticas? Quando deparamos com a idade do ouro das seitas, a idade do ouro dos *hippies* e dos ecologistas, a idade de ouro dos economistas do crescimento zero, pode pensar-se que as idades míticas não estão mortas e que talvez venham a conhecer uma *renovatio* nas mentalidades e, quem sabe, mesmo nas teorias dos historiadores.

ESCATOLOGIA

1. Definição, conceitos, afinidades, tipologia

O termo «escatologia» designa a doutrina dos fins últimos, isto é, o conjunto de crenças relativas ao destino final do homem e do Universo. Tem origem no termo grego, geralmente empregue no plural, / τὰ ἔσχατα / «as últimas coisas» [cf. Althaus, 1922; Guardini, 1949]. Alguns especialistas, porém, nomeadamente teólogos e historiadores da religião, empregam-no no singular, / / ἔσχατον / «o evento final» [por exemplo, Dodd, 1936], para designar o Dia do Senhor, o Dia do Juízo Final, segundo o Apocalipse cristão.

Por vezes, nos textos dogmáticos em grego, é usado como adjectivo, referindo-se a termos que designam o tempo ἔσχαται ἡμέραι «os últimos dias» ἔσχατος χρόνος «o último tempo», ἐσχάτη ὥρα «a última hora» [cf. Kittel, 1932, pp. 694-95].

Nenhum estudo, que eu saiba, informa sobre a data em que o termo foi introduzido na linguagem da teologia cristã, nem na história das religiões, nem sequer quando foi relativamente divulgado, permanecendo, no entanto, técnico e erudito. A sua introdução é recente e data provavelmente do fim do século XIX, tendo-se tornado corrente no século XX. Para os dogmáticos antigos, que o usavam e escreviam em latim, a tradução era, em geral, *novissima* (e, por vezes, *novissima tempora*). Esta última expressão era usada na Idade Média: por exemplo, quando no século XIII, o franciscano Gerardo da Borgo San Donnino escreveu um tratado de «escatologia», o *Introductorium in evengelium aeternum*, uma introdução ao Evangelho Eterno, de Joaquim da Flora, um dos seus adversários, o mestre parisiense Guillaume de

Saint-Amour, publicou contra ele um panfleto intitulado *De periculis novissimorum temporum*, fazendo um jogo de palavras entre os perigos do fim do mundo e os que os joaquinistas faziam os seus contemporâneos correr.

O termo, usado inicialmente – e ainda hoje – sobretudo a propósito das religiões hebraica e cristã, foi alargado, pelos historiadores das religiões, às crenças sobre o fim do mundo existentes noutras religiões e, neste domínio, pelos etnólogos, às crenças das sociedades ditas primitivas. Todavia, existe a tendência, em certos filósofos e teólogos do século XX, para alargar o sentido da palavra, e sobretudo do adjectivo, «escatológico». O teólogo protestante Cullmann, que considera «arbitrária» esta extensão de sentido, define-a desta maneira, a partir das ideias de um outro teólogo protestante, Bultmann e os seus discípulos. Segundo os seguidores de Bultmann é «escatológica» toda a circunstância em que o homem é colocado perante uma decisão. Cullmann, pensando que estas concepções revelam a influência do existencialismo de Kierkegaard, objecta: 1) «As palavras "escatologia" e "escatológico" referem-se ao *tempo final* e não ao *tempo da decisão*. O tempo final é certamente um tempo da decisão, mas nem todo o tempo da decisão é final»; 2) «Etimologicamente [a palavra] tem um sentido exclusivamente temporal; se pelo contrário – como acontece entre os bultmannianos – é esquecido precisamente o carácter temporal (ἔσχατα) intrínseco do termo, também deveriam coerentemente abandonar o *fim*» [1965].

A escatologia refere-se, por um lado, ao destino último do indivíduo e, por outro, ao da colectividade – humanidade, Universo. Mas como me parece que esta consideração das enciclopédias contemporâneas alarga um pouco arbitrariamente aos indivíduos um termo formado e usado tradicionalmente para falar dos «fins últimos» colectivos, e como o destino final individual depende em grande parte do destino universal, tratarei essencialmente da escatologia colectiva.

A escatologia individual só assume real importância na perspectiva da *salvação,* que tem, de facto, um lugar de primeiro plano nas especulações escatológicas, mas não é certo que seja fundamental, nem original, nas concepções escatológicas. Os problemas ligados à escatologia individual são fundamentalmente os de um julgamento depois da morte, da ressurreição e da vida eterna, da imortalidade.

ESCATOLOGIA

Na religião do Egipto antigo e na religião cristã a tónica é posta no juízo final; o hinduísmo e o catarismo acreditam na migração das almas, a metempsicose, enquanto a maior parte das religiões professam a crença numa sobrevivência individual única, envolvendo o corpo e a alma (mas, no cristianismo, a alma é imortal, enquanto o corpo só se reencontrará na ressurreição). A sobrevivência no Além é concebida de uma maneira muito semelhante à da vida terrena (Islão), mas a maior parte das vezes, o Além, em função do julgamento, tem um carácter de alegria ou de dor. A Antiguidade greco-romana fez da morada das sombras um lugar de trevas e tristeza – o Hades –, apesar de prometer aos heróis os serenos Campos Elísios. Para os Sumérios, o Além apresenta-se sob a forma de um «país sem retorno», tão sombrio como terrífico. Em contrapartida, o outro mundo dos Celtas é um mundo de prazer para o corpo e a alma, tal como o Walhalla germânico, reservado, no entanto, aos deuses e aos heróis. O cristianismo, ligando estritamente a vida terrena e a vida eterna, designou um lugar de castigo, o Inferno, e um lugar de recompensa, o Paraíso, inventando, depois, um Além temporário intermediário, o Purgatório (geralmente recusado pelos cristãos gregos, depois por muitos heréticos medievais e, finalmente, pelos protestantes). O budismo prevê, no termo de uma longa ascese, um paraíso de total separação, o *nirvana*.

Os desenvolvimentos doutrinais e as condições históricas tornaram por vezes difícil distinguir as fronteiras entre a escatologia e os conceitos afins. O reconhecimento destas ligações permite uma melhor apreensão da importância filosófica e histórica da escatologia, mas obriga a acrescentar precisões e a fazer distinções. São em grande parte conceitos e ideias observados no quadro da escatologia judaico-cristã.

A escatologia foi-se aperfeiçoando através de relatos de natureza profética que descreviam um ἀποκάλυψις "revelação" dos acontecimentos do fim dos tempos. Estes relatos judaico-cristãos foram, em grande parte, escritos nos últimos séculos antes da era cristã e nos primeiros desta; um deles, o *Apocalipse de S. João*, foi introduzido pelo cristianismo no *corpus* do Novo Testamento. Dada a considerável importância adquirida por estes escritos, quer do ponto de vista dogmático quer histórico, a apocalíptica está estritamente ligada à escatologia.

Cullmann distinguiu precisamente – do ponto de vista teológico – escatologia e apocalíptica. Em primeiro lugar, acontece que os apocalipses judaico-cristãos datam do judaísmo posterior ao Êxodo e constituem um género literário nascido no interior da escatologia judaico-cristã. Em seguida, o apocalipse, mesmo tendo sido desencadeado por um facto da actualidade, afasta-se do presente e da história para evocar um futuro inteiramente desligado da «nossa experiência deste mundo». Por último, «falta aos "apocalipses" a sua ligação com a história da salvação, tão característica da escatologia bíblica, quer da do Antigo Testamento quer da do Novo» [1965]. Em contrapartida, Cullmann recusa-se a aceitar a opinião segundo a qual os apocalipses são «puras especulações, destinadas unicamente a satisfazer a curiosidade do espírito humano», assim como o deslizar para o sentido pejorativo do substantivo e do adjectivo que deles derivam. Veremos em seguida a importância fundamental da apocalíptica na escatologia judaico-cristã e a manipulação e perversão a que se prestou.

Muitas vezes, as concepções escatológicas colocam, entre o aquém actual e o além do fim dos tempos, um longo período «aquém», que é uma espécie de prefiguração terrena do Além. Essa nova era, essa instalação do céu na terra (*heavens on earth*), deve, segundo o *Apocalipse* [20, 1-5], durar «mil anos», número simbólico que indica uma longa duração subtraída ao desenrolar normal do tempo. Este *Millenium* deu o nome a toda uma série de crenças, de teorias, de movimentos orientados para o desejo, a espera, a activação dessa era: são os *milenarismos* (ou, segundo a derivação grega, *chiliasmos*). Muitas vezes o aparecimento dessa era está ligado à vinda de um salvador, de um guia sagrado que ajuda a preparação para o fim dos tempos, deus ou homem, ou homem-deus, chamado Messias na tradição judaico-cristão, derivando daí o nome de *messianismos*, dado aos milenarismos ou aos movimentos similares centrados em volta de uma personagem.

Milenarismos e messianismos adquiriram, na escatologia, uma importância de primeiro plano e evocá-los-ei no quadro da evolução histórica da escatologia judaico-cristã [cf., sobre o milenarismo, Cohn, 1957; Thrupp, 1962; sobre o messianismo, cf. Wallis, 1943; Desroche, 1969].

Mas não podemos esquecer-nos de que o milenarismo se centra sobre a parte do «fim dos tempos» que precede o fim propriamente dito; e o programa dos movimentos milenaristas é quase fatalmente político e religioso ao mesmo tempo; por vezes, a sua característica é até a de confundir o político e o religioso (por exemplo, o caso de Savonarola). Por outro lado, Desroche [1969] sublinha justamente que, «se a tradição escatológica tem por objectivo o fim do mundo, a tradição messiânico-milenarista visa apenas o fim de *um* mundo no momento do grande dia, o *Millenial Day,* que será ao mesmo tempo o início de uma nova Era, de uma nova Idade, de um novo Mundo».

Os apocalipses, género literário característico da escatologia, surgem em geral sob a forma de visões, mas o tempo do fim é evocado muitas vezes sob forma profética. Há pois momentos em que a escatologia e o profetismo se entrecruzam [cf. Guariglia, 1959]. Alguns textos medievais atribuídos a Joaquim da Flora têm o título de profecias: *Vaticinium Sibillae Erithreae, Oraculum Cyrilli cum expositione abbatis Joachim, Vaticinia de Summis Pontificibus, Prophetiae et epistolae Joachimi Abbatis Florius*; e vários outros tratados são intitulados *prophetiae* [cf. Reeves, 1969]. Dodd [1936] aproxima e distingue, de um ponto de vista exegético, profetismo e escatologia: «À profecia sucedeu a apocalíptica. Ela trabalha de acordo com o esquema profético, mas com certas diferenças. Em especial, rejeita qualquer tentativa de ver a intervenção de Deus no presente». Mas acrescenta: «Tanto na profecia quanto na apocalíptica, o acontecimento divino, o ἔσχατον, corresponde sempre a uma "viragem" decisiva». Podemos dizer, mais simplesmente, que o futuro da profecia nem sempre é o do fim dos tempos, e que está mais radicado na história; contudo, historicamente, escatologia e profetismo uniram-se muitas vezes, estabelecendo uma relação entre a primeira fase do fim dos tempos e a história presente e imediatamente futura.

Uma outra afinidade, simultaneamente histórica e conceptual, é a que há entre escatologia e utopia. Mannheim, em páginas célebres, situou esta afinidade no início da época moderna, na Europa. Ela ter-se-ia verificado nos séculos XV e XVI, sobretudo entre os Hussitas, e depois no século XVI, com Thomas Münzer e os anabaptistas. Segundo Mannheim [1929], «a primeira forma da mentalidade utópica» foi «o chiliasmo orgiástico dos anabaptistas». A utopia milenarista é um corpo de doutrina que tende para um modelo de *millenium* que se deve realizar num quadro espacial e temporal. Segundo Mannheim, «não tem importância nenhuma (embora isso possa ser significativo para a história das variações dos *motivos*) que, em lugar de uma utopia temporal, obtenhamos uma utopia espacial». Deve, no entanto, destacar-se que a utopia não é necessariamente milenarista e que o seu horizonte se pode limitar a um modelo ideal a realizar, sem previsão e espera de uma segunda fase e de um dia final. Mas, embora a utopia tenha um ponto de partida histórico, em geral bem preciso, e vise substituir – de maneira violenta ou não – uma dada situação histórica, tende, como bem o mostrou Lapouje [1973], a destruir o tempo, por ódio à história, como a escatologia. As relações entre escatologia e utopia foram postas em destaque por Tuveson na sua obra *Millenium and Utopia* [1949]. Por outro lado, para sintetizar as relações entre os dois conceitos, Eliade fez uma série de estudos sobre a mentalidade utópica e milenarista na América, tanto de autores brancos americanos (do século XVI ao XX) como de índios Guarani [1969].

Finalmente, dado que a escatologia se constrói muitas vezes por referência às origens, implícita ou explicitamente (de facto o fim dos tempos aparece muitas vezes, mais ou menos, como um retorno à origem dos tempos, e o fim do mundo é posto em relação com a sua própria criação), também a escatologia mantém estreitas relações com o mito. Esta problemática tem, para além do mais, o interesse de integrar no campo da escatologia, os mitos paradisíacos dos primitivos e dos povos antigos [cf. Eliade, 1963]. Como Eliade diz, «os mitos do fim do mundo desempenharam um papel importante na história da humanidade. Puseram em evidência a 'mobilidade' das 'origens': de facto, a partir de um certo momento, a 'origem' não está só num passado mítico, mas também num futuro 'imaginário'».

Mito e escatologia têm duas estruturas, dois caminhos diferentes. O mito está voltado para o passado, exprime-se pelo relato; a escatologia olha para o futuro e revela-se na visão ou na profecia que «opera a transgressão do relato: está iminente uma nova intervenção de Iavé, que anulará a precedente» [Ricoeur, 1971]. Mas mito e escatologia «aliaram-se para dar, por um lado, a ideia de uma criação entendida como primeiro acto de libertação e, por outro, a ideia de libertação como acto criador. A escatologia, sobretudo na literatura tardia do cânone hebraico, representa uma forma de profecia que é susceptível de fazer um novo pacto com o mito» [*ibid.*].

Por fim, o confronto entre mito e escatologia tem a vantagem de clarificar uma exegese de escatologia bíblica que tende mesmo à desmitologização da escatologia judaico-cristã. É este essencialmente o caminho seguido por Bultmann [1954; 1957]. Trata-se de desembaraçar a escatologia cristã dos mitos da criação, devidos em grande parte à influência grega e que a desviam do seu verdadeiro objectivo: o fim dos tempos, para a conduzir às origens, o que torna inútil a ideia da instauração de uma nova era, transformando-a no regresso à originária, segundo Bultmann [1954]. Jesus Cristo não é fenómeno histórico do passado, mas está sempre presente como uma palavra de graça.

Antes de apresentar as diversas formas de escatologia e de seguir o desenvolvimento da escatologia judaico-cristã, é útil assinalar as tipologias mais comummente adoptadas pelos especialistas de história das religiões.

Glasenapp [1969] distingue dois grandes tipos de religiões, segundo as suas atitudes face à criação e ao fim do mundo: 1) o judaísmo, o zoroastrismo, o cristianismo e o islamismo pensam que há uma criação e que haverá um fim do mundo, sem apelo, seguido de uma eternidade «bem-aventurada»; 2) o hinduísmo, o budismo e a maior parte das escolas do universalismo chinês ensinam que o cosmos está numa alternância perpétua de situações: aparece periodicamente um universo que depois desaparece, numa catástrofe; depois de um período de repouso, começa a formar-se um novo universo e este, depois de ter durado muito tempo, é, por sua vez, destruído. E esta sucessão prossegue, sem princípio nem fim.

Esta tipologia tem o inconveniente de só ter em conta o conteúdo interno das religiões, sem considerar os tipos de sociedade e a época em que as crenças escatológicas se formaram e desenvolveram e liga estreitamente as crenças sobre a criação e as crenças sobre o fim do mundo. Além disso, não tem em conta o carácter privilegiado da religião judaico-cristã na elaboração de uma escatologia no sentido pleno, preciso e consciente do termo.

Bleeker [1963] propôs outra tipologia: *a)* a religião primitiva; *b)* as religiões da Antiguidade; *c)* o gnosticismo; *d)* as religiões da Índia; *e)* as religiões baseadas numa revelação profética, isto é, o zoroastrismo, o cristianismo, o judaísmo e o islamismo.

Esta classificação, mais sociológica e histórica, tem dois inconvenientes: 1) o de confundir, na mesma categoria, formas muito diferentes de escatologia das sociedades ditas «primitivas», enquanto devemos distinguir pelo menos entre escatologias «primitivas», tais como as apreendemos através dos mitos, e escatologias nascidas em contacto com a colonização moderna dos brancos, exprimindo-se, em geral, sob a forma de milenarismo; 2) o de esbater o carácter específico da escatologia judaico-cristã;

o que não significa que o judaísmo e o cristianismo ocupem um lugar privilegiado entre as religiões, mas deve ser reconhecido que a escatologia – tal como apareceu na história e na ciência das religiões – se formou e desenvolveu no quadro judaico-cristão e só por extensão se fala de escatologia a propósito de outros sistemas religiosos.

Começarei pelas escatologias das religiões não judaico-cristãs, distinguindo «a escatologia primitiva» da «escatologia teleológica» (tipo judaico-cristãs) e a do «eterno retorno»; em seguida, estudarei as bases doutrinárias das escatologias hebraica e cristã, isto é, o seu conteúdo e natureza, no seu contexto histórico e doutrinário original; depois, a evolução, na Antiguidade tardia e Idade Média, da escatologia hebraica e, sobretudo, da cristã; e, por fim, a grande mudança da escatologia cristã, nos tempos modernos, tal como Mannheim a definiu através do embate com o milenarismo e com a revolução social. As duas últimas partes serão dedicadas, por um lado, à renovação escatológica dos séculos XIX e XX, marcada pela aparição do milenarismo no Terceiro Mundo, do nascimento dos milenarismos «laicos», da renovação escatológica da teologia cristã, católica e, principalmente, protestante e, para concluir, da emergência de uma mentalidade apocalíptica difusa, ligada à energia nuclear, além de algumas reflexões sobre escatologia e história, do ponto de vista do conhecimento histórico.

2. Escatologias não judaico-cristãs

2.1. Escatologias «primitivas»

Segundo Eliade [1963], «sumariamente poderíamos dizer que, para os primitivos, o fim do mundo já existiu, embora se deva repetir num futuro mais ou menos próximo». Com efeito, as cosmogonias dos primitivos foram muitas vezes completadas por mitos sobre cataclismos cósmicos (tremores de terra, incêndios, desabamentos de montanhas, epidemias), os mais frequentes dos quais são os mitos do dilúvio. Por outro lado, em comparação com os mitos que narram o fim do mundo no passado, os mitos que se referem a um fim futuro são inesperadamente pouco numerosos, entre os primitivos. Segundo Lehmann [1931] esta pretensa raridade de uma escatologia verdadeira e própria dos primitivos, provém talvez, sobretudo, de erros dos etnólogos, que raramente souberam colocar o problema no seu trabalho de campo e que, além disso, interpretaram mal o facto de a língua destes primitivos ignorar mesmo o tempo futuro.

As condições do fim do mundo são geralmente concebidas de três formas principais pelas sociedades «primitivas»: ou é por culpa dos homens, que cometeram pecados ou faltas rituais (por exemplo, uma etnia de uma das ilhas Carolinas, Namolut, pensa que um dia o Criador aniquilará a humanidade, por causa dos seus pecados, continuando, no entanto, os deuses a existir); ou, então, será a simples vontade de um deus a pôr fim ao mundo (este deus pode ser bom ou mau; para os Kui da Nova Guiné, o Criador Malenfung, que adormeceu depois de ter criado o Universo, despertará para destruir o Céu que há-de cair sobre a Terra, fazendo desaparecer toda a vida; os Negritos da península de Malaca acreditam que o deus Kurei, a quem chamam «mau», destruirá um dia homens e mundo, sem distinção entre bons e maus; ou, como para os habitantes das ilhas Andaman, o deus Puluga destruirá a Terra e a abóbada celeste com um tremor de terra, mas ressuscitará os homens, corpo e alma reunidos, que viverão eternamente felizes, ignorando a doença, a morte e o casamento; ou, por fim, a causa do fim do mundo pode ser apenas a sua decadência por um processo de degradação contínua. Por exemplo, para os índios Cherokees, da América do Norte, «quando o mundo estiver velho e gasto, os homens morrerão, as cordas que ligam a Terra ao Céu quebrar-se-ão, a Terra afundar-se-á nos mares» [Alexander, 1916].

Para alguns povos, o fim dos tempos verá o regresso de uma personagem benevolente, que reporá a prosperidade e a felicidade dos primeiros tempos. Os Pigmeus do Gabão, por exemplo, esperam o regresso de Kmvum, o primeiro homem. Os Tártaros dos Altai pensam que o imperador dos céus, Tengere Kaira Khan – que no princípio dos tempos vivia na Terra com os homens e os deixou, depois, por causa dos seus pecados –, depois da derrota do Mal voltará à Terra para julgar os homens. Os índios Salish, do Noroeste da América do Norte, acreditam que quando o mundo envelhecer um coiote anunciará o regresso do «chefe» à Terra e o fim do mundo, seguido de uma recriação e da ressurreição dos homens, que viverão para sempre felizes. Esta espera de um salvador no fim dos tempos aproxima algumas destas escatologias «primitivas» do milenarismo e do messianismo judaico-cristão.

Especialmente entre os índios da América, a «maioria dos mitos do fim implica tanto uma teoria cíclica (como para os Árcticos) como a crença de que a catástrofe será seguida de uma nova criação, ou, ainda, a crença numa regeneração universal realizada sem cataclismo» [Eliade, 1963]. Estas crenças aproximam a escatologia destes povos da das religiões orientais, que professam o mito do eterno retorno e, em definitivo, da eternidade do mundo, dado que a todas as destruições se sucede uma recriação.

A escatologia espectacular de uma etnia da América do Sul, os índios Guaranis, deu origem a vários estudos [a referência aos mais importantes encontra-se em Eliade, 1969].

Desde o princípio do século XVI que se conhece uma série de migrações destes índios através da América do Sul, sem que esses movimentos possam ser postos em relação com a chegada dos Espanhóis, a não ser pelo facto de o contacto com os brancos ter tornado mais sombria e exacerbada a escatologia dos Guaraniis. Parece que estas migrações foram, em primeiro lugar, orientadas para leste, onde estava situado o paraíso escatológico, mas que actualmente a principal direcção é a procura do centro da Terra e do zénite. Estes movimentos migratórios foram estudados com especial atenção pelo etnólogo brasileiro Nimuendajú que, em 1912, encontrou perto de S. Paulo um grupo de Guaranis vindos de oeste, que regressaram com a consciência de que a sua derrota, na procura do Paraíso, era devida ao facto de terem adoptado o vestuário e a alimentação dos brancos. Estes índios acreditam que uma catástrofe natural, incêndio ou dilúvio, destruiu um mundo anterior e estão convencidos de que ela se repetirá. A única oportunidade de escapar a este cataclismo final é refugiarem-se a tempo na «Terra sem Mal» ou «Céu», fora do tempo e da história, sem dor, sem doenças, sem injustiças. Estas migrações assentam na ideia de que o mundo sofre um enfraquecimento, uma fadiga cósmica tais que aspira ao seu fim e pede ao Criador que realize uma nova criação. Para encontrar a «Terra sem Mal», os Guaranis entregam-se a danças prolongadas que têm por fim acelerar a destruição do mundo decrépito e revelar o «caminho» que conduz ao Paraíso. Em todas as crenças e em todas as práticas, os xamãs (*ñanderu*), que são especialistas do «caminho» e mestres em escatologia, desempenham um papel importante.

2.2. Escatologias do eterno retorno

Estas doutrinas predominam no Oriente e no Extremo Oriente, com numerosos aspectos dos quais é impossível falar aqui pormenorizadamente.

Quer o mundo tenha sido ou não criado, quer o criador seja um deus ou uma deusa, um homem (o primeiro, o progenitor) ou o poder impessoal do destino, ele passa, segundo ritmos e processos diferentes, através de fases de declínio, de morte e de regeneração: os fins do mundo são fins provisórios. Este conceito exprime-se através de um duplo sistema cíclico, o ciclo anual, que é um processo de morte e, ao mesmo tempo, de ressurreição; daí a importância essencial do Ano Novo, rito de renascimento e de recriação [cf. Eliade, 1949; Le Goff, 1977].

A religião chinesa antiga defende que o mundo sofre uma alternância de longos ciclos de actividade e de hibernação, pelo jogo entre o princípio masculino *yang* e o princípio feminino *yin*, os quais actuam também durante o ciclo anual. Quando o *yang* domina é a actividade, a fecundidade, a luz, o calor, a riqueza (Primavera e Verão); quando é o *yin* que domina é a passividade, a obscuridade, o frio, a humidade (Outono e Inverno). Um mundo submetido a este eterno ciclo não tem princípio nem fim.

Do mesmo modo, no hinduísmo, o mundo, que não tem princípio nem fim, passa pelos ciclos que acabam com o desaparecimento do mundo actual, seguido da criação de um novo mundo, efectuada por um novo demiurgo. Cada mundo passa por quatro idades (*yuga*), e mil *yuga* formam um *kalpa*, que representa um dia do deus Brama, actual delegado do Deus supremo, que é eterno. Brama adormece entre cada *yuga* e o universo fica suspenso entre o fim de um mundo e o aparecimento de outro. A vida de Brama deve durar cem *kalpa*. O mundo actual está na última fase, na decadência (mau *yuga* de Kali). Individualmente os homens vivem no interior de uma certa parte de um ciclo, ao longo do qual passam de um estado humano a um estado animal ou vegetal, por metempsicose. A duração desta vida múltipla e a forma das reencarnações individuais dependem das acções e dos méritos do indivíduo (*karman*). No fim desta existência, seja por esgotamento do seu *karman* seja por graça divina, a alma individual volta à Terra ou, se for salva, é acolhida no Céu divino, onde leva uma vida feliz, segundo o modelo da vida terrestre.

Também no budismo há, em cada mundo que compõe o macrocosmos, uma sucessão de períodos de existência e de destruição, seguidos de uma nova criação. Todos passam por períodos de progresso e períodos de decadência. No fim, os últimos homens matam-se uns aos outros numa batalha final, com excepção de alguns sobreviventes refugiados na floresta, que se tornam os progenitores da humanidade seguinte. Ao fim de vinte períodos de crescimento e de declínio, o mundo é destruído pela água, pelo fogo e pelo vento, enquanto espera a criação de um outro mundo. Ao longo da sua vida, os homens podem merecer escapar a estes ciclos eternos, entrando na vida eterna, privada de dor, do *nirvana*, que não pode ser descrito. Nesta redenção, a aceitação do sofrimento ocupa um lugar importante.

Duas religiões – que acolhem o conceito do eterno retorno, embora a escatologia não ocupe nelas um lugar importante – exerceram uma certa influência na escatologia judaico-cristã: a religião grega antiga e a gnose, ainda que, em rigor, sejam mais movimentos ou ideias religiosas do que religiões propriamente ditas.

As religiões da Antiguidade – salvo algumas excepções – tiveram pouco interesse pela escatologia, pois acreditavam na solidez da ordem do mundo, estabelecida pela criação divina. Quanto muito, pode notar-se o medo pelo enfraquecimento da ordem cósmica e pelo desencadear de um cataclismo natural, que arrastaria consigo a destruição do mundo: nos Celtas, nos Lapões e nos Esquimós temia-se sobretudo a queda do céu; nos povos indo-germânicos existia o temor de um Inverno terrível; nas populações da Europa atlântica, o da submersão da Terra pelo oceano. Mas, da Babilónia ao Extremo Ocidente, do Egipto ao Árctico, não aparece o medo do fim do mundo nem o desejo de um mundo melhor. No célebre poema grego de Hesíodo, *Os trabalhos e os dias* (meados do século VII a.C.), cujo tema é a sucessão declinante das idades da Terra, não se refere o fim do mundo. Nestes povos da Antiguidade há apenas um interesse maior ou menor, como se viu, pelo destino individual dos homens, depois da morte. Esta preocupação é muito viva nos antigos Egípcios, em quem se julgou poder distinguir traços de escatologia incertos e difíceis de interpretar [Lanczkowski, 1960].

Todavia, existem duas excepções notáveis: uma, no quadro da mitologia germânica, é a profecia de Ragnarök, no poema *Eda* intitulado *Völuspà*, e uma descrição do mundo, desde a criação até ao fim. O último episódio põe os deuses em luta com as forças demoníacas (por exemplo, o combate de Tor com a serpente). Matam-se um ao outro, a terra afunda-se no mar e o mundo desaparece por entre fogo e fumo. Do oceano ressurge, porém, um novo mundo, verde e jovem, onde os Ases fazem de novo reinar a justiça e os deuses se reconciliam.

A outra excepção é a célebre *Écloga IV,* de Virgílio. Devem ser colocadas na linha dos oráculos atribuídos às Sibilas – literatura de profecias com carácter escatológico, muito viva no meio oriental helenizado, por exemplo em Alexandria –, os célebres versos onde se fala de uma última idade (*ultima aetas*), do regresso da Virgem (*iam redit et Virgo*) e de um menino salvador que, nada tendo que ver com a Virgem Maria e Cristo, ou com a família do imperador Augusto, fazem no entanto referência a um regresso à idade do ouro [cf. Carcopino, 1930; Jeanmaire, 1930, 1939].

É – tal como nos povos primitivos – uma escatologia voltada para o passado. Esta literatura sibilina veicula o conceito grego fundamental de um «tempo circular», exactamente aquele com que o cristianismo e o judaísmo vão romper, para o substituir pela ideia de um tempo linear. Cullmann insistiu muito nesta mudança essencial: «Devemos partir da verificação fundamental de que para o cristianismo primitivo, tal como para o judaísmo bíblico e para a religião iraniana, a expressão simbólica do tempo é a *linha*, enquanto para o helenismo é o *círculo*» [1946].

Ora, o conceito cristão do tempo foi desde muito cedo contaminado, senão «abafado», pelo conceito grego e, como se verá, uma das principais tendências da renovação escatológica cristã actual – e, principalmente, da «desmitificação» de Bultmnann – consiste na contaminação helénica.

Não só helénica, mas também gnóstica. É esta a verificação de Cullmann: «A primeira alteração da concepção do tempo, tal como existia no cristianismo primitivo, não se encontra na epístola aos Hebreus, nem nos escritos joaninos... mas no *gnosticismo*». Também Jeanmaire concorda com este comentário, mas acrescenta que estas influências são anteriores ao cristianismo, e é de facto no cristianismo primitivo que o conceito de tempo voltado para as origens e não para o futuro foi introduzido na apocalíptica judaico-cristã, pela gnose pré-cristã helenizada.

A gnose afirmava que o mundo, tal como o homem, devia seguir um percurso circular, simbolizado pela serpente, que morde a própria cauda: afastando-se de Deus depois da criação, homem e mundo penetram nas trevas donde Deus os faz sair, contraditoriamente, se assim se pode dizer, enviando-lhes um salvador, que seguirá ele próprio um percurso circular: encarnar e entrar nas trevas, para voltar à luz e à origem, salvando os homens a quem a *gnosis* ensinou o caminho que deviam seguir para a salvação [cf. principalmente Puech, 1978].

Uma forma de gnosticismo desenvolveu uma escatologia explícita e coerente, o maniqueísmo, que se baseia no dualismo entre o Bem e o Mal, a Luz e as Trevas, tendo cada uma destas entidades o seu próprio príncipe ou deus. O mundo nasceu da separação dos dois princípios e a sua história é a da própria luta no exterior e no interior do homem, é a luta entre a matéria (a carne) e o espírito. Depois de grandes tribulações finais, o Bem vencerá, Cristo virá à Terra para um rápido reino final, o mundo será destruído e a Luz, definitivamente separada e vencedora das Trevas, reinará eternamente.

2.3. As religiões do futuro

Nesta categoria, que é a do judaísmo e do cristianismo, estão as grandes religiões reveladas, o zoroastrismo (e o parsismo) e o islamismo. Tais religiões consideram a história como uma relação ao longo da qual Deus, através dos seus profetas, anuncia e guia a realização do seu reino: «A história é comparável a um drama, que tende para o seu fim inevitável» [Bleeker, 1963].

No zoroastrismo, a luta começada na criação do mundo entre Asa, a verdade, e Druj, a mentira, continuará até à vitória final de Asa, obtida depois de uma grande batalha final e de um julgamento dos bons e dos maus, pela prova do metal a arder ou do fogo. Mas a cena final é mais uma cena de renovação do que um processo. O lado optimista da escatologia zoroástrica acentuou-se mais na sua forma indiana ortodoxa: o parsismo. A cena final, nas partes mais recentes do *Avesta,* apresenta-se como uma «criaçao maravilhosa» em que os próprios maus são purificados e salvos [cf. Söderblom, 1901].

O islamismo retirou grande parte da sua escatologia da Bíblia e do cristianismo. As suas crenças baseiam-se em certas passagens do *Corão*, por exemplo a *sura* 81 [cf. Bleeker, 1963], e os seus complementos ulteriores, alguns dos quais revelam influência popular.

Sinais, prodígios e revelações deverão anunciar a aproximação do fim do mundo. Aparecerá um monstro – Dadjdjal, o Anticristo – que será morto por um profeta, Isa (Jesus) ou o Mahdi. Depois de um período de paz, quando soar a primeira trombeta, todos os homens morrerão. A segunda trombeta ressuscita-os para o Juízo Final. Alá, consultando os livros das boas e más acções, separará os bons, recebidos no Paraíso, dos maus, atirados para o Inferno. Paraíso e Inferno subdividir-se-ão em graus, de acordo com os méritos de cada um.

3. Bases doutrinárias e históricas da escatologia judaico-cristã

A escatologia judaico-cristã formou-se através da Bíblia. A escatologia judaica continua baseada no Antigo Testamento, enquanto para o cristianismo os desenvolvimentos feitos pelo Novo Testamento na escatologia veterotestamentária são mais importantes, apesar das variações de interpretação da escatologia neotestamentária. Penso que o último livro do Novo Testamento, o *Apocalipse segundo S. João*, deve ter um lugar à parte, quer pela sua excepcional importância na escatologia cristã quer pela necessidade de o situar simultaneamente numa literatura judaica e cristã, que ultrapassa, em muito, o Novo Testamento.

3.1. A escatologia veterotestamentária

O ponto de partida da escatologia judaica deve ser procurado com base na *Génese* [12, 1 ss.], na identidade entre a fé em Deus e a esperança no futuro. Este tema do futuro torna-se mais preciso na promessa de Deus aos profetas, que faz do povo judaico o povo do futuro, promessa de uma terra «em que correm o leite e o mel» [*Génese*, 15, 1-20; *Êxodo*, 3,8] e se enriquece com a evocação de um chefe, salvador ou rei do futuro (tema messiânico: bênção da Judeia [*Génese*, 49, 10]; oráculos de Balaão [*Números*, 24, 17]; etc.). Nos livros históricos aparece a ideia de um futuro Messias, ungido do Senhor, descendente da casa de David e, por isso, de sangue real [*Livro segundo de Samuel*, 7].

Acentuada pelas provações de Israel, mas anterior às grandes calamidades (destruição de Israel no século VIII a.C.; da Judeia, no século VI; cativeiro da Babilónia, 597-38 a.c.), verifica-se uma dramatização da escatologia nos livros proféticos – os pecados de Israel desencadearam a cólera de Iavé – terá lugar no «Dia do Senhor» um juízo terrível [*Amos*, 5, 18].

Verificam-se profundas alterações na evocação dos tempos finais. Há uma dupla espiritualização da escatologia. Primeiro, ao nível do Messias, que já não é evocado como um chefe de ascendência real, mas um servidor de Iavé, profeta perseguido e salvador, Messias redentor [*Isaías*, 7-12] a quem Daniel chama Filho do Homem [*Daniel*, 2 e 7]; depois, no que diz respeito ao reino futuro, já não é uma pura promessa material, cheia de riquezas, mas uma nova criação, selada por uma aliança [*Génese*, 31; *Ezequiel*, 36; *Isaías*, 41].

Seguem-se ainda três novidades: a primeira, fundamental, é a transformação da nova Sião, da nova Jerusalém, em lugar de salvação para todas as nações e já não só para Israel [*Isaías*, 42, 6; 49, 6]. A segunda é o aparecimento da noção de ressurreição dos mortos [*Daniel*, 12, 2], evocada como sinal de justiça e do poder de Deus, mais do que como esperança de salvação. Os antigos Judeus não tiveram, segundo parece, culto dos mortos, nem uma concepção precisa do destino individual, depois da morte.

A terceira novidade é a aparição, no livro de Daniel, de um processo e de uma simbólica escatológica que serão retomados, no pensamento e na literatura apocalíptica: 1) tema dos quatro reinos, aos quais se sucederá um quinto, o do Filho do Homem, e da imagem da estátua com pés de barro [*Daniel*, 2, 31-44]; 2) tema da visão das quatro bestas (leão, urso, leopardo, animal com dez cornos) e do reino dos santos [*ibid*., 7, 7]; 3) tema dos números do tempo (as 2300 noites e manhãs da profanação do santuário [*ibid*., 8, 3-14], a série das semanas [*ibid*., 9, 24-27], os 1290 dias da abominação e da desolação e os 1335 dias da espera [*ibid*., 12, 11-12]).

Nos últimos salmos (Salmos do Reino: 47, 93, 96, 99), o carácter transcendental do futuro reino acentua-se, será o reino de Iavé, aberto a todas as nações [cf. Feuillet, 1951].

São de notar duas características – uma teórica, outra histórica – da escatologia do antigo judaísmo. A primeira é a sua profunda originalidade [cf. Mowinckel, 1951]: a ruptura com o tempo cíclico exprime-se como crença num tempo final, que será infalivelmente atingido, tal como Deus prometeu ao seu grupo e que constituirá a conclusão da criação divina. «De um modo diferente das religiões que a rodeiam, apoiadas apenas em mitos e em ritos, o judaísmo dá um certo sentido ao tempo e à história, que Deus conduz para um fim» [Galot, 1960, col. 1021]. O judaísmo é a religião da espera e da esperança, isto é, da própria essência da escatologia. Note-se que, na escatologia judaica [cf. Wensinck, 1923] há traços de uma escatologia ligada à ideia de renovação e ao calendário.

A segunda é a ambiguidade e hesitação da escatologia judaica, no momento do aparecimento de Jesus. Pela época de Jesus a escatologia estava sujeita a uma tensão entre a sua perspectiva histórica terrena e uma orientação, cada vez mais vincada, para um mundo transcendente e celeste, a tal ponto que poderíamos perguntar-nos se os acontecimentos do fim do mundo se produziam na Terra ou no Céu, e que não saberíamos conciliar o Messias anunciado por Daniel, Filho do Homem vindo das nuvens, com o Messias predito por Zacarias, que devia entrar em Jerusalém montado numa burra. Através do Evangelho, varificamos que os Judeus hesitavam entre um Messias de origem misteriosa e um Messias descendente de David, originário de Belém [*João*, 7, 27 e 42; cf. Galot, 1960, col. 1023].

3.2. A escatologia neotestamentária

Os Evangelhos sinópticos introduziram transformações na escatologia veterotestamentária, tendo o *Evangelho segundo S. João* tornado alguns pontos mais precisos. O próprio Jesus é o início do cumprimento da promessa [*Lucas*, 4, 21] e a sua morte marca o início do reino de Deus («o reino de Deus está próximo» [*Marcos*, 1, 15]). Mas devemos distinguir entre os presente e futuro escatológicos: a vinda de Jesus é o início, a antecipação do reino futuro; as calamidades que se aproximam não são o fim do mundo [*ibid.*, 13, 7], são o «começo das dores» [*ibid.*, 8]; só quando o Evangelho tiver sido pregado em toda a Terra, «virá o fim» [*Mateus*, 24, 14]. Através de Jesus, a humanidade reconcilia-se com Deus, mas ainda não está salva.

Jesus é o Filho do Homem enviado por Deus, o próprio Deus. A sua missão vai, no entanto, cumprir-se na provação e na dor, não na glória. Não se apresenta como «filho de David» (para quê, pois que é filho de Deus) e foge à multidão que o quer aclamar rei

[*João*, 6, 15]. Com a sua morte, devia iniciar-se o Dia do Senhor e a queda do judaísmo [*João*, 2, 19], o drama escatológico de alcance cósmico (ou antes, semicósmico), com o obscurantismo e queda dos astros (*Marcos*, 13, 24]; depois da condenação de Jesus à morte, as trevas cobriram a Terra no momento da crucificação [ibid., 15, 33].

Mas os seus discípulos – e também os católicos e a Igreja – estão encarregados, pela pregação do Evangelho, pela prática das virtudes, de continuar o drama escatológico, a que todos os homens são convidados a unir-se pelo sofrimento, pela participação na cruz. A ressurreição de Cristo é o sinal do domínio de Jesus sobre o tempo do fim, a antecipação da ressurreição futura dos homens e a instauração definitiva do reino de Deus. Este reino está aberto a todos. Deixa de existir privilégio para Israel que, no fim, será recebido no reino: os últimos serão os primeiros [*Lucas*, 13, 28-30].

A partir daqui, escatologias judaica e cristã separam-se. O judaísmo espera sempre o Messias e a realização da promessa. O cristianismo defende que com Jesus a escatologia entrou na história e começou a realizar-se. «A história, veículo de eternidade, mantém-se história, pois o reino desenvolve-se neste mundo e no tempo; mantendo-se fundamentado no acontecimento essencial do passado, volta-se para o futuro, para o cumprimento ou consumação final realizada pela vinda gloriosa do Filho do Homem. O cristianismo pode ser definido como a escatologia tornada história» [Galot, 1960, col. 1033]. Recorde-se, a propósito, que o catolicismo e as várias igrejas protestantes dão interpretações mais ou menos diferentes da escatologia do Novo Testamento.

No *Evangelho segundo S. João* encontram-se bem definidos alguns pontos. Em primeiro lugar, a insistência no facto de o início dos últimos tempos, pela vinda e morte de Cristo, ser da ordem do presente. «Chegou a hora em que os mortos ouvirão a voz do Filho de Deus e em que os que o tiverem ouvido viverão» [5, 25]. No episódio da ressurreição de Lázaro, Marta perguntou a Jesus se Lázaro teria lugar «na ressurreição final», e Jesus respondeu-lhe que a sua ressurreição se iniciava então, pois com a sua vinda começou a vitória sobre a morte. «Eu sou a ressurreição e a vida» [*ibid., 11*, 23-26]. Desde então, basta *viver* em Cristo para possuir a vida eterna [*ibid.*, 3, 36; 8, 31; 15, 7-10]. Mas haverá o dia final, o Dia do Juízo, o dia em que Cristo «aparece» de novo, na *parusia*; os crentes já não devem esperá-lo com temor, mas com fé. O esperado Espírito Santo, o Paracleto, acabará a obra de revelação de Cristo, habitando para sempre nos discípulos, a quem dá poder para perdoar os pecados. S. Paulo continua o ensino escatológico nas *Epístolas*, em especial nas duas *Epístolas aos Tessalonicenses*. Persuadido, de início, que a parusia terá lugar ainda durante a sua vida, vê-a depois afastar-se no tempo.

3.3. A escatologia apocalíptica

A maior parte das religiões deu origem a escrituras ou a oráculos e profecias orais, nas quais a divindade revela os seus próprios segredos. O grego antigo chama a este tipo de revelação / ἀποκάλυψις / que significa 'revelação'. Este termo, raro na língua profana, foi usado frequentemente na tradução grega da Bíblia – a chamada versão dos Setenta. Dá-se o nome de literatura apocalíptica ao conjunto de obras deste género, principalmente àquelas, numerosas, que foram escritas no período compreendido entre os dois últimos séculos antes de Cristo e os dois primeiros da nossa era, quer se refiram ao judaísmo quer ao cristianismo. Embora estejam estritamente ligadas, o cristianismo, depois de muita discussão, só aceitou como canónico, colocando-o no fim do Novo Testamento, o *Apocalipse segundo S. João*, escrito no fim do século I da era cristã. Um outro texto, que não foi considerado canónico, foi admitido no século XVI pelo Concílio de Trento e publicado em apêndice à Bíblia católica: o *Livro IV de Esdras*.

Estes textos que nos chegaram, não em hebreu ou em grego, mas em siríaco, etíope, aramaico, latim e árabe (originais ou traduções), formam um corpo judaico e um corpo cristão [cf. Rowley, 1963].

O corpo judaico, tal como está em Hadot [1968] compreende:

a) Século II a.C.: o *Livro etíope de Enoch*; os *Jubileus*; os *Testamentos dos Doze Patriarcas*;
b) Século I a.C.: os *Manuscritos de Qumran* (a *Regra da Guerra*, a *Regra da Comunidade*, a *Regra de Damasco*); os *Salmos de Salomão*; o *Apocalipse siríaco de Baruch*; *a Parábola de Enoch*; os *Oráculos Sibilinos* (III, IV, V);

c) Século I d. C.: a *Assunção de Moisés*; o *Livro eslavo de Enoch*; a *Vida de Adão e Eva*, o *Livro IV de Esdras*; o *Apocalipse de Abraão*; o *Testamento de Abraão*; a *Ascensão de Isaías* (versão hebraica); o *Baruch grego*.

Estes textos, em geral, revelam a organização do Céu (com a sua hierarquia de anjos, o mistério das origens com particular insistência no Paraíso, onde se restabelecerá, no fim dos tempos, a amizade entre Deus e o homem) e, sobretudo, os acontecimentos do fim dos tempos, isto é, a escatologia.

Hadot distingue três espécies de escatologia nos apocalipses judaicos. O primeiro tipo, o menos frequente, evoca a vitória de Israel e o regresso do Paraíso à Terra, graças à aparição de um Messias sobrenatural, filho de David. O segundo tipo (influenciado por Daniel) evoca o juízo, o fim dos tempos e o aparecimento de um novo mundo, alargado a todas as nações, depois do aparecimento de uma personagem celeste, próxima de Deus. O terceiro tipo, combinando as duas perspectivas, encara «um tempo intermediário onde, numa Terra renovada, reinam os justos por um período determinado (4000 ou 1000 anos), antes de habitarem no Céu e os ímpios serão castigados».

No conjunto desta literatura vemos o Céu tornar-se cada vez mais o objectivo essencial e acentuar-se a oposição entre os dois séculos: o presente, cheio de males e provações, e o futuro, renovação do paraíso original. O mundo presente pertence a Satã. O mundo futuro pertencerá a Deus. Mas Deus domina o tempo e a história desenrola-se segundo a sua vontade, mediante um plano traçado sobre o modelo da criação, numa semana de seis dias, no fim da qual o sétimo dia verá o cumprimento da promessa. Como, para ele, «mil anos são como um dia», daí decorre a existência de idades de mil anos, em que o último será o reino dos justos com Deus. O desenrolar destes tempos é revelado por sinais: prodígios, cataclismos naturais, guerras, desastres económicos, etc.

Esta literatura, altamente simbólica e esotérica, apresentada sob o pseudónimo de grandes nomes da história de Israel, tem relações evidentes com a história humana, com os acontecimentos da história judaica. Relações essas, complexas e indirectas, sendo a escatologia, a maior parte das vezes, anterior aos acontecimentos, o que lhe favorece a difusão e a proliferação [Cf., sobretudo em relação ao *Apocalipse* cristão de S. João, Giet, 1957]. No início da era cristã produziram-se acontecimentos que tiveram uma influência capital na escatologia apocalíptica judaica. O encontro falhado de Jesus com o judaísmo arrasta a crescente divergência entre as escatologias judaica e cristã. As catástrofes da dominação romana (tomada de Jerusalém por Pompeu, em 63 a.C e, sobretudo, a destruição da cidade por Tito, em 70 a.c., esmagamento e revolta de Bar Kokba em 135 d.C.) provocam uma recrudescência nos sentimentos e na literatura apocalíptica. Assim, a tendência para a «sublimação» escatológica e a orientação do olhar escatológico para o céu foram levados ao auge; mas inicia também uma espécie de regressão da apocalíptica judaica contra Israel – sobretudo Israel, quando não só Israel – que as tribulações e provações sofridas até hoje pelos Judeus mais não fizeram do que acentuar.

O *corpus* cristão compreende, antes de mais, o *Apocalipse de S. João*, cujo peso na escatologia subsequente foi considerável e, mais do que o *Livro IV de Esdras*, «recuperado» no século XVI, os Apocalipses oficialmente considerados «apócrifos», mas cuja influência, pelo menos nalguns casos, foi grande durante os primeiros séculos da era cristã e da Idade Média. Não devemos esquecer que os primeiros e mais importantes textos cristãos apocalípticos, são os capítulos dos Evangelhos designados por «Apocalipse sinóptico» [*Marcos*, 13; *Mateus*, 24-25; *Lucas*, 21].

Os principais textos não canónicos da apocalíptica cristã são, no século I, a *Ascensão de Isaías* (versão cristã conservada pela Igreja etíope), os *Livros Sibilinos* cristãos (VI, VII, VIII) e, no século II – período da grande paixão apocalíptica, que se estenderá até ao século III –, os *apocalipses de Pedro, de Paulo, de Tomás, de Estêvão, de João* (o apóstolo) e *da Virgem Maria*.

Antes de referir o *Apocalipse do Apóstolo João*, note-se que um elemento importante destes apocalipses é a descrição de viagens no Além, em que a descrição do Inferno ultrapassa a do Paraíso, que se vai esbatendo. Estes episódios não parecem provir directamente da escatologia; todavia – é o caso, por exemplo, de religiões diferentes do judaísmo e do cristianismo – são significativos do ponto de vista escatológico [Gigneux, 1974]. Recorde-se a importância da influência helénica nesta literatura: Caquot nota que, por exemplo, o apocalipse do capítulo XXIII do *Livro dos Jubileus* tem origem em Hesíodo [1974].

O *Apocalipse do Apóstolo João* não contém elementos novos para teólogos e historiadores. Mas, para os historiadores das sociedades globais, é de capital importância, na medida em que constitui um referente essencial para os milenarismos e pelo facto de ter instaurado o significado catastrófico do adjectivo «apocalíptico» – fazendo-o, deste modo, pender para o aspecto aterrorizador da escatologia, em detrimento do seu aspecto cheio de promessas, talvez o mais importante, único «final» na escatologia judaico-cristã.

O *Apocalipse*, que retoma o tema e as imagens da apocalíptica judaica, identificando o Messias com Jesus e introduzindo as igrejas dos novos tempos, assegurou o sucesso extraordinário de alguns aspectos da escatologia judaico-cristã, a saber: 1) o cálculo do tempo escatológico (a cidade santa espezinhada durante 42 meses; as duas testemunhas que profetizam sob tortura durante 1260 dias; o número da Besta, 666 e, evidentemente, o número 7, de há muito tempo um número sagrado, com os sete anjos que vertem as sete taças da cólera de Deus); 2) a maldição – através da Babilónia, simbolizada pela Besta e que o povo de Deus é convidado a abandonar – de todo o poder temporal; 3) a divisão da escatologia em dois tempos, entre uma primeira ressurreição – a dos santos e dos mártires, que reinarão sobre a Terra durante mil anos (fundamento de todos os sonhos utópicos dos «mil anos» [20, 1-15]) – anterior a uma segunda ressurreição, a de todos os mortos, no Juízo Final; 4) o carácter dramático dos acontecimentos que devem por um lado preceder a primeira ressurreição, o milénio – drama em cujo centro se destaca a personagem do Antecristo (ou melhor, o Anticristo) e, por outro, marcar a segunda e definitiva ressurreição, seguida do grandioso Juízo Final; 5) a multiplicação dos sinais anunciadores (cometas, terramotos, guerras, fomes, epidemias), que daí em diante serão observados em clima de angústia e de pânico; 6) por fim, a abundância e a virtuosidade das imagens e símbolos que, durante séculos, agitaram a imaginação e excitaram a inspiração dos artistas.

O *Apocalipse*, se muito contribuiu para modelar o que Delumeau chama o «cristianismo do medo», esteve também na origem da criação de obras-primas de arte, sobretudo na Idade Média (iluminuras dos manuscritos do *Apocalipse* ou tapeçarias inspiradas no comentário do *Apocalipse* feito pelo beato de Libana, uma das quais magnífica, a de Angers (século XIV)).

Entre as imagens dos tempos finais veiculadas pelo *Apocalipse* e difundidas através das suas ilustrações, uma parece-me particularmente importante: a da Jerusalém celeste, da morada eterna prometida à humanidade sob a forma de cidade. Julgo ser uma grande novidade da escatologia judaico-cristã não colocar o

Paraíso futuro num lugar natural, ilha ou jardim como o Paraíso das origens referido no *Génesis*. Esta urbanização do Além será contestada pela tradição do Paraíso-jardim. Trata-se de um debate ideológico ainda não suficientemente estudado. Numa versão do *Apocalipse de Paulo* vê-se o Paraíso-jardim absorver o Paraíso--cidade e os quatro rios deste Paraíso correrem no interior das muralhas da cidade paradisíaca [Erbetta, 1969].

Dodd e Mannheim realçaram bem a importância e limites desta produção de imagens ao serviço da imaginação: «Talvez seja impossível dizer até que ponto a imagética fantástica da apocalíptica foi tomada à letra pelos seus autores ou leitores; mas quando a imagem vem aplicada a factos reais, o seu carácter simbólico torna-se evidente e alguns dos seus elementos são descurados por serem inadequados» [Dodd, 1936]. «Se quisermos compreender mais intimamente a verdadeira essência do milenarismo e torná-la acessível ao pensamento científico, é necessário começar por distinguir no próprio milenarismo as imagens, os símbolos e as formas de expressão da consciência milenarista. O traço essencial do milenarismo é a tendência para se dissociar cada vez mais das suas imagens e dos seus símbolos» [Mannheim, 1929].

4. Escatologia e milenarismo no Ocidente medieval

A partir do século III as escatologias não sofreram quase nenhuns enriquecimentos (a própria escatologia muçulmana, como se viu, é tributária das escatologias judaica e cristã) mas, principalmente depois do ano 1000, a escatologia cristã, tal como a judaica, alimenta movimentos milenaristas. As duas religiões vão conhecer uma alternância ou uma simultaneidade de correntes, através da fundação de novas ordens religiosas (segundo a interpretação que Troeltsch nos dá no início do século XX).

Por exemplo, no século VIII, entre os Judeus, que conhecem uma literatura profética e apocalíptica quase ininterrupta [cf. Silver, 1927; Lods, 1949] o alfaiate iletrado Abu Isa de Isfahan, que se considerou o quinto e último mensageiro do Messias e o seu discípulo Yudphan Al-Raï preparam o movimento dos Caraítas, «os que aceitam a escritura», por oposição aos rabinistas, «os que acreditam na autoridade dos rabis».

Entre os cristãos do século I desenrolam-se controvérsias quer em torno da proximidade da *parusia* quer da universalidade da espera da salvação. Enquanto a comunidade cristã primitiva de Jerusalém se considera como um grupo messiânico no quadro do judaísmo, as comunidades helenísticas defendem que a esperança de salvação é, desde então, universal. A única modificação digna de nota na escatologia cristã oficial produz-se no século IV, com o reconhecimento do cristianismo por Constantino. Eusébio de Cesareia, na sua *História eclesiástica* [X, 4], considera que a vitória de Constantino é «a demonstração evidente do advento actual do reino escatológico de Deus no mundo». O monaquismo mantém, sem dúvida, uma certa presença escatológica na Igreja (S. Bernardo apresentará a vida do monge como uma *prophetica expectatio* – 'espera profética'), mas Santo Agostinho canalizará a espera escatológica condenando, sem apelo, o milenarismo, que considera uma fábula ridícula [*De civitate Dei*, XX, 7-13]; ao fazer da Igreja a encarnação da cidade de Deus, sociedade escatológica, face à cidade terrena, disputada por Cristo e Satã, faz de certo modo parar a história; Otão de Frising, no século XII, na sua *História das duas Cidades* tira esta conclusão do augustinismo.

Outro grande «fundador» da Idade Média, o papa Gregório Magno, irá despertar a febre escatológica, ao considerar próximo o fim do mundo, grande pensamento do seu pontificado, que anima a obra de conversão externa dos pagãos e de conversão interna dos cristãos [cf. Manselli, 1954]. No século VIII, o venerável Beda, na sua *Explanatio Apocalypsis,* defende, tal como Santo Agostinho, que o milénio começou com a encarnação.

A partir do ano 1000 aproximadamente desenvolvem-se movimentos milenaristas aparentemente sem uma base social precisa [cf. Cohn, 1957], embora lhes tenha sido dedicada uma interessante interpretação marxista [cf. Töpfer, 1964]. Muitas vezes concentraram a atenção sobre a vinda do Anticristo que deve preceder o milénio e que, mais do que o próprio milénio, adquiriu facilmente uma conotação política, através da oposição rei justo/ /rei tirano, que permite identificar o adversário com o Anticristo [cf. Bernheim, 1918; cf. também o ultrapassado trabalho de Wodstein, 1896, que tem o mérito de mostrar a nebulosa ideológica da escatologia cristã: Anticristo, milénio, fim do mundo, Juízo Final].

A melhor ilustração desta utilização política da apocalíptica foi o caso do imperador Frederico II, na primeira metade do século

XIII, considerado por uns o «imperador dos últimos dias» e, por outros (influenciados pelo seu inimigo mortal, o papado), o Anticristo. Personagem apocalíptica, herói lendário (segundo o mito do sonho do «Velho da Montanha», Frederico II teria entrado na cratera do Etna, à espera de regressar à Terra como Messias, enquanto, segundo outros, teria entrado para chegar ao Inferno), suscitou falsos «Frederico II» depois da sua morte, impostores ou visionários. Mas uma outra tradição, que influenciou mesmo Savonarola no fim do século XV, atribuiu o papel de imperador escatológico a um segundo Carlos Magno [cf. Folz, 1950]. A cruzada, preparada pelo mito da Jerusalém celeste, teve aspectos escatológicos essenciais [cf. Dupront, 1960]. A escatologia, não obstante, estava difundida entre o cristianismo grego.

Na Igreja existiu sempre uma corrente escatológica, desejosa de lhe dar um aspecto puramente espiritual, longe de qualquer compromisso secular [cf. Benz, 1934] e que assimilava, frequentemente, a Igreja romana com a Babilónia, a grande prostituta, a Besta do Apocalipse. Esta corrente encontrou o seu primeiro teórico em Joaquim da Flora, que fundou a Ordem de Flora e morreu em 1302. Na sua *Expositio in Apocalypsum* (1195) dividia a história da humanidade em três idades: a do Pai, a do Filho e a do Espírito Santo. Esta terceira idade, precedida de grandes perturbações e infelicidades, veria o advento do reino dos puros, isto é, dos monges sobre a Terra, que será governada segundo o Evangelho eterno. Os cálculos mais ou menos esotéricos de que as obras de Joaquim de Flora estão cheias levam-no a fixar a data do fim da segunda idade, e do advento da terceira, em 1260 [cf. Buonaiuti, 1931; Crocco, 1960; Reeves, 1969].

As ideias, cálculos e imagens de Joaquim de Flora exerceram considerável influência até ao século XIX, mas foram importantes sobretudo no século XIII, quando inspiraram uma parte da nova ordem franciscana, os Espirituais; Pietro de Giovanni Olivi, um dos seus mais eminentes representantes, sob a influência de Joaquim, escreve no fim do século XIII um comentário do *Apocalipse*, que atacava vivamente a Igreja de Roma e uma exposição das doutrinas escatológicas das quais procura, numa carta, persuadir o rei de Nápoles, Carlos II [cf. Manselli, 1955]. Alguns Espirituais que pertenciam a outras ordens mendicantes, como o padre augustiniano Agostino Trionfo (século XIV), consideravam S. Francisco de Assis uma personagem escatológica e comparavam-no com o anjo do sexto céu do *Apocalipse*. Muitos, religiosos e pessoas do povo, esperaram a grande data de 1260 e, passada esta sem perturbações, recomeçou a espera dos fanáticos do Apocalipse que, em vez de ficarem desiludidos, redobraram o proselitismo em torno da informação de uma espera da *parusia*, como o mostrou Festinger [1956].

Um movimento escatológico especialmente interessante – entre o milenarismo medieval e o messianismo da época moderna – foi o movimento animado por Savonarola, em Florença, de 1494 a 1498. Weinstein [1970] mostrou como, no fim do século XV, existiam duas correntes de espera escatológica: uma, optimista, que acreditava na proximidade do advento de uma idade de paz e de felicidade, depois das tribulações da grande peste e do grande cisma e de algumas provações finais, em especial uma batalha decisiva contra os Turcos (segundo Giovanni Nanni, de Viterbo, no seu *De futuris christianorum triumphis in Saracenos*, de 1480); outra, pessimista, que previa a iminência do castigo e o fim do mundo, que não deixava outra escolha senão um urgente arrependimento (segundo os dominicanos Manfredo da Vercelli e S. Vincenzo Ferreri).

Savonarola aderiu, num primeiro momento, à escatologia pessimista, pregando o arrependimento nos seus sermões da Quaresma em S. Gimignano, em 1486 e continuou nesta linha, influenciado pelo *Apocalipse de S. João*, em Brescia e outras cidades do Norte de Itália e, por fim, em Florença, a partir de 1490, onde foi prior do convento dos Dominicanos de S. Marcos. A partir de 1494, os seus pontos de vista escatológicos mudaram completamente, tendo-se tornado adepto da escatologia optimista, esperando a iminência, não do fim do mundo mas do milénio terreno. Ao mesmo tempo, comparava Florença com a nova Jerusalém deste milénio e, a seguir à restauração da república de 1494, que depôs os Médici, participa activamente nos acontecimentos políticos para estabelecer em Florença um governo de paz, baseado na estabilidade social, à imagem do governo veneziano e inspirado na política tomista. Nos seus sermões do Advento, entre Novembro e Dezembro de 1494 – predicados na Catedral de Santa Maria del Fiore, cujo tema era o livro do profeta Ageu, que tinha falado aos filhos de Israel, depois da sua libertação do cativeiro da Babilónia –, Savonarola, que perante o dilúvio da invasão francesa tinha pedido aos florentinos que se fechassem na arca, depois da partida do exército francês, em 28 de Novembro, declarou que a arca não era o refúgio dos arrependidos mas, como no tempo de Noé, o instrumento escolhido por Deus para uma grande renovação. «Segundo ele, o mundo entraria em breve numa quinta idade, que veria o aparecimento do Anticristo. Mas um cristianismo renovado sairia vitorioso e propagar-se-ia até ao Oriente. "Turcos e pagãos" seriam baptizados, passando a existir um só rebanho e um só pastor. Em todos estes acontecimentos, Florença desempenharia um papel decisivo: seria a nova Sião, o centro da reforma que ia ganhar toda a Itália, toda a cristandade e, por fim, todas as nações da Terra. Mas os florentinos deviam preparar-se através de uma *renovatio* temporal e espiritual para a tarefa que os esperava. Agora que tinham expulso o tirano, deviam instaurar um governo que velasse pelo bem comum e servisse a todos de modelo» [1970].

Em 1497, um dos partidários de Savonarola, Giovanni Nesi, publicava o seu *Oraculum de novo saeculo,* «no qual se misturavam o milenarismo cristão e o ocultismo hermético neopitagórico... Este Cristo reinava em Florença e a idade do ouro ia iniciar-se» [*ibid.*]. Savonarola, que explicita as suas ideias escatológicas nos *Sermões sobre o Apocalipse* (13 de Janeiro de 1495) e no *Compendium revelationum* (Verão 1495), chocou contra muitos interesses com a *renovatio,* em Florença e fora dela, a tal ponto que lhe criou inimigos poderosos, como o papa Alexandre VI Bórgia, que o proibiu de pregar e, como se sabe, Savonarola foi preso e o seu corpo queimado em 23 de Maio de 1498, na Piazza della Signoria, em Florença.

Weinstein considera que «na Florença de Savonarola se encontram todas as características do modelo milenarista, tal como os especialistas o definem: uma crise social, um chefe carismático, o mundo encarado como campo de batalha onde se defrontam as forças do Bem e do Mal, um povo eleito, a concepção de uma redenção final num Paraíso terrestre» [*ibid.*]. Quando, no final da obra, se interroga sobre se o movimento de Savonarola foi medieval ou moderno, conclui que, se as fontes ideológicas, sejam elas as ideias apocalípticas ou o mito urbano, pertencem à tradição medieval, o movimento foi um anúncio do que se passou mais tarde, nomeadamente sob influência da Reforma, pelas «tendências para o sectarismo, a piedade laica e o messianismo político» que nele se manifestam [*ibid.*].

O movimento de Savonarola traz, na minha opinião, duas importantes novidades à escatologia: em primeiro lugar, rompendo com o augustinismo (e regressando em certa medida à tradição de tipo judaico de uma nova Sião, identificada com uma cidade, senão com um povo), Savonarola quis mostrar que o milénio se podia instaurar num lugar que não pertencia aos lugares tradicionais do profetismo judaico-cristão: Jerusalém ou Roma; em segundo lugar, trata-se da primeira tentativa de realização efectiva de uma *utopia* político-religiosa (como talvez Arnaldo da Brescia e Cola di Rienzo tinham sonhado, num contexto muito diferente, para Roma); ao movimento de Savonarola faltou, no entanto, um carácter essencial da escatologia moderna, definido por Mannheim: a união do espírito revolucionário com o milenarismo. Nem a base social de Savonarola nem o seu programa político têm nada de revolucionário. Weinstein caracterizou excelentemente o «conservadorismo político» de Savonarola, que não foi nem um herói antiaristocrático e democrata (segundo alguns) nem o mero instrumento nas mãos de oligarcas (segundo outros). Numa perspectiva milenarista, que teria podido ser a de uma sociedade sem classes, foi simplesmente um defensor da «paz universal», de uma concórdia harmoniosa entre os cidadãos de uma sociedade hierarquizada em termos mais justos [*ibid.*].

5. *A escatologia cristã (católica, reformada e ortodoxa) na Idade Moderna (séculos XVI-XIX)*

Penso, com Mannheim, que o encontro do milenarismo com a revolução foi uma grande viragem da escatologia cristã. Citemos a célebre página em que Mannheim exprimiu esta ideia: «A viragem decisiva da história moderna foi, do ponto de vista que nos interessa, o momento em que o milénio uniu as suas forças com as exigências das camadas sociais oprimidas. A própria ideia do advento de um reino milenário na Terra conteve sempre uma tendência revolucionária e a Igreja desenvolveu todos os esforços para paralisar esta ideia transcendente, usando todos os meios ao seu alcance. Estas doutrinas, que renascem intermitentemente, reapareceram, entre outros, em Joaquim da Flora, mas no seu caso foram consideradas revolucionárias. No entanto, nos Hussitas, depois em Thomas Münzer e nos anabaptistas, transformaram-se em movimentos activos de algumas camadas sociais específicas. Nas aspirações até então desprovidas de um fim específico ou concentradas em objectivos do outro mundo, sentimos uma tónica temporal. Eram realizadas *hic et nunc* e penetravam no comportamento social com extraordinário vigor». [1929].

Thomas Münzer, padre católico que aderiu à Reforma, separou-se de Lutero em quem via a Besta do Apocalipse e tornou--se um dos chefes do grande levantamento de camponeses alemães, em 1525, misturando a pregação do «reino de Deus» com reivindicações agrárias; foi vencido por uma coligação da nobreza católica e protestante e assassinado [cf. Bloch, 1921].

Entre os anabaptistas, a experiência milenarista mais avançada foi a que fez da cidade alemã de Münster (monastério) a nova Jerusalém, em 1534/35. O inspirador foi Melchior Hoffmann, que esperou em vão instaurar em Estrasburgo a «Restituição», castigo universal que devia preceder o aparecimento da terceira e última idade da história da humanidade, em que a justiça reinaria, num novo Céu e numa nova Terra. Em contrapartida, os seus discípulos, o padeiro holandês Jean Matthyssen e Jan Bokelszoon (João de Leida, que foi proclamado «rei do Sião») instauraram em Münster um governo milenarista que, com processos autoritários e sanguinários, esperando a união dos 144 000 eleitos do Apocalipse, transformou a cidade num grande mosteiro misto, onde vigorava a comunhão de bens e mulheres de acordo com as leis do Antigo Testamento. O movimento foi liquidado em 1535, com a mesma ferocidade usada, em 1525, no confronto do movimento dos camponeses e o de Thomas Münzer.

O aparecimento da Reforma trouxe uma certa clarificação das atitudes escatológicas cristãs. A Igreja católica tinha tendência, dentro da linha augustiniana, para combater o milenarismo, para afastar as contradições da interpretação do *Apocalipse*, ignorar a perspectiva do fim dos tempos e reduzir a escatologia à doutrina e à espiritualidade. Foi de capital importância nestes debates a acção do grande polemista da Contra-Reforma, o cardeal Belarmino. Teve como principal opositor o presbítero inglês Thomas Brightman, que escreveu um *Apocalipse do Apocalipse*, no qual Lutero era considerado o terceiro anjo do *Apocalipse* e que revelava uma visão optimista da segunda ressurreição, que deveria trazer a felicidade a numa nova Terra.

As igrejas saídas da Reforma punham, pelo contrário, a escatologia bíblica em lugar de destaque, tanto por razões polémicas (o papado e a Igreja romana são a Besta, a grande prostituta da Babilónia) como por motivos espirituais: a espera do milénio e do juízo deve desempenhar um papel importante na piedade dos crentes. Lutero serve-se dos textos escatológicos da Bíblia (sobretudo *Daniel* e *II Tessalonicenses* de S. Paulo) para identificar o papa e o Turco com o Anticristo. Na análise do *Apocalipse de S. João* manifesta, por vezes, algumas reticências (no primeiro dos dois prefácios que escreveu, em 1522, declara que este livro não lhe parece «nem apostólico nem profético» e que, em última análise, da escatologia apenas conserva a espera do Dia do Juízo e a crença na sua proximidade [cf. Birbaum, 1958].

A escatologia está presente na maior parte das seitas protestantes e em particular nas que mantêm, sob diversas formas, o milenarismo igualitário de Thomas Münzer ou o anabaptismo da cidade de Münster, tal como os *levellers* ingleses, ala esquerda da revolução inglesa do século XVII, que identificavam a revolução social com a implantação do reino de Deus na Terra; ou como Gerrard Winstanley (da mesma época) e os seus *diggers*, que preconizaram a espera do reino de Deus, já não no Além, mas num aquém imediato: «Os vossos falsos guias põem nas vossas cabeças a ideia de um Além celestial distraindo-vos, enquanto vos metem as mãos na bolsa... O reino dos céus mais não será que a própria Terra, tornada propriedade (*common treasury*) de todos os homens» [citado *in* Desroche, 1969. Daí o seu programa de ocupação fundiária para restabelecer a antiga comunidade de partilha dos frutos da terra.

Quer o catolicismo quer o protestantismo conheceram desenvolvimentos extraordinários das doutrinas escatológicas no quadro das grandes descobertas e do Novo Mundo americano. Na maioria dos casos, o encontro dos europeus com os índios desempenhou um papel importante nestes movimentos, em que o fenómeno de aculturação foi essencial. Foram estudados principalmente do ponto de vista dos europeus, mas Wachtel [1971] soube reconstituir *A visão dos vencidos*, estudo que constitui o quadro indispensável para a compreensão deste fenómeno na América Latina.

A América é o terreno privilegiado da Igreja católica. O exemplo vinha do alto e de longe. No seu *Livro das Profecias*, Cristóvão Colombo lembra que o fim do mundo deve ser precedido da evangelização de toda a humanidade e que a descoberta do Novo Mundo tinha alcance escatológico. Atribui a si próprio um papel apocalíptico: mensageiro de um «novo Céu e de uma nova Terra».

Destas concepções milenaristas do catolicismo na América Latina pode-se tomar como exemplo a actividade no México e as obras do missionário Jeronimo de Mendieta. Imbuído das velhas teorias de Joaquim da Flora e dos Espirituais, Mendieta pensava que os frades e os índios podiam criar na América o reino dos puros, baseado num ascetismo rigoroso e no fervor místico. Os índios constituíam uma nação angélica (*genus angelicum*) e, com eles, os frades podiam construir no Novo Mundo o reino do espírito, que devia preparar o fim do mundo. Com Carlos V e o cardeal Cisneiros, Mendieta pensava que se realizaria o sonho de uma idade do ouro americana; mas a burocracia espanhola de Filipe II pôs fim a essa crença e Mendieta pensou que o ciclo de espera recomeçava, sendo o reinado de Filipe II uma idade da prata: a Jerusalém índia tinha caído e sofrido a dupla provação do domínio espanhol e das epidemias – conhecia o seu cativeiro da Babilónia. No fim da sua *Historia de los Indios de la Nueva España* (1596), Mendieta declara que, ao contrário de acabar o seu livro com salmos de louvor, deve chorar e evocar o *Salmo 89* de Jeremias e a destruição da cidade de Jerusalém [cf. Phelan, 1956].

A norte do México, na América setentrional, espalha-se a ideia, por influência protestante, de que o seu povoamento constituía o retorno ao Paraíso terrestre e de que era necessário construir a nova Jerusalém, o que está na origem da força do mito do progresso e do culto da novidade e da juventude no *american way of life* e da irreverência americana perante a tradição e a história, assim como da «nostalgia adâmica» de «muitos escritores americanos» [Eliade, 1969; cf., também, Sanford, 1961; Williams, 1962, Niebuhr, 1937; Lewis, 1955].

No entanto, no leste europeu, ao lado dos messianismos, sempre presentes e renascentes nas comunidades hebraicas, manifestaram-se profundos movimentos messiânicos entre os ortodoxos eslavos, especialmente os russos. A maior parte destes movimentos situa-se no seio da grande dissidência religiosa do *raskol*, nos séculos XVII e XVIII, quando a maioria dos «velhos crentes» denuncia a Igreja oficial, acusando-a de se ter tornado na Igreja do Anticristo, e anunciam o iminente fim do mundo, enquanto, entre 1660 e 1770, se verifica uma autêntica epidemia de suicídios colectivos (sobretudo pelo fogo). Muitos hesitavam entre um czar-Anticristo e um czar *redi vivus*: czar-Messias [cf. Pascal, 1938; Zenkowsky, 1957]. Sob o impulso do *raskol* este messianismo alastrou, como uma mancha de óleo, no Oriente.

O século XVIII, século do Iluminismo, encontrou um lugar marginal, mas significativo, para ideias e movimentos animados em geral por místicos laicos, que juntavam o esoterismo (com pretensões mais ou menos científicas) ao pensamento escatológico. É o caso de Lavater e De Messe, que esperavam o regresso de S. João, que deveria inaugurar o milénio, e do sueco Swedenborg que, também ele, anunciou a *Nova Jerusalém* (título de uma das suas obras) e foi considerado por alguns como o João Baptista da nova vida.

Finalmente, o século XIX misturou escatologia, nacionalismo e romantismo e, conforme os casos, tradicionalismo ou socialismo, com utopias milenaristas. A título de exemplo, desses messianismos do século XIX recorde-se, por um lado, o milenarismo polaco e, por outro, a corrente tradicionalista francesa. O mais célebre milenarista polaco foi o poeta e patriota Adam Mickiewicz – influenciado primeiro por Swedenborg e por Saint-Martin – que via na Revolução Francesa um fenómeno pré-milenarista e, depois, pelo seu compatriota Towianski, que encontrou em 1841, no seu exílio em Paris. Mickiewicz foi sobretudo o porta--voz de Towianski na obra *L'église officielle et le messianisme* [1842/43] e nos seus cursos no Colégio de França.

Towianski interpreta a história como a manifestação da «Grande Obra de Deus». Até então, ou seja até à sua época, só individualmente os homens conseguiram participar na «Grande Obra». Daqui em diante essa participação será um facto para as nações e povos que, libertados por Napoleão, poderão trabalhar no próximo aparecimento de uma Igreja renovada. Neste «concerto», três nações desempenham um papel de primeiro plano: os Judeus, os Franceses e os Eslavos, entre os quais os Polacos que, por maior que seja o patriotismo do exilado Towianski, apenas tocam uma «pequena melodia». Towianski apresentava-se a si próprio como o primeiro dos sete mensageiros do *Apocalipse*. Em contrapartida, Mickiewicz atribuía uma importância muito maior à nação polaca no seu *Livre de la nation polonaise et de son pélerinage* (1832): «A nação polaca não está morta para sempre. Ao terceiro dia ressuscitará e libertará da servidão todos os povos da Europa... E já dois dias são passados... e o terceiro dia virá, mas não acabará... Tal como com a ressurreição de Cristo, cessaram em toda a Terra os sacrifícios sangrentos, também com a ressurreição da nação polaca acabarão as guerras na cristandade» [citado *in* Desroche, 1969].

A corrente escatológica tradicionalista francesa tem, em grande parte, origem numa personagem curiosa, Vintras, de moral duvidosa, defensor de um pseudo-Luís XVII (chamado Naundorf). A partir de 1839, aparece-lhe diversas vezes S. José, «que lhe dá a missão de anunciar o reino do Espírito Santo, onde reina o amor, a renovação da Igreja e a vinda conjunta de um santo pontífice e de um forte monarca» [citado *ibid*.]. Obrigado a abandonar a França em 1852, Vintras fundou em Londres um santuário (*chapelle éliaque*) e escreveu uma grande obra sobre o «evangelho eterno». Teve numerosos discípulos, através dos quais influenciou três dos maiores escritores tradicionalistas franceses do fim do século XIX: Barrès, Huysman e, principalmente, Bloy que, durante toda a vida, esperou (e profetizou) o ἔσχατον («Espero os cossacos e o Espírito Santo») e que identificou o Paracleto com Lúcifer [*ibid*.].

6. A renovação escatológica contemporânea

Desde fim do século XIX que se verificou nas religiões – e até fora delas – uma grande renovação escatológica, da qual se pode afirmar que, em linhas gerais, parece estar ligada à aceleração da história no mundo.

Nos países desenvolvidos, a Revolução Industrial, o salto tecnológico e a descristianização levaram as igrejas, as seitas e os indivíduos a reinterrogarem-se sobre o sentido da história e sobre a componente escatológica religiosa; nos países primeiro colonizados e, depois descolonizados, o encontro entre civilizações deu origem a um extraordinário florescimento milenarista e messiânico. As ideologias revolucionárias, incluindo as que se consideram fundamentadas nas bases mais científicas, integram com maior ou menor consciência elementos escatológicos, isto é, apocalípticos. Finalmente, a era atómica suscitou, em grande parte da humanidade, uma angústia e uma mentalidade apocalípticas no sentido vulgar do termo, ou seja, catastróficas.

A laicização da escatologia é talvez a primeira e a mais inovadora das metamorfoses da escatologia. Na linha de certos milenarismos igualitários – de Thomas Münzer às seitas inglesas – mas fora de qualquer referência religiosa explícita, no quadro de um materialismo histórico ateu, apresentado como rejuvenescimento científico, o marxismo, pela sua teoria da revolução e pela sua marcha inevitável para uma sociedade sem classes, constitui uma teoria escatológica. Ainda aqui, em luta com a realidade terrena, o aparecimento de uma sociedade ideal, dado primeiro como próximo, recua pouco a pouco no futuro, a tal ponto que o grupo portador da potencialidade escatológica – neste caso a classe operária – vê o seu papel esboroar-se tanto na prática como na teoria. Mannheim [1929] já o tinha destacado: «Fica evidente que muitos elementos que constituíam a atitude milenarista encontraram nova forma e refúgio no sindicalismo e no bolchevismo e foram, deste modo, absorvidos e incorporados na actividade destes movimentos. Deste modo, o bolchevismo assumiu a função de acelerar e catalisar, mas não de divinizar a acção revolucionária».

Desde Joaquim da Flora a Hegel e ao marxismo, as influências parecem ter sido contínuas e directas, como foi sugerido por Taubes [1947]. O anarquismo e, de certo modo, o «anarquismo radical», tal como Mannheim se apercebeu [1929], com a sua espera da Grande Noite (equivalente ao Grande Dia ou ao Dia do Senhor,) e com o seu ideal de uma sociedade sem burocracia e sem governo, é «a forma relativamente mais pura da mentalidade milenarista moderna» [*ibid.*].

Nestas concepções revolucionárias deve-se sublinhar um rejuvenescimento de perspectivas: a idade do ouro que a humanidade julgava ter deixado para trás, está agora perante nós. Mas, apesar da importância das ideias milenaristas que concebem o milénio como um regresso ao Paraíso original, a definição de uma sociedade «nova» em sentido escatológico, situada num futuro que é também novo (e não renascido) é – como se viu – uma ideia antiga. Sob este e outros aspectos, o marxismo situa-se na tradição ocidental e judaico-cristã de um tempo linear, de um progresso irreversível da história.

O sionismo foi, pelo seu lado, marcado por certas influências messiânicas judaicas («A própria vida de Theodor Herzl, o fundador do sionismo mundial, não está isenta de uma certa infiltração messiânica. E, ainda hoje, a David Ben Gurion agrada recordar como a restauração do Estado judaico se liga à tradição de Bar Kokba» [Desroche, 1969]), enquanto certas seitas judaicas se recusam a ver no Estado de Israel a realização da promessa e continuam à espera do Messias. No mundo muçulmano, também o século XIX assistiu à multiplicação destas personagens político--religiosas, os Madis, que se erguiam contra a ordem estabelecida e contra os ocupantes estrangeiros. Outras sociedades da antiga civilização, como por exemplo a China, viram também nascer e desenvolver-se movimentos de tipo milenarista [cf. Chesneaux e Boardman, 1962].

Mas a espera escatológica exprimiu-se acima de tudo através dos milenarismos melanésios da Oceânia e negros da África e da América, ligados ao colonialismo e à opressão dos brancos; forçados, para o melhor e para o pior, a esforços de aculturação com todas as formas de cristianismo, confundindo, até ao cúmulo da ambiguidade, os aspectos sociais, políticos e religiosos; envolvidos nas peripécias da colonização e da descolonização [cf. Guariglia, 1959; Lanternari, 1960; Mühlmann, 1961].

No contexto das Igrejas católica e reformada, a escatologia conheceu, no século XX, uma grande recrudescência de actualidade, principalmente nos protestantes. Enquanto entre os católicos havia sobretudo uma afirmação da posição ortodoxa da Igreja, consolidada desde S. Paulo e Santo Agostinho, para os quais a escatologia, desde a encarnação, é já «uma escatologia começada» [Daniélou, 1953] e conduzida pela Igreja que é, ela própria, uma comunidade escatológica, as posições protestantes são mais diversificadas. Para Schweitzer [1929] e a sua escola – teóricos da «escatologia consequente» – o fim dos tempos, unicamente situado no futuro, deve realizar-se numa catástrofe iminente. Para outros, a escatologia deve ser considerada «atemporal» ou «supratemporal». Barth, por exemplo, considera que a escatologia realizada em Cristo ainda não entrou na vida dos homens e que a eternidade se mantém extrínseca ao tempo. A «escatologia desmitizada» de Bultmann [1957], que sofreu grande influência da filosofia existencial de Heidegger, ao procurar fora do tempo e da história o sentido do «mito» da história da salvação, faz ressaltar, mais radicalmente ainda, a escatologia do tempo e da história.

Dodd e Cullmann revelam maior proximidade com as posições católicas. Para o teólogo anglicano Dodd [1935; 1936], que tinha começado por propor, para a sua concepção, a expressão «escatologia realizada», a escatologia foi definitivamente iniciada durante o ministério de Jesus e a escatologia de Jesus não se liga ao futuro, mas ao presente. Cullmann [1946; 1965], considerado um teórico da «escatologia antecipada», afirma que Jesus começou a cumprir o futuro «antes do tempo» [*Mateus*, 8, 29], mas que este futuro é ainda objecto de uma espera. A encarnação é o centro da história da salvação, mas o seu fim ainda não chegou. Insiste sobretudo no seguinte facto essencial: se a religião judaica-cristã efectuou, em relação às concepções helénicas, uma mudança fundamental, ao substituir o tempo cíclico pelo tempo linear e ao dar um sentido à história, o Novo Testamento cumpriu, por sua vez, uma inversão de perspectiva em relação ao judaísmo antigo, já não situando o centro do tempo no futuro, mas no passado.

Por fim, na segunda metade do século XX, o medo suscitado pelas armas atómicas e diversas componentes dos movimentos ecológicos e esquerdistas espalharam dois sentimentos difusos na grande corrente escatológica tradicional: por um lado, a angustiante espera de um fim catastrófico, colocado, a torto e a direito, sob o estandarte apocalíptico; por outro, o desejo do regresso a um Paraíso natural. É a generalização latente de uma espera escatológica, num clima de vaga religiosidade e/ou de pseudociência [cf. Roszak, 1969]. Esta situação pode todavia constituir também um elemento suplementar para o recrutamento de seitas explicitamente escatológicas, na linha dos movimentos milenaristas da «restituição», dos quais os dois mais significativos são, sem dúvida, os Adventistas do Sétimo Dia e as Testemunhas de Jeová, que são vários milhões em todo o mundo.

7. Conclusão. Escatologia e história

Estão em causa três séries de fenómenos essenciais, como se compreendeu através destes textos e destes movimentos, por vezes estranhos aos olhos da ciência racionalista: as atitudes no confronto do tempo e da história, os mecanismos profundos na evolução das sociedades, o papel das mentalidades e dos sentimentos colectivos na história.

Ainda neste aspecto, Mannheim [1929] esclareceu o problema ao ligar teoria e mentalidade, escatologia (ou utopia), estruturas sociais e contexto histórico: «A estrutura interior da mentalidade de um grupo nunca pode ser apreendida tão claramente como quando nos esforçamos por compreender a sua concepção de tempo, à luz das suas esperanças, aspirações e desígnios. Na base desta aspiração e espera, uma dada mentalidade não ordena apenas os acontecimentos futuros, mas também os passados. Os acontecimentos que, à primeira vista, se apresentam como simples acumulação cronológica, adquirem, deste ponto de vista, o carácter do destino».

ESCATOLOGIA

Nesta fecunda perspectiva, insistiu-se com razão na originalidade da escatologia judaico-cristã que, dando à história não só uma origem mas também um fim (entendido no sentido teleológico) e, no caso do cristianismo, um centro (a encarnação), conferiu verdadeiro sentido à história. Mas o que é apresentado como um princípio de organização do mundo, instrumento de domínio do tempo, foi talvez sobrevalorizado. Em primeiro lugar, porque a escatologia do eterno retorno e da eternidade dão também um sentido à história e as escatologias do tempo condutor não têm o monopólio da lógica da história. Em seguida, porque as teorias e as práticas de um tempo linear e orientado puderam não só tornar ilegíveis certas evoluções históricas, mas também submeter algumas sociedades a uma opressão bárbara, lá onde os incensadores de um progresso explícita ou implicitamente escatológico, viam um instrumento de liberalização. Além disso – de um ponto de vista histórico e científico – subestima-se frequentemente, no próprio interior do judaísmo e do cristianismo, as pulsões que levavam a maior parte das sociedades a representar o futuro (em termos mais ou menos camuflados) tendo por modelo o passado e o fim como uma reprodução das origens. Seria conveniente interrogarem-se mais sobre uma certa impotência da humanidade para pensar verdadeiramente o futuro, mesmo junto daqueles que estudam a nova ciência da futurologia. No íntimo destes «desejos dominantes», de que fala Mannheim, não haverá (segundo o modelo das pulsões individuais reveladas pela psicanálise) um desejo de voltar à matriz original? [cf. Gunkel, 1895; Leeuw, 1950].

O lugar que a revolução ocupa numa história finalizada é outro problema fundamental levantado pela escatologia. Parece-me um duplo problema. Por um lado, a presença inelutável de uma intervenção transcendente nesta história, qualquer que seja o nome ou a forma que esssa referência assume no curso da história (Dia do Senhor, Grande Dia ou qualquer outra expressão que designe um *novum* extraordinário, feliz ou desastroso), não traduz forçosamente a impotência (sob formas religiosas ou laicas) dos homens para pensarem uma história, cujo fim se atingiria sem ruptura, ou seja, a revolução. É neste sentido profundo que os cristãos podem ver na encarnação um fenómeno revolucionário. Por outro lado, este encontro entre a ideia escatológica e a ideia revolucionária não obrigará a perscrutar melhor (e desta vez não tanto na teoria, quanto mais na realidade histórica) a maneira como, para retomar uma expressão de Mannheim, «estas quimeras que adoptam uma função revolucionária» puderam agir assim na evolução histórica. Se rejeitarmos os credos religiosos, então nem as explicações idealistas nem o simplismo marxista das relações entre infra e superstrutura conseguem esclarecer esta desconcertante realidade.

Finalmente, para o historiador, o estudo das escatologias torna mais urgente a tarefa de distinguir entre História e história, entre devir histórico e ciência histórica. No seu domínio próprio, o de uma inteligibilidade científica da evolução das sociedades, o conceito de escatologia e os fenómenos escatológicos convidam o historiador a alargar mais as investigações a novas problemáticas históricas e a analisar esta parte ainda largamente virgem, ou mal começada a decifrar, do domínio das mentalidades e dos sentimentos envolvidos por este conceito e estes fenómenos.

A reflexão sobre o tempo histórico está inacabada. Ela deve apelar mais fortemente para os métodos e os resultados da história das religiões e da antropologia. Um historiador do budismo, que estudou a escatologia dessa religião, distingue três modos do pensamento e do estado da consciência do homem no confronto com o tempo: a ausência do tempo como fonte da religião, o conceito do Grande Tempo como fonte do mito, o tempo profano como fonte da razão [cf. Wayman, 1969]. Quanto vale para um historiador esta distinção aplicada a realidades históricas precisas?

Em sentido lato – por vezes demasiado lato –, escatologia e apocalíptica são considerados como sinónimos de angústia, de medo. Mas que sabemos nós do medo na história? Alguns estudiosos americanos travaram uma discussão sobre a proximidade de uma psicologia cataclísmica. No âmbito da história, Deleneau está a desbravar uma parte do campo através da noção que o cristianismo tem do medo. Mas resta muito para fazer.

O mais importante seria sem dúvida recolocar no interior de sérias análises históricas os sentimentos que foram considerados como a mola psicológica da escatologia. Sem querer negar a importância e o interesse da noção de salvação, considero-a no entanto demasiado vaga, demasiado polivalente, para que possa fornecer uma base sólida ao estudo das mentalidades escatológicas. Os desejos de justiça e renovação parecem-me mais fundamentais. Nessa história dos sentimentos, lançada por Lucien Febvre, quantos temas interessantes de investigação!

E, principalmente, o tema da espera. O historiador que se lançar nesta pista poderá – como bem o sublinhou Henri Desroche [1969] – encontrar um ponto de partida e uma garantia de escolha, nas reflexões de um dos grandes mestres da interdisciplinaridade actual das ciências humanas: Marcel Mauss. Numa comunicação feita à Société Française de Psychologie, em 10 de Janeiro de 1924, afirmava: «Permitam-me assinalar um fenómeno, em relação ao qual precisamos dos vossos conhecimentos, cujo estudo é da maior urgência para nós e que supõe a totalidade do homem... a espera.

«Entre os fenómenos da sociologia, a espera é um dos que estão mais próximos do psíquico e do fisiológico em simultâneo, e é, ao mesmo tempo, um dos mais frequentes...

«A espera, enfim, é um desses factos em que a emoção, a percepção e, com maior rigor, o movimento e o estado do corpo condicionam directamente o estado social e são condicionados por ele... a tripla consideração do corpo, do espírito e do meio social não deverá jamais ser dissociada ...» [1924].

Graças a uma nova consideração sobre a escatologia na história, a *espera*, e a sua variante religiosa, a *esperança*, pode tornar-se um dos temas mais interessantes de história geral, para os historiadores contemporâneos e futuros.

DECADÊNCIA

1. Um conceito confuso

O conceito de decadência é dos mais confusos aplicados no domínio da história. Em primeiro lugar, a evolução da terminologia histórica (sobre a qual não existem estudos avalizados) é difícil de seguir. Limitando-nos apenas ao Ocidente, parece não ter existido, nem em grego nem em latim, um termo sinónimo daquele que significará a palavra decadência, embora se concorde em atribuir a invenção deste conceito aos historiadores e aos pensadores da antiguidade greco-romana. Além disso, para exprimir uma ideia análoga, os Gregos e os Romanos recorriam com mais frequência a formas gramaticais concretas (verbos, particípios) do que a termos abstractos. Por exemplo, Tito Lívio escreve no prefácio à sua «História de Roma»: «Labente *deinde paulatim disciplina velut desidentes primo mores sequatur animo, deinde ut magis magisque* lapsi sint, *tum ire coeperint* praecipites, *donec ad haec tempora, quibus nec vitia nostra nec remedia pati possumus perventum est»* («Decaindo pouco a pouco a disciplina moral, os costumes foram-se relaxando, depois decaíram cada vez mais e, finalmente, quase à beira do abismo, chegamos aos nossos dias incapazes já de suportar nem os vícios nem os remédios»). A «decadência» dos costumes romanos exprime-se aqui por um movimento de *deslize (labente)*, seguido de *queda (lapsi)* e finalmente de *aniquilamento (praecipites)*. Os termos latinos que estão mais próximos da ideia de decadência são muito concretos: *labes* e *ruína* – 'queda' e 'ruína'. A palavra 'decadência' terá surgido na Idade Média sob a forma latina *decadentia* em condições ainda pouco esclarecidas. Como Starn [1975] e Burke [1976] demonstraram, entre os séculos XV e XVIII, o campo semântico da ideia de decadência foi ocupado por toda uma série de termos mais ou menos semelhantes, em obras escritas num latim entremeado de elementos antigos, medievais e humanistas: *declinatio* e *inclinatio*, sinónimos de declínio e de tendência; *decadentia*, *lapsus* e *vacillatio*, que invocam a instabilidade ou queda; *eversio* ou *conversio*, com o sentido de mudança, assumindo uma tonalidade pejorativa com *perversio* ou *subversio*, e ainda, no sentido de corrupção moral, a *corruptio*. No latim clássico *inclinatio* é o termo que parece prevalecer: em Cícero e em Salústio encontramos a expressão *inclinata res publica* 'o declínio do Estado'.

Enquanto o termo 'decadência', a partir do Renascimento, é usado com sucesso em francês e italiano (*decadence, decadenza*, apesar da relativa concorrência de *déclin* e de *tramonto*), em inglês prevalece o termo *decline*, mais ou menos equivalente, e o alemão parece hesitar entre vários termos parecidos, dos quais se destacam *Verfall* e *Untergang*. Este último termo ('ocaso') evoca uma segunda confusão: o sistema metafísico de referência, consciente ou inconsciente, para que a palavra e a ideia reenviam. Hesita-se entre dois tipos de sistemas «naturais»: o sistema biológico dos seres vivos (e a ideia de decadência ligar-se-á à de envelhecimento e de morte) ou o sistema astronómico do Universo (e a decadência evocará o declínio, o pôr-do-Sol ou a «decadência» do ano, o Outono. Huizinga deu à sua obra sobre o fim da Idade Média o título significativo de *O Outono da Idade Média* [1919] que, na primeira tradução francesa, com inexactidão não menos significativa, se intitulava *Le déclin du Moyen Age* e na tradução inglesa, de expressão ainda mais nebulosa, se chamava *The Waning of the Middle Ages*). Outra fonte e sinal de confusão: o conceito de decadência nem sempre ocupa o mesmo lugar, nem tem o mesmo significado no interior de um sistema e nem sempre se opõe às mesmas palavras (e correspondentes ideias).

Na Antiguidade, em que o sentimento e a ideia de progresso são praticamente inesistentes, o conceito de decadência não tem conceitos que lhe façam verdadeiro contraponto mas, numa perspectiva religiosa que pode, em várias épocas do Império Romano, transformar-se, por exemplo, em base e inspiração de um programa político, a ideia de *renovatio* aparece por vezes como antídoto de ruína.

DECADÊNCIA

Na Idade Média, a ideia de *decadentia* assume nitidamente uma tónica religiosa, especificamente cristã ou cristianizada. A esta ideia opõe-se principalmente a de *reformatio* (ou de *correctio*) que pode ser aplicada tanto à sociedade laica como à sociedade religiosa. A partir do século XIII, a Reforma é a palavra de ordem usada pelos príncipes e pela Igreja. Inspira, por exemplo, a instituição de inquisidores e reformadores reais, na França de S. Luís e de Filipe, *o Belo*. Regularmente está na ordem do dia dos concílios. Contudo, a *reformatio* visa, principalmente, a correcção dos abusos. A ideia de proceder a uma *renovatio* da Igreja ou do mundo, para impedir a decadência da sociedade cristã, é herética ou para-herética. É esta ideia que anima, por exemplo, Joaquim da Flora e todos os seus herdeiros espirituais da Baixa Idade Média, que fazem suceder uma idade de perfeição à decadência catastrófica que reinará sob o primeiro Anticristo.

O termo 'decadência', contrariamente ao que alguns, como Barbagallo [1924], afirmaram, nunca se opôs directamente a 'progresso' quando o conceito surgiu na época do Iluminismo; decadência situou-se sempre numa leitura vertical da história, de cima para baixo, enquanto o progresso se situa numa leitura horizontal, orientada para a frente. Certamente que o conceito de um progresso linear parece excluir o recurso à ideia de decadência, aparentemente retirada do campo da história e Oswald Spengler, o maior teórico da decadência, em *O Declínio do Ocidente* [1918--1922], fez do postulado da não-continuidade, o princípio orientador da sua concepção da história. Contudo, o conceito de decadência pode encontrar lugar – e encontrou-o na Idade Moderna –, quer entre os conceitos de ruína e morte dos conjuntos históricos (por exemplo, em Paul Valéry: «Nós, as civilizações, sabemos que somos mortais») quer nas teorias que dão um lugar essencial à *involução* (a teoria dos *renascimentos*; o sistema de Vico, que, aliás, não utiliza o conceito de decadência propriamente dito; a concepção de Adams, expressa na sua correspondência em *The Law of Civilisation and Decay* (1893]; etc.); e ainda no pensamento dos ideólogos do progresso dialéctico da história (Marx e, sobretudo, Lukács).

Por fim, a última confusão – mas não a menos grave – é a tendência dos que utilizam este conceito para misturar as ideias e mentalidades históricas do passado com a análise «objectiva» dos períodos a que foi aplicado o próprio conceito ou, inversamente, a tendência para considerar uma só destas duas perspectivas; o que leva a fazer uma história das ideias e das mentalidades, isolada do sistema global, no interior do qual o conceito funcionava ou a mutilar a história da consciência que dela tinham os homens do passado. Por isso, é de assinalar devidamente uma reflexão como a efectuada por alguns historiadores que em 1964, em Los Angeles, em torno de White [1966], colocaram uma tripla interrogação: por que razão Gibbon, no século XVIII, falou de «decadência e queda» do mundo romano? Os homens (neste caso, os intelectuais) do Baixo Império e da Alta Idade Média estariam conscientes que viviam numa época de decadência? Pensarão os historiadores da segunda metade do século XX que o conceito de decadência reflecte o que se passou na área do Mediterrâneo entre os séculos III e VII?

Resta dizer que, na medida em que o conceito de decadência foi um instrumento de leitura da história, se impõe a necessidade de o estudar.

Enfim, o uso do termo 'decadência' tornou-se numa banalidade da linguagem corrente e do vocabulário dos historadores (embora o estudo quantitativo e qualitativo destes automatismos verbais pudesse ser interessante, está deslocado neste capítulo); limitar-nos-emos a evocar algumas teorias e movimentos significativos de que se fez um uso sistemático. Na realidade, o termo pertence em primeiro lugar à filosofia tradicional da história, à *Geistesgeschichte*, e por isso é uma razão suplementar que suscita a desconfiança de muitos historiadores.

2. Decadência na perspectiva da ideologia histórica ocidental, da Antiguidade ao século XVIII

2. 1. A Antiguidade

Os historiadores e pensadores, tal como a consciência colectiva do mundo greco-romano, estão impregnados de uma ideia difusa de degeneração do mundo e, em especial, das sociedades em que vivem. Este sentimento exprime-se em três direcções principais. A primeira deriva de uma cosmogonia que tem a sua mais antiga e brilhante expressão no poema de Hesíodo, *Os trabalhos e os dias* (segunda metade do século VII a.C.). A deterioração da condição humana é explicada por Hesíodo através de dois mitos: o mito de Pandora e o mito das raças. A provocação de Prometeu ao desafiar Zeus, roubando-lhe o fogo, arrasta consigo a vingança do deus que envia aos homens a sua criatura Pandora, portadora de dons maléficos que fazem desaparecer a idade do ouro original. «Dantes, a raça humana vivia sobre a Terra ao abrigo do sofrimento, do penoso trabalho, das doenças terríveis que trazem a morte aos homens. Mas a mulher, tirando com as suas mãos a grande tampa da vasilha, dispersou-os pelo mundo e preparou tristes preocupações para os homens» (vv. 90-95).

Zeus criou então cinco raças sucessivas de homens, representando cada uma delas um retrocesso em relação à precedente. Os homens da idade do ouro não conheciam trabalho, nem sofrimento, nem velhice, e morriam durante o sono. A raça argêntea que sucede à áurea, inferior no corpo e na inteligência, depois de uma juventude de cem anos, entregou-se a excessos e sofreu – Zeus sepultou-a. Sucedeu-lhe uma raça de bronze, dura e guerreira, de homens que se matam entre si, e que desce, por sua vez, ao interior da Terra. Zeus imaginou então um intervalo, uma quarta raça, mais justa e corajosa, a raça dos heróis e semideuses, mas a maioria destes heróis pereceu diante de Tebas ou de Tróia, enquanto os outros se fixaram nos confins da Terra, longe dos homens, nas ilhas dos Beatos. Por fim, os homens de uma quinta raça, a do ferro, a que pertence Hesíodo, não cessa de sentir fadigas, miséria e angústia, tendo, no entanto, «algum bem misturado aos seus males». Virá ainda uma sexta raça em que os homens, ao nascer, serão já velhos; só conhecerão o triste sofrimento e não terão defesa contra o mal. Convém, porém, notar que o pessimismo de Hesíodo não é ilimitado: para os homens da idade do ferro, o trabalho, como forma de luta, e a justiça podem trazer felicidade e saúde.

Embora Jean Pierre Vernant [1965] force um pouco as coisas ao afirmar que «a sucessão das raças, pondo de parte o caso dos heróis, parece seguir uma ordem contínua de decadência», o certo é que este ciclo não é explicitamente interpretado à luz de uma ideia de decadência. Contudo, alimentará um mito da idade do ouro, do qual se libertam as ideias de um declínio e de um envelhecimento da humanidade.

A segunda direcção em que se desenvolve a ideia de decadência passa pela tendência para privilegiar o passado relativamente ao presente (é o caso do *laudator temporis acti*, de

Horácio), e os antigos (*prisci, antiqui*) por oposição aos modernos. A *antiquitas* é geralmente valorizada pelos Romanos; daí as expressões de Cícero: «exempla... plena dignitatis, plena antiquitatis» [*Verrinae orationes*, III, 209], «gravitas plena antiquitatis» [Pro Sestio, 130]. A ideia está sobretudo ligada à evolução dos costumes e implica uma deterioração mais ou menos constante dos tempos e dos períodos históricos (O *tempora*! O *mores*!).

A terceira via é a da filosofia política, praticada principalmente pelos Gregos, nomeadamente por Platão e Aristóteles.

Para Platão, a atracção pelo prazer tem como consequência o desprezo pelo bem e conduz à corrupção e à desordem, nas técnicas e ofícios, nos costumes e na cidade. A perversão nascida da procura do prazer e, na sua forma mais perigosa, do lucro, conduz a uma «sucessão de regimes decadentes: a aristocracia militar, a oligarquia mercantil e, depois de um intervalo democrático, a odiosa tirania» [Moreau, 1972].

Contudo, Platão continua optimista. Depois de ter traçado na *República* a imagem da cidade ideal, demonstra nas *Leis* que a educação pode vencer a injustiça e a impiedade e formar os guardiões de um novo Estado, onde reinarão a justiça e a virtude.

A ideia de Aristóteles sobre a constituição e evolução das sociedades tem traços comuns com a de Platão. Também para Aristóteles, «o melhor Estado é aquele que, pela educação, inculca a virtude aos cidadãos» [cf. Aubenque, 1968], mas as duas concepções distinguem-se por diferenças importantes. Primeiro, qualquer dos três regimes políticos fundamentais (embora Aristóteles tenha uma preferência teórica pela monarquia, uma preferência concreta pela oligarquia e a maior desconfiança pelos confrontos da democracia) pode, segundo o seu modelo, levar ao sucesso ou à corrupção e à decadência. A monarquia pode precipitar-se no arbítrio e cair no pior dos regimes, a tirania. A democracia, que é por princípio o menos corruptível dos regimes, afunda-se, muitas vezes, pela falta de educação do povo. Quanto à oligarquia, pode deixar-se corromper pela avidez mercantil e por sonhos imperialistas. O modelo político aristotélico opõe-se ao modelo platónico, principalmente pelo seu realismo e pragmatismo. O último livro da *Política* estabelece como metas da educação dos cidadãos «o justo meio, o possível e o conveniente» [1342b, 5]. Por este preço a corrupção e a decadência podem ser evitadas ou combatidas com sucesso.

DECADÊNCIA

Os Gregos e os Romanos foram testemunhas de dois grandes acontecimentos históricos susceptíveis de uma análise em termos de decadência: o fim da independência do mundo grego, conquistado pelos Romanos, e a destruição do Império Romano do Ocidente, pelos bárbaros.

A conquista do mundo grego pelos Romanos teve uma testemunha privilegiada no grande historiador Políbio que, refém grego em Roma, de 167 a 150 a.c., pôde meditar e informar-se sobre as causas da derrota grega. O seu diagnóstico é essencialmente de ordem moral. Na Beócia, foi a demagogia que fez delapidar o dinheiro dos ricos e do Estado em distribuições aos pobres e em banquetes para se obter magistraturas e paralisou a justiça, que já não ousava julgar os devedores insolventes [Políbio, *Histórias*, XX, 6-7].

A célebre passagem de Políbio, como bem lembrou Barbagallo [1924], evoca a evasão nas festas e nos prazeres dos homens da decadência: «Os homens gozam loucamente como pessoas que sabem que vão morrer e querem beber até ao fim, nervosamente, o cálice da vida que foge». Como notou Paul Veyne [1973], Políbio é o melhor porta-voz de uma «grande teoria» – «luxo» e «decadência» [Políbio, *Histórias*, VI, 9] – que teve muito êxito até ao século XVIII.

Contudo, Políbio destaca também, como causa máxima da decadência da Grécia, o declínio demográfico, a *oligantropia*, que se tornará, no início da era cristã, um lugar-comum dos escritores gregos, quer se trate do geógrafo Estrabão, do retórico Díon Crisóstomo, ou do viajante erudito Pausanias. Sinal, causa e consequência da decadência são o despovoamento do campo, o abandono das cidades, o silêncio das ruínas.

De Cícero a Séneca e Tácito, os escritores latinos fazem eco destas imagens da decadência grega: o relaxamento da justiça e da virtude, o despovoamento.

Mesmo para os Gregos e para Políbio, o tema da decadência da Grécia não é contudo o mais importante. Políbio, admirador incondicional de Roma, vê sobretudo na superioridade romana a causa essencial da queda da Grécia. O fim da Grécia não é o fim da civilização. A juventude conquistadora e, depois, a maturidade assimiladora de Roma, defendem os intelectuais gregos e romanos de uma teoria generalizadora de decadência, de um pessimismo histórico radical, ainda que Políbio – que invoca Cipião Emiliano no seu pranto sobre Cartago, ao citar os versos de despedida de

Heitor a Andrómaca: «Virá o dia em que perecerá a sagrada Ilíon [Tróia] e Príamo e o valoroso povo de Príamo» [*ibid.*, XXXVIII, 22] – tenha identificado, no livro VI, os regimes políticos com organismos vivos que passam, obrigatoriamente, por três fases: crescimento, maturidade e declínio [cf. Pedech, 1964].

A queda do Império Romano ocorreu num contexto muito diferente. Foi uma longa agonia da qual os actores e as testemunhas não tiveram verdadeiramente consciência e o acontecimento de 476 (o envio pelo Hérulo, Odoacro, ao imperador de Constantinopla, das insígnias do Império do Ocidente, depois da capitulação do imperador Rómulo Augústulo) não foi considerado significativo pelos contemporâneos que dele tiveram conhecimento.

Contudo, dois fenómenos foram entendidos como sinais de uma mudança fundamental na história do Ocidente: a tomada e saque de Roma pelos Visigodos de Alarico, em 410, e a substituição simultânea, no Império Romano pagão, pelos domínios «bárbaro» e cristão. No primeiro caso houve um acontecimento pontual e brutal, no outro um longo, mas espectacular, processo. Após a catástrofe de 410, pagãos e cristãos interrogaram-se sobre as causas do acontecimento. Para os pagãos a resposta é clara: foram os maus princípios cristãos, o abandono dos deuses tutelares de Roma, que provocaram o desastre e o declínio que se lhe seguiu. Santo Agostinho, nos sermões e nas cartas, refere as lamentações e acusações pagãs: «Quantos males surgiram na época cristã! Antes da época cristã, como tínhamos bens em abundância! Vivia-se melhor antigamente! Antes desta doutrina ser pregada pelo Mundo, o género humano não sofria de tantos males! É na época cristã que acontecem todas estas provações, que o Mundo é devastado! Roma, desde que perdeu os seus deuses, está prisioneira, jaz desolada. A pregação e a doutrina cristã não estão de acordo com a conduta do Estado… Se tantas desventuras atingem o Estado, a culpa é dos imperadores cristãos, ao observarem rigorosamente a religião cristã [citado *in* Courcelle, 1948].

Já na segunda metade do século III, S. Cipriano, na *Epistula ad Demetrianum* [§§ 3-5], confirma a existência deste debate entre cristãos e pagãos: «Deves saber que este mundo atingiu a senilidade. Já não tem o vigor, nem a força de outrora… É fatal que enfraqueça tudo o que próximo do seu fim se inclina já para o termo do seu declínio. Tal como o Sol poente lança raios menos brilhantes e inflamados…». Mas Cipriano contrapõe ao seu opositor um argumento que ocorrerá precisamente em 410:

DECADÊNCIA

«Culpas o cristianismo pelo enfraquecimento das coisas... Mas não é como tu o proclamas, à toa, na tua ignorância da verdade, por não prestarmos culto aos vossos deuses que estes males acontecem, mas sim porque vós não adorais o verdadeiro Deus». Do lado cristão, a queda de Roma levanta três questões: 1) porque é que o patrono dos santos mártires não salvou Roma e os Romanos? 2) porque é que Deus não fez nenhuma diferença entre cristãos e pagãos, que foram indistintamente maltratados, mortos ou salvos? 3) porque é que Deus deixou humilhar e rebaixar Roma, de quem os cristãos se sentem, agora que foi renovada pela verdadeira fé, solidários e herdeiros?

Destas interrogações nasceram algumas obras fundamentais, cujas ideias e palavras se vão repercutir ao longo de toda a Idade Média, e além dela. As principais são a *De civitate Dei* de Santo Agostinho, cujos três primeiros livros foram publicados a partir de 413, e as *Historiarum adversus paganos libri septem,* do padre espanhol Orósio, discípulo de Santo Agostinho, cujas ideias difundiu grosseiramente nessa obra, escrita entre 417 e 418.

Reduzido ao seu impacte mais geral, o significado destas duas obras importantes para a ideologia cristã posterior à decadência, pode dizer-se, tal como o cardeal Mazzarino, que daqui em diante: 1) a noção romana e, particularmente, virgiliana de um *imperium sine fine*, de um destino eterno para o Império Romano, dá lugar à ideia de que a decadência não é de temer, desde que haja uma *renovatio* e a realização da Cidade de Deus. A decadência assume sentido análogo numa perspectiva escatológica; 2) as causas internas, morais e religiosas da decadência, sempre muito importantes, assumem, no entanto, um significado novo: tal como a primeira *queda* foi causada pelo pecado original do homem, também a (ou as) decadência(s) tiveram, como causa essencial, os pecados dos homens; 3) contudo, esta culpabilidade deve ser sancionada por Deus (causas «externas», se assim se pode dizer), segundo a sua providência, a sua vontade, que é misteriosa. É a aparição dos «julgamentos de Deus como categoria histórica». Como escreveu, com perspicácia, Mazzarino, «a concepção agostiniana do mundo completava-se, em última análise, com a aceitação total da história, enquanto história dos julgamentos de Deus... Postulado que leva à minimização da ideia da decadência, reduzindo-a unicamente à culpabilidade daquele sobre quem recai o julgamento divino... O pensamento de Orósio leva a concluir que toda a história é divina... O seu pensamento chega até Hegel e Ranke» [1959].

As invasões dos povos germânicos que forçaram a barreira do Reno, no início do século V, irrompendo na Gália e na Península Ibérica, fazem nascer nos cristãos destas regiões a ideia da aproximação do fim do mundo. Próspero da Aquitânia escreve à sua mulher: «Nada, no campo ou nas cidades, conserva o seu estado original; todas as coisas se encaminham para o seu fim. Com as armas, a peste, a fome, o sofrimento da prisão, o frio e o calor, a morte possui mil meios de aniquilar a miserável humanidade... A discórdia impiedosa impera no meio da confusão do mundo, a paz deixou a Terra, tudo o que se vê está perto do fim [*in* Migne, *Patrologia latina*, vol. LI, col. 611-12].

O bispo espanhol Idácio identifica, ainda com maior precisão, o significado apocalíptico dos acontecimentos: «Assim, os quatro flagelos da guerra, da fome, da peste e das bestas, irrompem no mundo inteiro; e as predições do Senhor, através dos seus profetas, estão realizadas», [*in Monumenta Germaniae historica, Auctores antiquissimi*, vol. XI, p. 17].

Contudo, as explicações das desventuras com os pecados dos homens – em primeiro lugar, é certo, com os pecados dos pagãos, mas também pecados dos cristãos – fazem rapidamente renascer a esperança e afastam o medo pelo fim do mundo.

Em 418, Santo Agostinho responde a Hesíquio, um bispo da Dalmácia perturbado por um eclipse do Sol, que não há qualquer razão séria para temer a proximidade do Juízo Final. Um Aquitânio anónimo, num poema sobre a providência – *Carmen de Providentia* – exorta os cristãos a um enérgico recomeço: «Por que razão aquele que está destinado a ficar de pé se admira com a queda do que deve cair?» [*in* Migne, *Patrologia latina*, vol. LI, col. 617]. É ainda um monge das Lerins, Salviano, que, cerca do ano 440, faz uma comparação vantajosa para os bárbaros, entre bárbaros virtuosos e romanos decadentes (dissolutos, preguiçosos, vis, cúpidos, desobedientes, sendo a luxúria a origem de todos os seus pecados). As primeiras leis impostas pelos bárbaros nos territórios ocupados dão início a uma recuperação moral.

2.2. A Idade Média

Da Bíblia – fonte privilegiada da sua ideologia – o cristianismo medieval herda dois temas fundamentais para a ideia de decadência: o dos quatro impérios, que se desenvolve com a ideia de transmissão de domínio ou de civilização (*translatio imperii e translatio studii*), o da queda da cidade terrena, Babilónia, e do advento da Cidade de Deus, a Jerusalém celeste. Estes temas, apoiados nos textos das Sagradas Escrituras, completam-se com a ajuda das concepções herdadas, quer através das tradições greco--romanas, quer das correntes orientais e esotéricas (difundidas a nível popular), escatológicas e milenaristas. No primeiro caso, trata-se do tema das seis idades do mundo, que dá origem à ideia de um declínio contínuo do mundo que envelhece sem cessar ou que, mais precisamente, chegou à velhice. Esta concepção combina facilmente com a segunda, porque o envelhecimento do mundo parece levar, na maior parte dos casos, à vinda do Anticristo e à aproximação do Juízo Final.

O primeiro tema deriva da interpretação que Daniel deu ao sonho de Nabucodonosor [Daniel, 2, 37-44]. A estátua com cabeça de ouro, peito e braços de prata, ventre e coxas de bronze, pernas e pés de ferro e barro, significa os quatro reinos que devem suceder--se: ao reino do ouro sucederão reinos cada vez mais duros e, finalmente, um reino duro e ao mesmo tempo frágil, que Deus há--de destruir, como terá já destruído os outros, mas que substituirá por um reino que «nunca será destruído».

Esta ideia, apesar de exterior ao ambiente hebraico, é difundida no Oriente antigo. Políbio, no livro XI das suas *Histórias*, depois de ter recordado a hegemonia e sucessivo declínio dos Persas, dos Espartanos e dos Macedónios, saúda no Império Romano um «império invencível para os que vivem hoje e impossível de ser derrubado para os que virão».

Este tema da eternidade do Império Romano começou a ser contestado (timidamente) pelos cristãos, depois de 410, mas ainda em 417 o poeta pagão Rutilio Namaziano proclama a ressurreição e imortalidade de Roma: «Enquanto existir a Terra e o Céu tiver os astros, os séculos que te falta viver não estão sujeitos a qualquer limite. Aquilo que destrói os outros reinos a ti dá nova força. E a lei da ressurreição faz encontrar nas desventuras um princípio de crescimento» [*De reditu suo*, vv. 137-40].

Simultaneamente, depois de alguns anteriores comentadores cristãos da profecia de Daniel, como Ireneu ou Orígenes, Sulpício Severo, no princípio do século V, na sua *Crónica*, faz do tema dos quatro reinos um quadro essencial da interpretação cristã da história universal. Tal história, enfim – depois do reino de ouro dos Caldeus, do reino de prata dos Persas, do reino de bronze de Alexandre e do reino dos Romanos, o mais poderoso, que durante muito tempo foi de ferro e acabou por se tornar de barro, sob o domínio dos imperadores –, ficou completa com o reino de Cristo, destinado a durar eternamente. Este tema, combinado com o tema agostiniano da Cidade de Deus, vai inspirar uma visão imobilizada da história, identificada com a história do triunfo da Igreja, que culminará a meio do século XII, com Otão de Frísia, tio do imperador Frederico Barba-Roxa. Contudo, deste tema irá nascer o instrumento mais dinâmico de leitura do mundo medieval. O poder é sucessivamente transmitido de um para outro dos quatro impérios. Teólogos, historiadores e poetas da Idade Média puseram em evidência a ideia de transferência, de *translatio*.

Quando, perante Bizâncio e o papado, se tornou difícil para os imperadores alemães manter vivo – apesar da persistência dos nomes e de certas aparências – o mito da continuidade do Império Romano, surge a ideia da transmissão do poder político: *translatio imperii* de Roma para os imperadores alemães. Otão da Frísia torna-se então essencial para o aperfeiçoamento desta concepção [cf. Le Goff, 1974]. Entretanto, com a criação de escolas urbanas e, depois, com a fundação da Universidade de Paris e o desenvolvimento fulgurante das língua e literatura francesas, com as canções de gesta e a poesia cortesã, entre 1150 e 1250, aparece, paralelamente ao conceito de *translatio imperii*, o de *translatio studii*, a transmissão do *saber* que Chrétien de Troyes em Cligès (1176) chamará *clergie*, que fará passar da Grécia antiga para Roma e de Roma para França.

Assim, o tema da ruína e decadência dos impérios serviu, fundamentalmente, para esclarecer o conceito da marcha da civilização.

Entretanto, ao perder a sua identidade histórica em proveito de novos poderes, a Antiguidade, e em especial Roma, transformava a imagem da sua própria decadência num estranho poder de sedução sobre os espíritos. Com o século XII, o tema da *ruína* ocupará o primeiro plano da cena cultural ocidental.

O outro conceito portador de uma leitura da história em termos de decadência é o da idade do mundo, que também não foi estranho à Antiguidade pagã. Lucrécio, no livro II do *De rerum natura*, descreveu o declínio da agricultura e de todas as coisas como a imagem da vida que se esgota e caminha para o túmulo. Séneca, *o Velho*, no início do século I, traçou a história de Roma em termos biológicos, desde a primeira infância, com Rómulo, até ao envelhecimento da época. São, contudo, os cristãos que lhe dão a forma mais rigorosa e, ao mesmo tempo, a máxima difusão.

Esboçado por Santo Agostinho, o tema das idades do mundo foi aperfeiçoado no século VII por Isidoro de Sevilha e, no século VIII, por Beda. É a seguinte a divisão de Isidoro (*Ethymologiae*, 38, 5]: a primeira idade, de Adão a Noé; a segunda, de Noé a Abraão; a terceira, de Abraão a David; a quarta, de David ao cativeiro da Babilónia; a quinta, do cativeiro da Babilónia à encarnação do Salvador; a sexta – a actual – durará até ao fim do mundo.

Os modelos desta divisão são múltiplos. Há os seis dias da criação e a sua réplica, os seis dias da semana. Há as horas do dia e a sua transposição alegórica no Novo Testamento (os obreiros da décima primeira hora, por exemplo). Mas há, acima de tudo, como sublinhou Santo Agostinho, uma referência essencial às seis idades da vida do homem. «Há, de facto, seis idades na vida do homem», [*De diversis quaestionibus*, LVIII]. São elas: a primeira infância, a infância, a adolescência, a juventude, a maturidade e a velhice («*infantia, pueritia, adolescentia, iuventus, gravitas, senectus*»).

A época contemporânea é, pois, a da velhice, uma velhice definitiva que culminará com a morte e o Juízo Final. Mas, no Além, para os que se salvarão, abrir-se-á eternamente a Cidade de Deus. Contudo, aquém, neste mundo, o tempo da decrepitude começou. Deus encarnou para ajudar os homens a superar estes últimos momentos difíceis. Isidoro e Beda, cada um à sua maneira, reflectem o sentimento partilhado por toda a Alta Idade Média de que o mundo está velho, demasiado velho.

Estas duas ideias obsessivas – o envelhecimento do mundo e o desprezo pelo mundo (*contemptus mundi*) – foram tão larga e profundamente divulgadas pela Igreja, que durante muito tempo funcionaram como um freio que manteve os homens da Idade Média longe de toda a ideologia do crescimento, progresso e felicidade. No entanto, a combinação de outra herança bíblica, a do Apocalipse, com o conceito das seis idades do mundo, vai transpor a tónica da sexta idade, a da velhice, para a sétima, a do *sabat* divino. De facto, o Apocalipse anuncia a queda da Babilónia e do Anticristo, a que se deveria seguir uma primeira ressurreição dos justos, um reino de mil anos na Terra com Cristo, antes que a última batalha e o julgamento das nações conduzam ao fim dos fins, a um novo Céu e a uma nova Terra – a Jerusalém celeste.

Em última análise, a angústia perante as duras provas do fim do mundo é atenuada pela esperança, quer nos mil anos terrestres quer na Jerusalém celeste. A primeira tendência, quase sempre ligada a crenças mais ou menos heréticas, acentua-se no final da Idade Média, especialmente sob a influência de Joaquim da Flora, anunciador de uma idade do espírito e do Evangelho Eterno, enquanto diversos milenaristas continuam a surgir em vários lugares do mundo cristão.

Todas estas tendências – alimentadas por ideias tradicionais, pagãs, de *renovação* e de renascença – modificam profundamente as teorias do envelhecimento. A decadência é cada vez mais promessa, anúncio de renovação. Por outro lado, uma ideia mais modesta vai-se insinuando, pouco a pouco, nos espíritos do Ocidente medieval – a do papel de Fortuna no destino das nações e dos indivíduos. É Boécio quem, no século VI, introduz esta deusa pagã na ideologia cristã. Personagem cómoda, Fortuna explica, sem dificuldades ideológicas, as inversões da situação, as mudanças da sorte. É invocada com mais frequência para os declínios, ruínas, quedas, do que para as promoções, ascensões ou sucessos. Convém tanto aos senhores feudais como aos burgueses. Nas crónicas senhoriais dos séculos XI e XII explica os azares (traições, emboscadas, mortes prematuras) de que são vítimas os nobres nas suas cavalgadas. Rapidamente Fortuna se associa à roda, seu acessório favorito, e mostra como os poderosos de hoje podem ser os derrotados de amanhã. Adam de la Halle, no fim do século XIII, faz girar na roda os grandes burgueses de Arras e espera, com uma certa alegria perversa, que a Fortuna imprima à roda um movimento que os fará cair.

É certo que Fortuna nada pode sem a intervenção divina, como também é certo que os seus caprichos coincidem, muitas vezes, com o comportamento dos homens, cujos pecados acabam sempre por explicar as quedas. Os veredictos de Fortuna são, contudo, tão imprevistos e desconcertantes como os da Providência, mas nem sempre são coincidentes. A fada Morgana exprimiu bem esta ideia a propósito de um dos caídos no *Jeu de la Feuillée*: «Fortuna fê-lo cair sem que ele merecesse tal sorte». A Fortuna, esse instrumento generalizado de decadência miniaturizada, reforça a impressão de que a Idade Média soube conjurar, definitivamente e de diversas formas, as ideologias ameaçadoras de decadência. Apesar de a Idade Média ter inventado a palavra *decadentia*, ela será sobretudo utilizada nos séculos seguintes.

2.3. Da Renascença ao Iluminismo

Os três últimos séculos da sociedade ocidental pré-industrial aparecem como a idade privilegiada do conceito de decadência. Conceito de essência religiosa, laicizado e moralizado, convém a uma sociedade que, católica, protestante ou libertina, por razões diversas e sob várias formas, dilui o sacro no profano.

Este facto permite, em primeiro lugar, manter à distância a época execrável de que a humanidade saiu, a bárbara Idade Média, essa idade de trevas, agora dissipadas. Os eruditos e os lexicógrafos expressam bem esta noção na sua linguagem própria: não é só a média, mas também a baixa latinidade que a Idade Média revela através da língua – índice por excelência do nível cultural e moral – *media et infima latinitas*.

Este exemplo tão próximo permite estender o uso do termo a outros períodos e formações históricas – o termo tem tendência para se especializar no domínio da história, em particular na história da arte, tão significativa nestes séculos.

Os exemplos da palavra *décadence* no dicionário de Trévoux (editado no século XVIII pelos Jesuítas) são significativos: faz notar, em primeiro lugar, que o padre Bouhours, figura notável da companhia, no seu *Remarques nouvelles sur la langue française* (1675) adverte que *décadence* apenas se utiliza em sentido figurado. Lembra ainda que Vigener escreveu sobre a decadência do Império do Oriente e o padre Mainbourg sobre a decadência do Império do Ocidente depois de Carlos Magno. É citada a opinião de Bouhours que, no livro *Manière de bien penser dans les ouvrages d'esprit* (1687), defende que a decadência das artes se seguiu à queda do Império Romano.

Conceito moral, muitas vezes aplicado à estética, o conceito de decadência proporciona aos antigos um fácil instrumento polémico contra os modernos, embora, limitado ao campo dos costumes, tenha grande sucesso junto dos que lutam contra o luxo, luta essa que, adaptada às novas realidades, transpõe a arma da decadência do campo dos costumes para o da economia e da sociedade.

Mas também conceito que se banaliza e que, por fim, nos grandes autores, já não tem significado próprio. Revela-se apenas através do conteúdo que lhe é atribuído.

É o caso do célebre livro *Considérations sur les causes de la grandeur des Romains et de leur décadence,* de Montesquieu

[1734]. É certo que este livro é, como disse Ehrard [1968], uma obra «comprometida», como todas as obras de Montesquieu, que é preciso ler «como uma denúncia do despotismo ameaçador e, principalmente, como uma meditação acerca das condições concretas da liberdade»; no entanto, é também um *estudo de caso* sobre a racionalidade em história. A grandeza de Roma assentou numa base essencial, senão única – a guerra. Daí um duplo problema: 1) como se poderá fundar um império com esta base? Resposta: os soldados foram também cidadãos e a igualdade e liberdade reinaram durante muito tempo em Roma; 2) como foi possível, na mesma base, o declínio? Resposta: foi a guerra, que depois de ter feito a grandeza de Roma causou a sua ruína. Generais e soldados perderam, durante o império, o espírito de cidadãos e a própria Roma, ao crescer desmedidamente, tornou-se presa de facções. Com o fim do império, Roma «perde a liberdade». Entretanto, a sua corrupção não foi total, nem imediata, porque ainda conservou «todo o seu empenho na guerra» no meio das riquezas, da moleza e da volúpia... As virtudes guerreiras resistem, depois de se terem perdido todas as outras» [1734]. Por fim, a queda foi também militar: «Roma tinha crescido tanto que mantinha guerras sucessivas... Roma foi destruída porque todas as nações a atacaram ao mesmo tempo e por todos os lados» [*ibid*.]. Subtil hierarquia entre causas internas e externas, à volta de uma tese explicativa; a história de Roma desenrola-se, do princípio ao fim, no campo da guerra, onde se cristalizam as instituições e os costumes, sem nenhum recurso a uma teologia ou a uma moral da decadência.

Gibbon retoma a problemática, com mais cambiantes, na obra *The History of the Decline and Fall of the Roman Empire* [1776-88]. Nesta súmula em que a erudição é suavizada pelo humor e a história é posta ao serviço da filosofia, o espírito dos iluministas desenvolve variações à volta do triplo conceito de civilização, barbárie e cristianismo. As reflexões de Gibbon não são propriamente sobre a decadência, mas sobre a *civilização*. O autor parece ter estudado a queda do Império Romano apenas para melhor valorizar o seu apogeu, na época de António, no século II, assinalado pela harmonia de uma civilização que repousa sobre a coerência de um corpo social. Felizes tempos em que o império não estava ameaçado, quer no interior quer no exterior, por duas realidades inquietantes e dolorosas: a barbárie e o cristianismo.

O sucesso do conceito de decadência, da Renascença à Revolução Francesa, parece ter-se afirmado só à custa do esvaziamento do próprio conceito, que, aliás, os homens do Iluminismo puseram também em causa.

No século XVI, já Bodin [1572] criticava a teoria dos quatro impérios e punha questões sobre a ideia da idade do ouro.

No século XVIII, alguns recusam a assimilação das formações históricas com organismos vivos – a metáfora biológica. Turgot afirma-o e Marmontel escreve: «Tudo morre, os próprios Estados, sei-o; mas não acredito que a natureza lhes trace o círculo da existência... A sua decadência não está marcada, como a nossa, pelo declínio dos anos; o seu envelhecimento é uma quimera» [*Bélisaire*, 1767]. Por sua vez, Hume, depois de ter negado a ligação entre luxo e declínio da liberdade, coloca-se na linha dos modernos, exprimindo fortes dúvidas quanto à «juventude» e «vigor» do mundo antigo. Gibbon volta finalmente ao assunto, não vendo na palavra decadência (*decline*) mais do que uma metáfora.

3. As ideologias modernas da decadência: Spengler, Lukács, Toynbee

Na era da Revolução Industrial acentua-se o descrédito do conceito de decadência. Os ideólogos do progresso – embora (repete-se) os dois conceitos não se oponham directamente – não são adeptos do vocábulo declínio. Entretanto, o termo instala-se, sob as suas diversas formas linguísticas, no vocabulário corrente. Apenas são significativas as teorias que, além de simples instrumento verbal, o consideram um utensílio intelectual.

Escolhi, no século XX, três destas teorias: uma, do alemão Oswald Spengler, que alguns ligaram ao meio ideológico do nazismo, embora Spengler não tivesse ligações directas com o hitlerismo; a segunda, a do húngaro György Lukács, que se apresentou como teórico marxista, mas que sustentou várias teses e manteve ligações fluentes com a ortodoxia comunista; por fim, a terceira, a do inglês Arnold Toynbee, historiador liberal, representativo das tradições, ao mesmo tempo conservadoras e iconoclastas da *inteligentzia* universitária anglo-saxónica, mais precisamente britânica. Contudo, parece que os três, a diversos títulos e a partir de situações muito diferentes, ficaram marcados pelo trauma da I Guerra Mundial (desde a sua aproximação, em 1911, com a crise marroquina, em Spengler) e pela ideia da vulnerabilidade das civilizações.

3.1. Spengler

Na sua grande obra, *O Declínio do Ocidente* [1918-22], Spengler propõe-se esclarecer o declínio do Ocidente no século XIX e princípios do século XX com uma teoria da história universal. Para o autor, a oposição fundamental é entre a natureza e a vida, o mecânico e o orgânico. A história – enquanto ciência – que pretende explicar a História – enquanto realidade vivida – segue uma via errada do ponto de vista materialista e mecanicista. Só uma história que encara a História como organismo vivo pode dar-se conta disso. Spengler aceita e utiliza todos os termos, todos os conceitos que exprimam este carácter vivo, orgaânico e biológico dos fenómenos históricos. Escreve na *Introdução*: «Existe uma lógica da história?... Na própria vida – porque a história humana é o conjunto das grandes correntes vitais onde o «eu» e a «pessoa», já no uso corrente, prático e teórico da linguagem, assume involuntariamente a figura de individualidade de ordem superior, quando se fala de "antiguidade clássica", de "cultura chinesa" ou de "civilização moderna" – na vida, dizíamos, será possível encontrar degraus que devemos ultrapassar segundo uma ordem que não admite excepções? Conceitos que, como os de nascimento, morte, juventude, velhice, duração de vida, são fundamentais para tudo o que é orgânico terão porventura, neste sentido restrito, uma direcção que nunca foi encontrada?» [*ibid.*].

Spengler cita dois grandes mestres, Goethe e Nietzsche, e afirma-se devedor, pelo seu método, ao primeiro, enquanto ao segundo fica a dever a maneira de colocar os problemas. A história que Spengler anuncia é uma história faustiana, uma história do «Sturm und Drang», do «morre e devém», (*stirb und werde*), da «morte e transfiguração». Spengler situa-se numa posição de vitalismo exacerbado, para quem morrer é ainda viver até ao fim. Torna-se evidente que a noção de decadência é também da competência dos psicanalistas.

O que importa em Spengler, para a interpretação da história, com a ajuda do conceito de decadência, é o conteúdo original –

rigoroso – que ele atribui à decadência na sua visão da história. Para Spengler, as grandes personagens da história são as *civilizações* (distingue oito principais: egípcia, babilónica, indiana, chinesa, mexicana, árabe, clássica, ocidental). Não há qualquer contacto entre estas civilizações. Cada uma delas, fechada sobre si própria, sem contactos, nasce, cresce, envelhece e morre. Spengler rejeita o esquema «Antiguidade – Idade Média – Idade Moderna» não só por lhe parecer mecanicista, e por privilegiar a Antiguidade – período que considera estático e sem vida –, mas, acima de tudo, porque institui uma falsa e insuportável contiguidade entre civilização clássica e civilização ocidental.

Cada civilização realiza um ciclo vital. A sua velhice é o momento em que se transforma em *cultura*. «A cultura é o *destino* inevitável de uma civilização... As culturas são os estádios *mais exteriores e mais artificiais* que uma espécie humana superior pode atingir. São um fim, o acto que sucede à potência, a morte que sucede à vida, o estático que sucede à evolução; chegam depois do ambiente natural e da juventude do espírito, bem expressos pelos estilos dórico e gótico, como uma senilidade espiritual, como a cidade petrificada e petrificante» [*ibid*].

A cultura é a exploração de uma herança histórica morta. É a fase necrofágica – autonecrofágica, se assim se pode dizer – de uma cultura.

«A passagem do estádio de civilização ao de cultura acontece na Antiguidade, no século IV, e no Ocidente no século XIX» [*ibid.*].

Como se manifesta o declínio do Ocidente? Pela passagem da ideia de *pátria* («palavra profunda, que adquire significado quando o bárbaro se acultura, e que o perde de novo quando o aculturado adopta a divisa *ubi bene, ibi patria*» [*ibid.*]) à de cosmopolitismo, pela hipertrofia de alguns centros de decisão nas «cidades cosmopolitas». O Ocidente decadente de Spengler é a *Metropolis* (1926) de Fritz Lang. Nesta «cidade universal» o padrão não é o *espírito* mas o *dinheiro*. Para Spengler, o Ocidente é, no início do século XX, apenas o princípio de um processo de decadência. Como, para ele, este processo é inevitável, foi imediatamente rotulado de pessimista, acusação que rejeita. As obscuras profecias das últimas páginas de *O Declínio do Ocidente*, que são um apelo a um rebate faustiano, a uma esperança numa luta contra o dinheiro, em nome de um direito que poderá ser o socialismo (um socialismo que abandonasse o marxismo), tomam, à luz da história, um lúgubre tom nazi. Contudo, seria talvez mais justo ligar Spengler aos milenaristas da Idade Média, que acabam por invocar o Anticristo, prelúdio necessário ao Reino dos Mil Anos e para confundir o apocalipse do furor com o apocalipse da luz. Não se referiu Spengler frequentemente a Joaquim da Flora?

3.2. Lukács

O panorama é, evidentemente, muito diferente com György Lukács. Primeiro, o conceito de decadência ocupa na sua obra um lugar limitado. Tal obra, extremamente mais variada do que a de Spengler (de quem as outras obras não tiveram qualquer ressonância), organiza-se em períodos e ainda não é conhecida integralmente. Enfim, Lukács pretendeu, quase sempre, situar o seu próprio pensamento sobre a decadência no interior do sistema marxista, o que lhe confere uma espécie de existência de segundo grau.

Apenas se consideram aqui os trabalhos escritos durante o período em que Lukács esteve refugiado na URSS (1933-1945) onde, por razões em que é difícil separar as convicções íntimas e a pressão do meio, a obra de Lukács é, mais ou menos, influenciada por aquilo a que podemos chamar o «estalinismo» – embora Lukács tenha estado muitas vezes em conflito aberto com os intelectuais oficiais soviéticos, com quem convivia, mas que considerava «vulgares». Lukács descobre o conceito de decadência em duas direcções da sua reflexão. Por um lado no campo da estética e, por outro, no da ideologia. Na verdade, porém, o seu campo de investigação é sempre o da criação artística, quer na teoria do romance histórico (prolongamento da sua obra de juventude sobre o romance, que depois renegou) quer na questão do realismo – estreitamente ligados.

Para Lukács não existe estética pura. O valor literário de uma obra está ligado à sua posição na sociedade. Não pode haver boa literatura que não seja realística. Se uma obra literária se alheia da realidade ou se a renega e se põe ao serviço das forças conservadoras ou reaccionárias não pode ser boa. O romance histórico é um teste particularmente interessante, porque parece assentar num postulado de fuga diante do presente. De facto, o verdadeiro romance histórico é aquele que, através do passado, sabe exprimir os problemas e os sentimentos do presente e assumir uma posição progressista. O romance histórico, que nasce no princípio do século XIX, com a Revolução Industrial, o nascimento do capitalismo e a ascensão da burguesia, exprime nos seus heróis – que, em vez de subirem na vida, enfrentam dificuldades – a transformação histórica e o dinamismo da nova sociedade. É a isto que Lukács chama a idade *clássica* do romance histórico. Com a ruptura entre burguesia e povo, em 1848, a burguesia alia-se às forças reaccionárias. O romancista burguês afasta-se do verdadeiro realismo, o romance histórico torna-se um refúgio face à realidade, um álibi. A história torna-se apenas um cenário. Para Lukács, os dois melhores – e deploráveis – exemplos desta decadência do romance histórico são *Salambô* (1862) de Flaubert e os romances de Meyer, a partir da *Tentação do Pescara* (*Die Versuchung des Pescara*, 1887). «Ouvimos as explicações, quer de Flaubert quer de Meyer, sobre as razões que os levaram a tratar temas históricos... Nos dois casos as motivações não resultaram da compreensão da ligação entre o presente e a história, mas, pelo contrário, do repúdio pelo presente...» [1936-37]. Lukács situa esta «decadência» do romance histórico entre «as tendências gerais da decadência». A decadência literária é apenas um aspecto e uma consequência da decadência da burguesia: «Para o nosso caso, o facto mais importante é a transformação da democracia burguesa, revolucionária e progressista, num liberalismo vil e oportunístico, cada vez mais reaccionário» [*ibid.*].

A problemática que lhe está mais próxima é a dos textos reunidos sob o título *Problemas do Realismo* [1971] e que pertencem ao grupo dos «Escritos de Moscovo». Aqui o problema literário é o do expressionismo alemão do início do século XX. Lukács levanta o debate até ao problema da «decadência ideológica» e socorre-se cada vez mais de Marx. Os principais artigos que aqui tomamos para análise são *Grandeza e Decadência do Expressionismo* [1934], *Marx e o Problema da Decadência Ideológica* [1938a], *Existirá o Realismo?* [1938b].

Os expressionistas começaram como «movimento literário de oposição» e, se essa oposição, primeiro ao espírito burguês, depois à guerra 1914-18, não pode ser menosprezada, a mesma oposição, para Lukács, acaba por não ser válida pois, em lugar de se dirigir contra o capitalismo e contra a guerra imperialista, dirigia-se contra vagas noções: «o» burguês, «a» guerra, «a» violência, etc.

Por fim, Novembro de 1918 foi tão revelador como os dias de Junho de 1848 tinham sido para o realismo burguês em França. Os expressionistas, na sua grande maioria, aliaram-se aos inimigos da classe operária alemã e da revolução e, assim, à decadência estética do expressionismo seguiu-se a decadência política dos expressionistas.

Lukács, aprofundando mais a questão, analisa depois a maneira como Marx esclarece a preparação ideológica da Alemanha na revolução de 1848 e a dissolução do hegelianismo nos anos 40 do século XIX. Segundo Lukács, Marx teria analisado a decadência ideológica da burguesia na primeira metade do século XIX, o que explica tanto o naufrágio ideológico e literário dos escritores burgueses (por exemplo, os historiadores Carlyle e Guizot e o filósofo Bentham) como «a falência da democracia burguesa em 1848, aprovada, de facto, pela traição operada em prejuízo do povo» [1938a].

Assim, Lukács, nas grandes transformações da história das ideias, coincidentes com as grandes transformações da história política, concede uma atribuição primordial ao factor «decadência ideológica» das classes estrategicamente situadas na luta, ou seja, a burguesia, em 1848, ou em 1918. Esta concepção incorre na maior parte das críticas que, no final deste capítulo, serão dirigidas à noção de decadência. Contudo, podem também ser-lhe dirigidas outras objecções, mais específicas. Formularei apenas duas, situando-me no campo da teoria de Lukács, ou seja no interior do movimento marxista. A romancista marxista Anne Seghers que, na época, dialogou amigável mas firmemente com Lukács, admirou-se com a importância que ele atribuía à luta contra a decadência. O importante, disse-lhe, é a luta contra o fascismo. «Poderemos colocar, no mesmo plano, esta luta e a luta contra a decadência?» [Seghers, 1939]. Não se trata, porém, de uma simples questão de oportunidade do combate político e ideológico. O facto é que, evidentemente, o conceito de decadência não convence a escritora.

Em primeiro lugar, porque Seghers acha que não é necessário procurar uma explicação para a obra de arte fora da própria obra: «É na obra de arte que se situam as ligações do artista ao tema. É aqui que a crítica deve descobrir onde se manifesta a captação da realidade, para motivar o escritor a seguir nessa direcção [*ibid.*]

Em segundo lugar, Anne Seghers prefere chamar período de transição ao que Lukács define como período de decadência; se, aliás, se olha para períodos análogos no passado, se se aceita que viram nascer tantas coisas novas quantas as que viram morrer de velhas, «é necessário medir seriamente as coisas, não por medo da posteridade ou dos erros de apreciação, mas para que nada de vivo seja ao mesmo tempo, destruído» [*ibid.*].

Por fim, já que Lukács utiliza a expressão «decadência ideológica», sob a influência de Marx notar-se-á que – salvo erro – o próprio Marx nunca a utilizou. Em compensação, é certo que Marx e Engels empregam, a propósito da burguesia de 1848, o termo *Untergang*, com o qual exprimem bem aquilo que para eles era essencial: «Esta [a burguesia] produz, antes de mais, a sua própria destruição. A sua decadência e a vitória do proletariado são um todo indissociável» [1848]. Neste processo em que a burguesia produz os seus próprios coveiros, o que conta não é a sua decadência mas a vitória do proletariado, que é a outra face de tal decadência. Como os teólogos medievais, que viam menos o próprio Anticristo do que os mil anos que viriam depois, Marx não se fixava no declínio da burguesia mas olhava mais longe. A decadência não é uma noção-chave para os milenarismos – inclusive para o marxismo.

3.3. Toynbee

Arnold J. Toynbee viveu, por sua vez, a experiência da guerra de 1914/18, conhece a Idade Média e a política internacional, mas é um historiador profissional. Os seis volumes de *A Study of History* são publicados de 1934 a 1939; são compendiados por Somervell em 1946 (e este compêndio foi traduzido em muitas línguas); quatro volumes suplementares saem depois de 1954, seguidos de um volume com ilustrações e índices e, finalmente, um décimo segundo volume de resposta às críticas – *Reconsiderations* (1961).

Toynbee, tal como Spengler, toma como unidades históricas significantes as civilizações, mas não opõe civilização a cultura e não tem uma ideia pejorativa da palavra *civilização*. Longe de isolar as diversas civilizações, faz delas desafios externos – desafios do meio, desafios dos bárbaros e também desafios de outras civilizações –, as provas fundamentais em que as civilizações se forjam (ou prematuramente se desagregam). Toynbee distingue vinte e seis civilizações, das quais dezasseis já pereceram e, das dez que restaram, três são sociedades *imobilizadas*, estando duas destas, a polinésia e a nómada, em agonia, enquanto a terceira, a esquimó, estacionou na infância.

Das outras sete, seis – a cristã-ortodoxa do Próximo Oriente e a sua ramificação russa, a islâmica, a hindu, a chinesa e a sua ramificação japonesa – estão sob a ameaça de aniquilação, ou assimilação, pela sétima, que é a ocidental. Dado que não é obrigatória a morte das civilizações, a morte da civilização ocidental, em pleno período de expansão, não tem nada de seguro. Toynbee, embora use mecanicamente alguns termos ambíguos, não acredita, de forma alguma, no carácter biológico e orgânico da evolução das civilizações.

Resta o facto de que para ele a noção de declínio é fundamental em história e que, na sua opinião, a grande maioria das civilizações passou, ou irá passar, por duas fases de decadência: o *declínio* e a *desagregação (breakdown, disintegration)*.

O declínio não se manifesta através de acções externas, justiça divina, agressão da natureza, assassínio por outras sociedades. As civilizações suicidam-se. Nesta primeira fase há uma perda da autodefinição: recusa do novo, idolatria do efémero, autodestruição do militarismo, intoxicação da vitória. Acerca da idolatria de uma «personalidade efémera», saliento o erro histórico dos Judeus, que me parece muito característico do pensamento de Toynbee e, de uma maneira geral, da natureza eminentemente subjectiva do conceito de decadência. «Numa época da sua história que teve início durante a infância da civilização síria e culminou na idade dos profetas, os povos de Israel e da Judeia ultrapassaram as outras comunidades sírias que os rodeavam, elevando-se a uma concepção monoteísta da religião. Sensivelmente conscientes e justamente orgulhosos do seu tesouro espiritual, deixaram-se arrastar pela idolatrização deste notável, mas transitório, estádio do seu crescimento espiritual... Persuadiram-se mesmo de que a descoberta israelita do único e verdadeiro Deus, designava, ao mesmo tempo, Israel como povo eleito de Deus; e esta meia verdade arrasta-os para o erro fatal de considerarem uma grandeza espiritual momentânea, atingida através de sofrimentos e trabalhos, como um privilégio dado por Deus, como numa aliança eterna. Obcecados pelo brilho do ouro que perversamente tinham tornado improdutivo, escondendo-o na terra, rejeitaram o tesouro incomparavelmente maior que Deus lhes oferecia, com a vinda de Jesus da Nazaré» [1934-39].

Após o declínio, marcado pela falência da autodefinição, intervém a desagregação (*desintegration*) que se manifesta através de duas fracturas: uma no corpo social e outra na alma.

A cisão no corpo social manifesta-se, em primeiro lugar, pelo aparecimento de minorias dominantes como, por exemplo, os *militaristas*, tal como, na história helénica, Alexandre, «o militarista em todo o seu esplendor» [*ibid.*], ou os *fruidores*, como Verres, em Roma. Um sinal ainda mais evidente é o aparecimento de dois proletariados no seio das sociedades históricas: um proletariado interno (como, por exemplo, os *ronin* japoneses, homens de armas, sem senhor e sem trabalho) e um proletariado externo (como, por exemplo, os bárbaros ao serviço de Roma, no Baixo Império).

Ainda mais grave é a cisão na alma: religiões do isolamento (como, por exemplo, o *nirvana* dos budistas), filosofias do abandono (como a dos seguidores de Rousseau), condutas de deserção (como a *trahison des clercs*, denunciada por Julien Benda), o espírito de promiscuidade, etc. Tudo isto conduz à uniformidade que para Toynbee parece ser o último grau da decadência.

4. Das outras civilizações

Se volvermos a nossa atenção para outras civilizações diferentes da ocidental, encontraríamos, ao que parece, o mesmo *leitmotiv* da decadência, como autoleitura da própria história por parte dessas mesmas civilizações.

É provável que este tema se torne mais intenso quando estas sociedades ou civilizações estão sob a influência dominante de uma religião, pois, como escreveu Leeuw [1956], o homem recebe normalmente da religião uma explicação da própria «história», relacionada com um tempo originário, antes da criação, o início (*Urzeit*), e com um tempo escatológico (*Endzeit*), depois do fim do mundo. «A descrição do estado originário, quando ainda não havia o que conhecemos como existente, é frequente nos mitos dos diferentes povos e comporta habitualmente o pressuposto de um estado melhor, próximo do divino».

Assim, quanto mais se afasta das origens sacras de uma história peculiar, mais se enfraquece a energia própria de uma sociedade. Ao nível das gerações, a tentação – cultivada por ideologias que servem frequentemente a reprodução dos sistemas dominantes – de ver a história declinar, conduz muitas vezes a uma visão dos «bons velhos tempos», que faz incessantemente renascer a impressão de pequenas decadências no interior de uma deterioração mais ou menos contínua, interrompida, de vez em quando, por períodos-farol, os *séculos* de Voltaire, os *Blütezeiter*, frequentemente dominados por figuras míticas de grandes homens.

Esta ideologia da decadência encontra-se em geral na maior parte dos mitos da origem dos povos. Sebag [1971] refere que o mito da origem nos índios Pueblo, entre outras lógicas gerais, descreve o empobrecimento de uma realidade originária dada inicialmente de «forma sintética».

Na China, Needham [1969], depois de ter realçado a importância da história que foi «a rainha das ciências», nota que os pensadores chineses estão constantemente divididos entre dois temas contraditórios quanto à história da sociedade humana: para uns, o conceito essencial é o de uma primitiva idade do ouro, uma idade de reis sábios, a partir da qual a humanidade entrou em declínio, enquanto, para outros, a teoria dos heróis civilizadores, criadores de algo que os suplanta, dá origem a uma ideia de desenvolvimento e evolução a partir de um estado selvagem primitivo.

A sociedade chinesa é talvez a única em que o conceito de decadência pertence, de um modo quase permanente, a um par de opostos, decadência/criação, que fornece, ao longo de toda a sua história uma dupla e contraditória leitura da evolução histórica. A teoria da decadência inspirou, por exemplo, o clássico da medicina, *Huang Ti Nei Ching Su Wêng* (século II a.C.), para quem, ao longo dos períodos históricos, a resistência do homem às doenças diminui, obrigando-o a recorrer a medicamentos cada vez mais fortes.

Também no mundo islâmico, desde muito cedo, poderemos encontrar uma corrente convicta de que o islão em breve iria perder o vigor e a pureza, depois da morte do profeta. Gostaria de invocar, a propósito, o pensamento original de um autor cuja capacidade de penetração e recurso a uma análise de tipo histórico e sociológico tornam a sua obra particularmente interessante. Trata-se, como é evidente, de Ibn Khaldun, no capítulo III da *Muqaddima* (cerca de 1377), nas secções 12-15. Desde as duas primeiras partes da *Muqaddima*, Ibn Khaldun afirma a crença num esquema orgânico da evolução dos impérios: «Os impérios, como os indivíduos, têm uma vida e uma existência que lhes é própria. Crescem, atingem a maturidade e depois começam a declinar... A decadência dos impérios, sendo uma coisa natural, acontece de uma maneira idêntica a qualquer outro acidente, como, por exemplo, a decrepitude que afecta a constituição dos seres vivos».

Ao estudar mais detalhadamente a sucessão das crises que o Magrebe sofreu desde o século XI, Ibn Khaldun, que vê na agricultura o fundamento económico do poder, denuncia as cidades em que os habitantes se entregam a todos os vícios e onde o luxo e a avidez levam os governantes a oprimir, cada vez mais, os membros produtivos da sociedade (camponeses e mercadores), arruinados pelas corveias e impostos cada vez mais pesados. Para manter a opressão e reprimir as revoltas, o governo é obrigado a pedir auxílio ao exército, que lhe rouba aos poucos o poder, enquanto a recusa ao trabalho, por parte dos camponeses oprimidos, favorece a fome e a peste: «A fome e o alto índice de mortalidade são frequentes quando o império se encontra no último período da sua existência».

Ibn Khaldun manifesta bem o carácter subjectivo das teorias da decadência e a importância dada aos factores morais, apesar do interesse pelos factores económicos.

A observação e análise dos declínios que alguns, na época moderna, julgaram encontrar no mundo islâmico, começaram já há muito tempo a verificar-se nos Turcos, conforme notou Lewis [1972].

Por fim, como último exemplo, evocarei o caso particular dos Astecas; foi afirmado que o lugar ocupado pelo conceito de decadência foi responsável pelo enfraquecimento da sua resistência aos Espanhóis. Segundo Soustelle [1955], a queda do México às mãos de Cortez aconteceu (13 de Agosto de 1521) num dia (um *coatl*) geralmente tido como favorável, mas num ano *calli*, cujo sinal evoca o declínio, o pôr do Sol, a decadência, a noite. O último imperador mexicano chamava-se Cuauhtemoc 'a agulha que desce', ou seja, 'o Sol poente'. Já o seu antecessor, Montezuma II, impressionado pelos presságios de morte e as predições dos sacerdotes sobre o «fim do mundo», considerara os Espanhóis como seres divinos.

5. Os critérios da decadência

Burke [1976], ao estudar a ideia de decadência (*decline*) desde o século XV ao século XVIII, estabelece uma tipologia da decadência, constituída por seis critérios diferentes.

1) A decadência *cósmica*, a velhice do mundo. É a ideia da marcha em direcção ao fim do mundo, a imagem do universo sob o aspecto de um velho, que, no final do século XIV, é descrita pelo poeta francês Eustache Deschamps: «*Laches, chetis et molz/ /Vieulx, convoiteux et mal parlant*» [*Mandrião, mesquinho e fraco/ /Velho, cobiçoso e maldizente*].

Esta ideia inspira a obra de Godfrey Goodman, *The Fall of Man* (1616), onde a natureza, ao começar a declinar, parece atrasar a vinda de Cristo. A Terra tornou-se deserta, o mar com menos peixes, os próprios céus se corrompem, sobre a luz aparecem sombras. O fenómeno revela-se na Terra das mais diversas formas: as teorias de Galileu ou o aumento dos preços em Inglaterra.

2) A decadência *moral* ou, por outras palavras, segundo um conceito em moda, a decadência dos *costumes*. Esta decadência, em regra concebida como gradual, caracteriza-se muitas vezes pela riqueza e luxo. Francisco de Quevedo, na sua *Epistola satirica y censoria* (1624), exalta o tempo em que «*la robusta virtud era señora*». Por vezes esta perspectiva atinge o anedótico. Goodman coloca o uso do tabaco entre os sinais de decadência dos europeus do início do século XVII. Rousseau, no *Discours sur l'origine et les fondemens de l'inégalité parmi les hommes* (1755), cita, entre os males que trazem ao homem a catastrófica passagem do estado natural ao estado civilizado, as mudanças de temperatura a que se expõe ao passar, sem mudar de roupa, do interior ao exterior das casas e vice-versa.

3) O declínio *religioso*. Trata-se da decadência da Igreja, que cada vez mais se afastou do modelo primitivo, entregando-se à avareza e ao orgulho, descurando a piedade, substituindo a virtude pela hipocrisia, ignorando a disciplina, a caridade, a humildade e, acima de tudo, tolerando a tirania crescente do papado.

Este tema, já difundido na Idade Média (por exemplo em Nicolas de Clamanges, *De corrupto Ecclesiae statu* – fins do século XIV –, ou em Johann Huss, que descreve a Igreja como uma chaga de lepra, da cabeça aos pés), é desenvolvido principalmente pelos protestantes, a partir do século XVI. Se Lutero vê nos pontificados de Gregório Magno e de Gregório VII os momentos fundamentais desta decadência, os anabaptistas recuam mais no tempo e situam o seu início na conversão de Constantino e na transformação do cristianismo na religião oficial do século IV. O monge veneziano Paolo Sarpi, que Bossuet qualificou de «protestante disfarçado», retomou este tema no *Trattato delle materie benefiziarie* (1609) e

Gottfried Arnold, na *Unparteyische Kirchen- und Ketzer-Historie* (1699), alarga-o aos luteranos.

4) A decadência *política*, o desaparecimento dos estados e dos impérios. É um tema que agrada muito aos pensadores da Antiguidade, da Idade Média, do Renascimento e da Época Clássica. A partir do Iluminismo, a análise política da decadência enriquece-se com considerações económicas e culturais, que já não permitem que o critério político seja o único ou o principal.

Este critério apresenta-se, sobretudo, sob duas formas: a corrupção interna dos tipos fundamentais de governo, desenvolvendo-se muitas vezes numa teoria dos ciclos, e o envelhecimento inevitável dos impérios, que dão lugar a dominações sucessivas.

Contudo, a primeira forma refere-se, na maior parte das vezes, a um critério moral: na Antiguidade e na Idade Média, a corrupção dos governos advém sobretudo do abandono da virtude, da justiça e da piedade. No Renascimento e na Antiguidade clássica, o sinal da corrupção é a perda da liberdade, segundo o pensamento de Bruni, de Maquiavel, de Le Roy e de Harrington. À perda da liberdade segue-se, geralmente, a entrega ao luxo. A segunda forma, que teve grande êxito na Idade Média, atingiria o apogeu no século XVI, com a obra de Giovani Sleidano, *De quatuor summis imperiis* (1556). A ideia de Orósio – que atravessa toda a Idade Média –, segundo a qual o poder, na história, se desloca de leste para oeste, do Oriente para o Ocidente, foi retomada por Joost Lips e por George Berkeley.

5) A decadência *cultural*. O declínio da língua, das letras, das artes e das ciências foi frequentemente – sobretudo depois da Renascença – vista como sinal fundamental da decadência. Lorenzo Valla, no prefácio das *Elegantiae* (1444) deplora a corrupção do latim e a degenerescência das artes que se seguiram à queda do Império Romano. O gramático castelhano Antonio de Nebrija, na *Gramática sobre la lengua castellana* (1492), dedicada à rainha Isabel, *a Católica*, escreveu que a língua foi sempre a companheira do império, mantendo-se os dois unidos na queda; o hebraico, por exemplo, prosperou durante o reinado de Salomão; o grego, com o império de Alexandre; o latim progrediu e caiu com o Império Romano; é agora a vez de o espanhol acompanhar o desenvolvimento do reino de Espanha.

Starobinski [1976] mostrou, a propósito de Gibbon, o lugar que o interesse pela evolução da erudição e pela literatura ocupou nos debates do século XVIII sobre a decadência.

Os modernos, depois de terem afirmado que os antigos não eram forçosamente superiores nos campos nobres do espírito – ou seja, na literatura – e terem dito, com Perrault, no *Parallèles des Anciens et des Modernes* (1688-97) «Não é verdade que a duração do mundo é habitualmente considerada como a vida de um homem que teve infância, juventude e maturidade e que está agora na velhice?» (cf. o capítulo «Antigo/moderno», nesta mesma obra), os modernos, dizia, aceitaram a ideia de um declínio da erudição e da literatura, para colocarem a tónica no triunfo da física e das matemáticas. Contudo, ao longo deste debate surge a ideia, senão de um paralelismo, pelo menos de uma relação entre declínio cultural e declínio político. Em Jean Le Clerc, nas *Parrhasiana* (1699), «a questão da decadência da literatura e a da decadência dos estados são tratadas simultaneamente». O tema da decadência da língua, como sinal da decadência da nação, volta a ser tratado, por exemplo, no Prefácio do abade Massieu à recolha das obras de Tourreil (1721). D'Alembert, e sobretudo Diderot, no capítulo X da vida de Séneca (1778), realçaram o laço entre a decadência linguística e a decadência política, a degenerescência da eloquência e o desaparecimento da liberdade política. Já Rousseau, no *Essai sur l'origine des langues*, escrito entre 1755 e 1762, tinha denunciado um triplo declínio em França: o da liberdade pública, o da língua e o da eloquência [cf. Mortier, 1967].

6. Critérios económicos

Só o declínio demográfico era invocado, desde a Antiguidade, como sinal e causa da decadência. As explicações económicas do declínio dos estados e das civilizações surgem apenas no final da Idade Média.

Estas explicações atingiram o auge entre os teóricos espanhóis do século XVII, os *arbitristas*, que procuraram explicar o declínio do poder espanhol depois do «século de ouro». Além da diminuição da população, salientaram a subida dos preços, o empobrecimento crescente do Estado e da Natureza, o declínio da agricultura e das manufacturas [cf. Palacio Atard, 1966].

Dada a extraordinária importância do comércio para o poder veneziano, não admira que o declínio deste comércio, a partir do século XVII, seja relevante para os contemporâneos. Um Francês escreveu em 1681 que Veneza era outrora «uma das cidades mais florescentes do mundo, devido ao seu comércio... Pelos antigos registos, um dos principais era o dos panos e parece que todos os anos os Venezianos enviavam para o Oriente cerca de vinte oito mil e quinhentas peças. Este grande número está agora reduzido a quatro mil».

Mas antes de a história económica conquistar um lugar central na ciência histórica do século XX, raramente no passado os critérios económicos foram considerados como indícios importantes da decadência e muito menos como a sua causa. De facto, todos estes critérios se reduzem essencialmente a três, intimamente ligados: *o critério político, o critério cultural e o critério moral* [cf. Starn, 1975]. Aron compreendeu bem a ligação fundamental entre a noção de decadência e a história política: «Ao longo da história, a maioria dos estudiosos das sociedades ficaram obcecados pelos fenómenos de declínio, de decadência e de desagregação. Teria sido estranho que fosse de outro modo, dado que os fenómenos observados eram, de uma maneira geral, de ordem política. Acontece que, no campo da política, as origens são misteriosas, os nascimentos incompreensíveis, as estabilizações raras e as quedas evidentes. A história política é a história de uma série de decadências; nenhum império durou indefinidamente, sobretudo no mundo ocidental, onde a regra geral é a precariedade das instituições» [1961].

Contudo, esta história política é muitas vezes reduzida a uma filosofia moral. De Platão a Montesquieu, é decididamente em relação à virtude que se poderá julgar a decadência dos regimes, dos estados e dos impérios, embora muitas vezes o critério cultural pareça prevalecer sobre o critério político. Mesmo aqui, a noção de civilização a que se faz referência está eminentemente impregnada de juízos de valor. Furet demonstrou que Gibbon tinha pensado o declínio e queda do Império Romano com base num esquema ideológico do Iluminismo: «Um esquema progressivo de três fases: "selvagem-bárbaro-civilizado"» [1976]. Para Gibbon, o Império Romano atinge, no século II, o auge da civilização. A sua queda foi um retorno à barbárie. É conhecida a famosa frase: «Descrevi o triunfo da barbárie e da religião». A religião, neste caso, significa cristianismo.

Esta história torna-se forçosamente uma história moral, na medida em que as civilizações são geralmente consideradas pelos teóricos da decadência como sistemas de *costumes*.

Aron [1961c], a propósito de Spengler, afirma: «Spengler salientou a decadência das civilizações, mas esta verificação fundamentava-se para ele num certo juízo de valor ou, pelo menos, na mesma medida em que se fundamentava numa experiência histórica. A partir do momento em que uma sociedade se transforma em tecnicista e científica, Spengler considerava-a decadente, pelo horror que, pessoalmente, sentia por esse tipo de sociedade».

No que respeita aos critérios da noção de decadência, falta ainda acrescentar duas considerações, para lá dos critérios: as causas e a natureza, interna e externa dessas causas. Não iremos, porém, insistir nesta questão, dado que se está a avançar, cada vez mais, para o aspecto subjectivo e ideológico da noção de decadência.

Burke lembrou que, para os pensadores dos séculos XV/XVIII – e isto pode ser extensivo a todos os períodos em que se discutiu a decadência –, as causas podem ser de três tipos: divinas, naturais e humanas.

A lembrança de Deus implica a ideia de providência e, principalmente, a de punição dos pecados, dos governantes e dos povos. Flavio Biondo, por exemplo, acha que a decadência do Império Romano é devida às perseguições dos cristãos mas, de uma maneira geral, os pensadores da Idade Média e da Renascença referiram-se mais vezes à deusa Fortuna do que à divina providência.

As causas naturais podem ser de ordem astronómica ou biológica. Embora estas explicações sejam quase sempre formuladas em termos metafóricos, o facto é que o carácter metafórico parece quase esquecido. Giovanni Botero [1589] afirma que os casos humanos crescem e declinam como se fossem regidos por uma lei natural, como a Lua a que estão submetidos. Os impérios, assim como as igrejas e as seitas, sofrem, em virtude do «horóscopo das religiões», o destino traçado nas estrelas. Pomponazzi no *De incantationibus* (1556) chega mesmo a dizer que a lei de Moisés, a lei de Cristo e a lei de Maomé dependiam dos corpos celestes.

Para outros, as sociedades são como organismos humanos. D'Alembert, por exemplo, escreveu no seu *Eloge de Montesquieu* (1757): «Os impérios, tal como os homens, devem crescer, enfraquecer e extinguir-se». Por vezes a decadência deriva de um simples automatismo mecânico. Maquiavel afirma que as coisas humanas, quando atingem o apogeu *«non avendo piú da salire, conviene che scendino»* [*Istorie fiorentine*, V, 1]. A frase evoca o célebre dito de Voltaire no *Le siècle de Louis XIV* (1751): «O génio apenas dura um século, depois degenera». Claude Duret, no seu *Discours des causes et des effets des décadences... des monarchies* (1595), e Peter Burke referem que isto é como explicar o sono com a *virtus* dormitiva. A forte propensão para o moralismo da maioria dos pensadores que usam a noção de decadência permite intuir que os defensores das causas humanas se inclinam a considerar mais as causas internas do que as causas externas.

A ideia – simples, mas fundamental – de distinguir causas externas de causas internas vem já da Antiguidade. Já Políbio [*Histórias*, VI, 57] escrevia: «Cada Estado pode morrer de duas maneiras: uma é a ruína que lhe vem do exterior; a outra é determinada do interior». Santo Ambrósio, no século IV, referindo-se ao assalto dos bárbaros ao mundo romano e, por outro lado, à crise moral da romanidade, fala de «inimigos externos» e de «inimigos internos» (*hostes estranei e hostes domestici*). Ao segundo grupo de pensadores pertencem os que consideram que uma das principais causas da decadência e da queda dos impérios é a intervenção externa e, na maior parte das vezes, a guerra e a conquista. A esta ideia junta-se, muitas vezes, a convicção de que o bárbaro, mais aguerrido, triunfa quase sempre sobre o civilizado, menos propenso à violência. Adam Smith falou, na *Wealth of Nations*, da irresistível superioridade das forças bárbaras sobre as de uma nação civilizada.

Quanto aos Maias, a sua decadência terá sido devida aos ataques dos bárbaros, enquanto para os Aztecas a ruína do seu Estado e da sua civilização é atribuída às armas de fogo dos Espanhóis. A propósito dos Maias, Thompson refere que o factor decisivo pode ter sido a «posição geográfica de Teotiguação, na linha de fronteira da civilização da América Central, que vivia sob a contínua ameaça dos ataques das tribos bárbaras. Julgo que estes ataques foram a causa indirecta do desaparecimento da civilização maia, do seu declínio progressivo e do seu desmembramento final» [1954].

Um historiador francês afirmou: «A civilização romana não morreu de velhice. Foi assassinada» [Piganiol, 1947]. Contudo, são mais numerosos os que atribuem as decadências a causas internas, nomeadamente a causas morais. Botero escreveu: «Raramente aconteceu que as forças externas arruinassem um Estado, sem que antes este tivesse sido corrompido por forças internas» [1589].

7. Decadência e concepção do tempo

É impressionante que a maioria das teorias acerca da decadência seja de pensadores, de grupos ou de sociedades que «corrigem» o seu pessimismo com uma crença ainda mais forte na necessária vinda de uma *renovação*.

Uma explicação teórica destes sistemas e crenças foi proposta por Mircea Eliade, nomeadamente em *O Mito do Eterno Retorno* [1949], *Méphistophélès et l'Androgyne* [1962] e *Aspectos do Mito* [1963]. Para Eliade, a importância dos mitos e dos rituais de renovação explica-se pela crença, largamente espalhada em numerosas religiões e sociedades, na existência de um tempo mágico cíclico [cf. Pomian, 1977], crença essa que faz nascer a do eterno retorno. Os ritos do Ano Novo, por exemplo, revelam a crença na morte do mundo e na sua renovação. «Para que algo de verdadeiramente novo possa começar, é necessário que os restos e as ruínas do velho ciclo sejam completamente aniquilados» [Eliade, 1963]. Daí a existência de fantoches que representam o Ano Velho e que são afogados ou queimados. A decadência é uma fase necessária para a renovação. Mircea Eliade lembra ainda [*ibid.*], a título de exemplo, o mito dos índios Maidu, segundo o qual o criador do mundo assegura ao primeiro par que modelou: «Quando este mundo estiver já demasiado gasto refazê-lo-ei totalmente e, quando o tiver refeito, conhecereis um novo nascimento».

No caso da crença numa primitiva idade do ouro e no depauperar contínuo do mundo ou de uma civilização, assiste-se a um fenómeno de inversão. Também aqui há uma procura de regeneração, mas desta vez não se trata de iniciar um novo ciclo, mas voltar atrás no tempo através de um retorno ao estado selvagem («loucura» dos heróis dos romances medievais, rousseauismo, movimentos ecológicos, etc.).

Deverá procurar-se melhor os laços entre a utilização do conceito de decadência e a crença num tempo mágico, cíclico ou invertido.

Em qualquer dos casos, as teorias da decadência parecem assentar numa explicação mágica, mais ou menos consciente, do universo e da história.

8. Dissolução e declínio da ideia de decadência na historiografia contemporânea

A ideia de decadência utilizada como conceito explicativo em história tem sido objecto de inúmeras críticas. A primeira é, sem dúvida, a da sua subjectividade. Aron [1961c] observou: «No momento em que uma sociedade se tornava técnica e científica, Spengler considerava-a decadente porque este género de sociedade o horrorizava pessoalmente e, muitas vezes, quem fala de decadência exprime apenas uma antipatia subjectiva». E assim como o conceito de decadência foi sobretudo utilizado para responder à questão sobre se a história, no seu conjunto, seria uma história de morte ou de salvação, é necessário repetir com Aron: «Acredito que só poderemos responder a esta questão com uma opção metafísica que é quase da ordem da fé» [*ibid.*].

Alguns tentaram limitar o uso do termo 'decadência' a certos campos da história, não o considerando aplicável a toda a história. Benedetto Croce defendia que assim como o conceito de decadência tem o seu uso circunscrito na história cultural, moral e política, tal não acontece quando se fala de decadência na poesia.

Mas não só esta utilização limitada é dificil de manter nas suas fronteiras próprias, como na realidade cada uso da palavra é de carácter moral, ou mesmo religioso. A decadência é infinitamente manipulável para fins ideológicos, fugindo a todo e qualquer controlo.

A filologia, por outro lado, dá-se conta desta ligação essencial do conceito de decadência com um juízo de valor negativo. Em França, por exemplo, *décadence* tem um duplo linguístico que é *déchéance*, e *décadent* tem um gémeo, *déchet*. É também interessante o facto de *decadentia* ter também tido um duplo específico no campo monetário: *evaluatio* ou *devaluatio*, a desvalorização monetária, que depois dos primeiros exemplos reconhecidos pelos contemporâneos no Ocidente – ou seja, em França as *mutations* ou *dévaluations* do rei Filipe, *o Belo*, desde o final do século XIII até ao início do século XIV – ficou marcada pela infâmia. Filipe, *o Belo* ficou conhecido como falsário devido a isto mesmo.

Apenas num único caso o termo 'decadente' será reivindicado como um título de glória. Trata-se de uma reacção de despeito de artistas, sobretudo poetas, que, designados pejorativamente como decadentes pelos seus adversários, utilizam a palavra como um desafio. Durante algum tempo, decadente será, até certo ponto, sinónimo de 'simbolista', o que dá ao termo, no campo da apreciação negativa, a designação negativa de *fin de siècle*. Mas este desafio, pelo menos, acabou por inspirar um belo poema de Verlaine (*Langueur*, 1883), no qual podemos encontrar o terreno histórico privilegiado das ideologias da decadência, ou seja o Baixo Império romano:

> *Je suis l'Empire à la fin de la décadence*
> *Qui regarde passer les grands Barbares blancs*
> *En composant des acrostiches indolents*
> *D'un style d'or où la langueur du soleil dance.*

(*Sou o Império, no fim da decadência,*
que os grandes bárbaros brancos vê passar
e compõe acrósticos com indolência
num estilo de ouro onde se vê a languidez do Sol dançar.)

Além deste subjectivismo ético-religioso, a segunda crítica dirigida ao conceito de decadência refere-se ao seu carácter metafórico e abusivo. Talvez Gibbon se divertisse com ele e colocasse *decline* entre as «ideias justificadas pela linguagem», pois a metáfora pode fazer no domínio científico transferências benéficas de um campo para outro. Contudo, esta «biologização» da história apenas conduz à confusão. Uma sociedade, uma civilização (quando vivas), não nascem nem morrem, mas transformam-se, recebem heranças, modificam-nas e transmitem--nas a outras.

Sobretudo, talvez a noção de decadência esteja ao serviço de certos tipos de história, hoje profundamente desacreditados: a história política, a história linear ou cíclica, a história catastrófica, e mesmo uma concepção de história que implique uma noção de civilização demasiado vaga e pobre, em relação aos conceitos de «sociedade global» ou de «formação histórica».

Aliás, onde seria legítimo empregar a palavra decadência surge outro termo muito adaptado às realidades históricas – 'crise'.

Hoje em dia o historiador não pode manter um conceito «qualitativo» como o de decadência. Está disposto a aceitar a ideia de regressão e pretende fundamentá-la em termos objectivos e, se possível, quantitativos. Há dois campos que, neste caso, podem servir como terreno experimental: o demográfico e o económico.

DECADÊNCIA

Os declínios aceitáveis pelo historiador moderno ligam-se aos gráficos da população, da produção e dos diversos índices económicos.

Vejamos a demografia europeia. A evolução da população apresenta oscilações plurisseculares, tal como na América pré--colombiana, na China e na Índia. Registam-se duas depressões. Nos territórios do Império Romano, entre os séculos II e VI/VII, assiste-se a um refluxo que «se pode estimar na relação de 4 para 1» [Chaunu, 1974]; e entre 1348 e 1420-50, sob a influência da peste, que torna essa depressão catastrófica, dá-se uma quebra, na ordem de 1/3 a 2/3 da população global. Mas «quando nos distanciamos no espaço e no tempo, o fenómeno humano revela--se tal como é verdadeiramente, ou seja, como um índice de crescimento» [*ibid.*]. Podemos ainda acrescentar que, «em média, as fases ascendentes (veja-se o exemplo da China) são muito mais longas do que as descendentes» [*ibid.*].

Se passarmos agora para o campo da história económica, mesmo aqui encontraremos movimentos de flutuação e de longa duração, aquilo a que os especialistas chamam movimentos interdecenais ou ciclos de Kondratev, ou fases A e B, segundo a terminologia que o economista francês Simiand definiu na sua obra *Les fluctuations économiques à longue période et la crise mondiale* (1932). As fases B são fases de B e, se se quiser, fases de «declínio». Mas se prestarmos mais atenção, teremos, segundo Bouvier [1969], as flutuações dos preços na Europa do século XIX: 1) 1815/51 – tendência para a estagnação ou para a baixa de preços (fase B); 2) 1851/73 – tendência para a subida ou, mais propriamente, para a «contenção» dos preços, ou seja, para uma baixa controlada (fase A); 3) 1873/96 – tendência para a baixa ou para a estagnação (fase B); 4) 1896/1914 – franca subida (fase A). Estas quatro fases inscrevem-se num movimento secular de *baixa* de preços.

Naturalmente que o movimento dos preços não é mais do que um elemento da economia global e as fases A e B devem colocar-se num conjunto mais vasto para que se possa falar de prosperidade ou de crise. Seria, no entanto, um erro grosseiro ver no século XIX um período de declínio económico se o encarássemos apenas do ponto de vista da baixa de preços. A própria noção de crise, mais «neutra» do que a de decadência, poderá vir a ser criticada pelo juízo de valor que implica. Num debate recente foram apresentadas as diferentes teses de eminentes historiadores económicos, a propósito da crise, ou das crises económicas no século XIV. Defendeu-se que o declínio dos sectores e das zonas tradicionais da economia medieval é largamente compensado pelo nascimento de novos centros e de novas actividades, dos quais se deve falar como de «crise de crescimento» – o que implica extirpar completamente a ideia de decadência da palavra crise.

A tendência dos historiadores para substituírem a expressão Baixa Idade Média para designar os séculos XIV-XV por expressões como *Recente Idade Média* ou *Pré-Renascimento*, é ainda mais reforçada na historiografia contemporânea a propósito do período considerado a pedra de toque da ideologia historiográfica da decadência: o fim do Império Romano. Três obras, entre várias outras, dirigem críticas convergentes, ao termo e à ideia de Baixo Império, de decadência do mundo romano: *O Fim do Mundo Antigo,* Mazzarino [1959], *The Transformation of the Roman World,* o colóquio de Los Angeles (1964) publicado por White [1966] e a obra póstuma de Marrou, *Decadência Romana ou Antiguidade Tardia?* [1977]. A ideia central é a de recusa dos termos 'decadência' ou 'baixo'. Mais ainda do que o fim do mundo antigo, o período que se estende do século III ao século VI viu, no Ocidente, o nascimento de um mundo novo. Para seguir Marrou, temos a revolução do vestuário (a aparição da túnica cosida), que revela uma transformação radical da sensibilidade, e o nascimento dos sentimentos modernos do pudor e do erotismo; com o cristianismo vemos o aparecimento de uma nova religiosidade, que faz triunfar a ideia de um Deus único, da salvação, do pecado, do «culto em espírito e em verdade» e, apesar dos obstáculos à realização deste ideal, uma democratização da ideologia que os marxistas retomaram ao nível do modo de produção, na passagem do esclavagismo ao feudalismo. Há uma arte nova, que não é «bárbara», mas criadora, um repertório de novas formas que nos tocam ainda mais depois da promoção da arte negra, das artes primitivas ou *naives*, depois do reconhecimento do relativismo do gosto. Há ainda o nascimento da Europa sobre as ruínas do Império Romano.

Aliás, para quem olha tomando uma certa distância – e curiosamente os teóricos da decadência, prontos a utilizarem um conceito mais lato, concentram-se, de um modo geral, em cadáveres localizados sobre quem exercem os seus talentos necrofágicos –, o que prevalece não é a imagem de ruína e de ruptura, mas sim a da continuidade.

DECADÊNCIA

A moderna problemática da *longa duração* em história reduz, posteriormente, a pertinência da noção de decadência. Nesta perspectiva, o que se impõe como fenómeno fundamental da história é a continuidade, não uma continuidade imóvel, mas uma continuidade atravessada por *transformações*, mutações e crises. No âmbito de uma história política renovada, talvez haja um só tema em que a ideia de decadência conserva uma certa eficácia – o do império. De resto, o conceito de decadência foi inventado para ler o movimento em história – tendo, neste aspecto, prestado inegáveis serviços – e, uma vez desacreditado pelos seus compromissos ideológicos, deu lugar à problemática mais subtil das fases de crise, filtrada pelo crivo mais fino de um vocabulário muitas vezes metafórico – mas mais preciso e menos carregado de valores subjectivos, mais ligado a esquemas quantitativos, nos quais a estagnação, a depressão, o desmoronamento, a regressão, o deslisamento, o bloqueio, etc., permitem realçar a diversidade dos modelos de leitura das vicissitudes da história.

BIBLIOGRAFIA
2.º Volume MEMÓRIA

Adams, B.
  1893 *The Law of Civilization and Decay; an Essay of History*, Sonnenschein and Macmillan, London – New York.
Alexander, H. B.
  1916 *North American Mythology*, Jones, Boston.
Althaus, P.
  1922 *Die letzen Dinge; Entwurf einer christlichen Eschatologie*, Bertelsmann Gütersloh.
Aubenque, P.
  1968 «Aristote», in *Encyclopaedia Universalis*, Encyclopaedia Universalis France, Paris 1968-75, vol. II.
Barbagallo, C.
  1924 *Il tramonto di una civiltà o la fine della Grecia antica*, Le Monnier, Firenze.
Barret-Kriegel, B.
  1978 *Les historiens et le pouvoir, XVIIe-XVIIIe siécles*, in «Annales. Economies, Societés, Civilisations», XXXIII, n.º 2.
Barthes, R.
  [1964-65] *L'ancienne rhétorique, aide-mémoire*, in «Communications», n.º 16 (1970), pp. 172-229.
Baumann, H.
  1936 *Schöpfung und Urzeit des Menschen im Mythus der afrikanischen Völker*, Reimer, Andrews und Steiner, Berlim.
  1955 *Das doppelte Geschlecht; ethnologische Studien zur Bisexualität in Ritus und Mythos*, Reimer, Berlim.
Bautier, A. M.
  [1975] *Tipologie des ex-voto mentionnés dans les textes antérieurs à 1200*, in *Actes du 99.e Congrès National des Sociétés Savantes*, vol. I, Secrétariat d'État aux Universités, Paris, 1977, pp. 237-82.
Bautier, R. H.
  1961 *Les archives*, in Ch. Samaran (org.), *L'histoire et ses méthodes*, in *Encyclopédie de la Pléiade*, vol. XI, Gallimard, Paris.
Bayet, J.
  1957 *Histoire politique et psychologique de la religion romain*e, Payot, Paris.
Belmont, U.
  1973 *Mythes et croyances dans l'ancienne France*, Flammarion, Paris.
Benz, E.
  1934 *Ecclesia spiritualis. Kirkenidee und Geschichtstheologie der franziskanischen Reformation*, Kohlhammer, Stuttgart.

Bergson, H. L.
    1896 *Matière et mémoire*, Alcan, Paris.
Bernheim, E.
    1918 *Mittelalterliche Zeitanschauungen in ihrem Einfluss auf Politik und Geschichsschreibung*, Mohr, Tubinga; ed. Scientia Verlag, Alen, 1964.
Birbaum, N.
    1958 *Luther et le millenarisme*, in «Archives de sociologie des religions», II, n.° 5.
Bleeker, C. J.
    1963 *The Sacred Bridge; Researches into the Nature and Structure of Religion*, Brill, Leiden.
Bloch, E.
    1921 *Thomas Münzer als Theologe der Revolution*, Wolff, München.

Bloch, M.
    1911 *Blanche de Castille et les serfs du Chapitre de Paris*, in «Mémoires de la Société de l'Histoire de Paris et de l'Ile-de-France», XXXVIII, pp. 224-72; actualmente também in *Mélanges historiques*, Sevpen, Paris, 1963.
    [194142] *Apologie pour l'histoire ou métier d'historien*, Colin, Paris, 1949.
Bodin, J.
    1574 *Methodus ad facilem historiarum cognitionem*, Martinus Juvenis, Paris.
Bolens, J.
    1971 *Introduction*, in Sebag 1971.
Bollème, G.
    1969 *Les Almanachs populaires aux XVIIe et XVIIIe siècles. Essai d'histoire sociale*, Mouton, Paris – La Haye.
Botero, G.
    1589 *Della ragion di Stato*, Baldini, Ferrara; ed. Utet, Torino, 1948.
Bourdieu, P.
    1965 *Un art moyen. Essai sur les usages sociaux de la photographie*, Minuit, Paris.
Bouvier, J.
    1969 *Initiation au vocabulaire et aux mécanismes économiques contemporains*, CDU-SEDES, Paris.
Budge, E. A., e King, L.W.
    1902 *Annals of the Kings of Asyria*, British Museum, London.
Bultmann, R.
    1954 *Zur Frage der Entmythologisierung*, in «Theologische Zeitschrift», IX. 1957 *History and Eschatology*, University of Edinburgh Press, Edinburgh.
Buonaiuti, E.
    1931 *Gioacchino da Fiore; i tempi, la vita, il messagio*, Collezione meridionale editrice, Roma.
Burke, P.
    1976 *Tradition and Experience: the Idea of Decline from Bruni to Gibbon*, in «Daedalus», n.° 2, pp. 137-52.
Caquot, A.
    1974 *Les enfants aux chevaux blancs*, in *Mélanges d'histoire des religions offerts à Henri-Charles Puech*, Press Universitaires de France, Paris.
Carcopino, J.
    1930 *Virgile et le mystère de la IVe Eglogue*, L'Artisan du livre, Paris.
Certeau, M. de
    1974 *L'opération historique*, in J. Le Goff e P. Nora (org.), *Faire de l'histoire*, Gallimard, Paris.
Chesneaux, J., e Boardman, P.
    1962 *Millenary Aspects of the Tai-ping Rebellion* (1851-1854), in S. L. Thrupp

(org.), *Millenial Dreams in Action: Essays in Comparative Study*, Mounton, The Hague.
Changeux, J. P.
    1974 *Discussion* a J. P. Changeux e A. Danchin, *Apprendre par stabilisation sélective de synapses en cours de développement*, in Morin e Piattelli Palmarini, 1974, pp. 351-57.
Chaunu, P.
    1972 *Un nouveau champ pour l'histoire sérielle, le quantitatif au troisième niveau*, in *Mélanges offerts à Fernand Braudel*, Privat, Toulouse, tomo II.
    1974 *Histoire science sociale. La durée, l'espace et l'homme à l'èpoque moderne*, CDU-SEDES. Paris.
Childs, B.S.
    1962 *Memory and Tradition in Israel*, SCM Press, London.
Cioranescu, A.
    1971 *Utopie: cocagne et âge d'or*, in «Diogène», LXXV.
Clavel-Lévèque, M.
    1974 *Les Gaules et les Gaulois, pour une analyse du functionnement de la Géographie de Strabon*, in «Dialogues d'histoire ancienne», n.° 1, pp. 75-93.
Cocchiara, G.
    1956 *Il paese di Cuccagna e altri studi di folhlore*, Einaudi, Turim.
Cohn, N.
    1957 *The Pursuit of Millennium*, Secker and Warburg, London (trad. portuguesa: Presença, Lisboa, 1981).
Condominas, G.
    1965 *L'exotique est quotidien*, Plon, Paris.
Couderc, P.
    1946 *Le calendrier*, Presses Universitaires de France, Paris.
Courcelle, P.-P.
    1948 *Histoire littéraire des grandes invasions germaniques*, Hachette, Paris; nova ed. Études Augustiniennes, Paris, 1964.
Crocco, A.
    1960 *Gioacchino da Fiore, la piú singolare ed affascinante figura del medioevo cristiano*, Edizioni Empireo, Nápoles.
Cullmann, O.
    1946 *Christus und die Zeit*, EVZ, Zürich.
    1965 *Heil als Geschichte, Heilgeschichtliche Existenz in Neuen Testament*, Mohr, Tübingen.
Dahl, N. A.
    1948 *Anamnesis. Mémoire et commémoration dans le chyristianisme primitif*, in «Studia Theologica», I, 4, pp. 69-95.
Daniélou, J.
    1953 *Essai sur le mystère de l'histoire*, Seuil, Paris.
Daniélou, J., e Martou, H.
    1963 *Nouvelle histoire de l'Église, I. Des origines à saint Grégoire le Grand (604)*, Seuil, Paris.
Daumas, F.
    1963 *La civilisation de l'Egypte pharaonique*, Arthaud, Paris.
Demarne, P., e Rouquerol, M.
    1939 *Ordinateurs électroniques*, Presses Universitaires de France, Paris.
Deshayes, J.
    1969 *Les civilisations de l'Orient ancien*, Arthaud, Paris.

Desroche, H.
	1969 *Dieux d'hommes. Dictionnaire des messianismes et millénarismes de l'ère chrétienne*, Mouton, Paris – La Haye.
Detienne, M.
	1967 *Les maîtres de vérité dans la Grèce archaïque*, Maspero, Paris.
Diels, H., e Kranz, W.
	1951 (org.) *Di Fragmente der Vorsokratiker*, Weidmann, Berlim.
Dodd, Ch. H.
	1935 *The Parables of the Kingdom*, Nisbet, London.
	1936 *The Apostolic Preaching and its Developments*, Hodder and Stoughton, London.
Duby, G.
	1973 *Le dimanche de Bouvines, 27 Juillet 1214*, Gallimard, Paris.
Dumézil, G.
	1935-36 *Temps et mythes*, in «Recherches philosophiques», V, pp. 235-51.
Dupront, A.
	1960 *Croisades et eschatologie*, in E. Castelli (org.), *Uma-nesimo e esoterismo. Atti del Convegno internazionale di Studi Umanistici*, Miani, Padova.
Dürig, W.
	1934 *Geburtstag und Namenstag; eine liturgiegeschichtliche Studie*, Zink.
Ebeling, E.; Meissner, B.; e Weidner, E.
	1926 *Die Inschriften der altassyrischen Könige*, Quelle und Meyer, Leipzig.
Ehrard, J.
	1968 Prefácio a Montesquieu 1734, ed. Garnier-Flammarion, Paris.
Ehrard. J., e Palmade, G.
	1964 *L'histoire*, Colin, Paris.
Eickelmann, D. F.
	1978 *The art of memory; islamic education and its social reproduction*, in «Comparative Studies in Society and History», XX, pp. 485-516.
Eliade, M.
	1948 *Traité d'histoire des religions*, Payot, Paris.
	1949 *Le mythe de l'éternel retour; archétypes et répétition*, Gallimard, Paris [*O Mito do Eterno Retorno*], Edições 70, Lisboa.
	1962 *Méphistophélès et l'Androgyne*, Gallimard, Paris.
	1963 *Aspects du mythe*, Gallimard, Paris [*Aspectos do Mito*] Edições 70, Lisboa.
	1963 *Myth and Reality*, Harper and Row, New York.
Elisseeff, D., e Elisseeff, V.
	1979 *La civilisation de la Chine classique*, Arthaud, Paris.
Erbetta, M.
	1969 (org.) *Gli Apocrifi del Nuovo Testamento, III. Lettere e apocalissi*, Marietti, Torino.
Etienne, P.
	1968 *Les Baoulé et le temps*, in *Temps et développement: Quatre sociétés en Côte d'Ivoire*, in «Cahiers de l'Orstom», V, n.º 3, pp. 20-22.
	1969 *The Quest, History and Meaning in Religion*, University of Chicago Press, Chicago.
Favier, J.
	1938 *Les archives*, Presses Universitaires de France, Paris.
Febvre, L.
	1933 *Ni histoire à thèse ni histoire-manuel. Entre Benda et Seignobos*, in «Revue de synthése», V; actualmente também in L. Febvre (org.), *Combats pour l'histoire*, Colin, Paris, 1953, pp. 80-98.
	1949 *Vers une autre histoire*, in «Revue de métaphysique et de morale», LVIII; também *ibid.*, pp. 419-38.

Festinger, L.
  1956 *When Prophecy Fails*, University of Minnesota Press, Minneapolis.
Feuillet, A.
  1951 *Les psaumes eschatologiques du règne de Yahweh*, in «Nouvelle Revue Théologique», LXXIII, pp. 244-60 e 352-63.
Florès, C.
  1972 *La mémoire*, Presses Universitaires de France, Paris.
Folz, R.
  1950 *Le souvenir et la légende de Charlemagne dans l'Empire germanique médiéval*, Les Belles Lettres, Paris.
Foucault, M.
  1969 *L'archéologie du savoir*, Gallimard, Paris.
Frankfort, H.
  1948 *Kingship and the Gods. A Study of Ancient Near Eastern Religion as the Integration of Society and Nature*, University of Chicago Press, Chicago.
Freud, S.
  [1899] *Die Traumdeutung*, Deuticke, Leipzig-Wien, 1900.
Furet, F.
  1974 *Le quantitatif en histoire*, in J. Le Goff e P. Nora (org.), *Faire de l'histoire*, Gallimard, Paris.
  1976 *Civilisation et barbarie selon Gibbon*, in «Daedalus», n.° 2, pp. 209-16.
Furet, F., e Ozouf, J.
  1977 *Lire et écrire. L'alphabétisation des Français de Calvin à Judes Ferry*, Minuit, Paris.
Fustel de Coulanges, N.-D.
  1862 Lição dada na Universidade de Estrasburgo, in *Une leçon d'ouverture et quelques fragments inédits*, in «Revue de synthèse historique», II/3 (1901), n.°6, pp. 241-63.
  1888 *La monarchie franque*, in *Histoire des institutions politiques de l'ancienne France*, Hachette, Paris, 1875-89, tomo III.
Gaignebet, C.
  1974 *Le carnaval: essai de mythologie populaire*, Payot, Paris.
Galot, J.
  1960 «Eschatologie», in A. Rayez (org.), *Dictionnaire de spiritualité*, Beauschesne, Paris, IV, 1.
Gardin, J. C.
  1971 *Archéologie et calculateurs, nouvelles perspectives*, in «Revue internationale de sciences sociales», XXIII, n.° 2, pp. 204-18.
Gardiner, A. H.
  1947 *Ancient Egyptian Onomastica*, Oxford University Press, London.
Gernet, L.
  1968 *Anthropologie de la Grèce antique*, Maspero, Paris.
Gibbon, E.
  1776-88 *The History of the Decline and Fall of the Roman Empire*, Strahan and Cadell, London.
Giet, J. S.
  1957 *L'Apocalypse et l'histoire. Étude historique sur l'Apocalypse johannique*, Presses Universitaires de France, Paris.
Gigneux, Ph.
  1974 *La signification du voyage extra-terrestre dans l'eschatologie*, in *Mélanges d'histoire des religions offerts à Henri-Charles Puech*, Presses Universitaires de France, Paris.

Glasenapp, H. von
    1960 *Glaube und Ritus der Hochreligionen im vergleichenden Übersicht*, Fischer, Frankftut am Main.
Glénisson, J.
    1977 *Una historia entre duas erudições*, in «Revista de historia», CX.
Gombrich, E. H.
    1961 *Renaissance and Golden Age*, in «Journal of the Warburg and Courtauld Institutes», XXIV.
Goody, J.
    1977a *Mémoire et apprentissage dans les sociétés avec et sans écriture: la transmission du Bagre*, in «L'Homme», XVII, pp. 29-52.
    1977b *The Domestication of the Savage Mind*, Cambridge University Press, London.
Goy, J.
    1978 *Orale (Histoire)*, in J. Le Goff. R. Chartier e J. Revel (org.), *La nouvelle histoire*, Retz, Paris.
Graf, A.
    1892-93 *Il paese di Cuccagna e i paradisi artificiali*, in *Miti, leggende e superstizioni nel medio Evo*, Loescher, Turim.
Granet, M.
    1929 *La civilisation chinoise (La vie publique et la vie privée)*, La Renaissance du livre, Paris.
Guardini, R.
    1949 *Die letzen Dinge; die christliche Lehre vom Tode*, Werkbund-Verlag, Würzburg.
Guariglia, G.
    1959 *Prophetismus und Herilserwartungs-Bewegungen als völkerkundliches und religionsgeschichtliches Problem*, Berger, Horn-Wien.
Guenée, B.
    1976-77 *Temps de l'histoire et temps de la mémoire au Moyen Age*, in «Bulletin de la Société de l'Histoire de France», n.º 487, pp. 25-36.
Gunkel, J. F. H.
    1895 *Schöpfung und Chaos in Urzeit und Endzeit*, Vandenhoeck und Ruprecht, Göttingen.
Hadot, J.
    1968 «Apocalyptique (Littérature)», in *Encyclopaedia Universalis*, Encyclopaedia Universalis, France, Paris, 1968-73, II.
Haekel, J.
    1963 «Paradies», in J. Höfer e K. Rahner (org.), *Lexikon für Theologie und Kirche*, Herder, Freiburg, 1957-65.
Halbwachs, M.
    1950 *Mémoires collectives*, Presses Universitaires de France, Paris.
Horovitz, J.
    1923 *Das Koranische Paradies*, s. e., Jerusalém.
Hubert, H.
    1905 *Etudes sommaires de la représentation du temps dans la religion et la magie*, Imprimerie nationale, Paris.
Hubert, H., e Mauss, M.
    1909 *La représentation du temps dans la religion et la magie*, in *Mélanges d'histoire des religions*, Alcan, Paris, 1929.
Huizinga, J.
    1919 *Herfsttij der Middeleeuwen*, Tjeenk Willink, Haarlem.
Huyghbaert, H.
    1972 *Les documents nécrologiques*, Brepols, Turnhout-Paris.

BIBLIOGRAFIA

Jacob, F.
    1970 *La logique du vivant. Une histoire de l'hérédité*, Gallimard, Paris.
Jeanmaire, H.
    1930 *Le messianisme de Virgile*, Vrin, Paris.
    1939 *La Sybille et le retour de l'âge d'or*, Leroux, Paris.
Joutard, Ph.
    1977 *La légende des Camisards: une sensibilité au passé*, Gallimard, Paris.
Kittel, G.
    1932 (org.) *Theologisches Wörterbuch zum Neuen Testament*, Kohlhammer, Stuttgart.
Labat, R.
    1935 *Le poème babylonien de la création (Enuma elis)*, Adrien-Maisonneuve, Paris.
Lach. D. F.
    1957 (org.) *Preface to Leibniz Novissima sinica*, University of Hawaii Press, Honolulu.
Lanczkowski, G.
    1960 *Altägyptischer Prophetismus*, Harrassowitz, Wiesbaden.
Lanternari, V.
    1960 *Movimenti religiosi di libertà e di salvezza dei popoli oppressi*, Feltrinelli, Milano.
Lapouje, G.
    1973 *Utopie et civilisation*, Weber, Paris.
Le Goff, J.
    1964 *La civilisation de l'Occident médiéval*, Arthaud, Grenoble-Paris.
    1970 *L'Occident médieval et l'Océan Indien: un horizon onirique*, in *Mediterraneo e Oceano Indiano. Atti del VI Colloquio internazionale di storia marítima*, Olschki, Florença.
    1974 *L'Italia fuori d'Italia: L'Italia nello specchio del Medioevo*, in R. Romano e C. Vivanti (org.), *Storia d'Italia*, vol. II, tomo II, Einaudi, Torino, pp. 1857-68.
Le Goff, J., e Toubert, P.
    1977 *Une histoire totale du Moyen Age est-elle possible?*, in *Actes do 100 Congrès National des Sociétés savants*, Paris, 1975, Secrétariat d'Etat aux Universités, Paris.
Leclercq, H.
    1933 «Memoria», in *Dictionnaire d'archéologie chrétienne et de liturgie*, vol. XI, tomo I, Letouzey et Ané, Paris, cols. 296-324.
Leeuw, G. van der
    1950 *Urzeit und Endzeit*, in «Eranos-Jahrbücher», XVII, pp. 11-51.
    1956 *Phänomenologie der Religion*, Mohr, Tübingen, 1956^2.
Lefebvre, G.
    [1945-46] *La naissance de l'historiographie moderne*, Flammarion, Paris, 1971.
Lehmann, F. R.
    1931 *Weltuntergang und Welterneuerung im Glauben schriftloser Völker*, in «Zeitschrift für Ethnologie», LXXI, pp. 103-15.
Leroi-Gourhan, A.
    1964-65 *Le geste et la parole*, 2 vols. Michel, Paris [*O Gesto e a Palavra*, 2 vols., Edições 70, Lisboa, 1981-83).
Lévi, J.
    1977 *Le mythe de l'Age d'or et les théories de l'évolution en Chine ancienne*, in «L'Homme», XVII, n. 1.
Levin, H.
    1969 *The Myth of the Golden Age in the Renaissance*, Indiana University Press, Bloomington.

Lewis, B.
> 1972 *Ottoman Observers of Ottoman Decline*, in *Islam in History*, Open Court, La Salle III.

Lewis, R. W. B.
> 1955 *American Adam*, University of Chicago Press, Chicago.

Lods, A.
> 1949 *Histoire de la littérature hébraique et juive, depuis les origines jusqu'à la ruine de l'Etat juif*, Payot, Paris.

Lovejoy, A. O.
> 1923 *The supposed primitivism of Rousseau's Discourse of Inaequality*, in «Modern Philology», XXI.

Lovejoy, A. O., e Boas, G.
> 1935 *Primitivism and Related Ideas in Antiquity*, The Johns Hopkins Press, Baltimore.

Luckenbill, D. D.
> 1924 *The Annals of Sennacherib*, University of Chicago Press, Chicago.

Lukács, G.
> 1934 «*Grösse und Verfall*» *des Expressionismus*, in «Internationale Literatur», n.° 1, pp. 153-173; também in Lukács 1971, pp. 109-49.
>
> [1936-37] *Der historische Roman*, in «Literaturnyi Kritik», 1937-38; Aufbau-Verlag, Berlin, 1957.
>
> 1938a *Marx und das Problem des ideologischen Verfalls*, in «Internationale Literatur», n.° 7, pp. 103-43; também *in* Lukács, 1971, pp. 243-98.
>
> 1938b *Es geht um den Realismus*, in «Das Wort, Literarische Monatsschrift», III, 6, pp. 121-138; também in Lukács, 1971, pp. 313-43.
>
> 1971 *Essays über Realismus*, Luchterhand Verlag, Neuwied und Berlin.

MacCaffrey, I. G.
> 1959 *Paradise Lost as «Mythe»*, Harvard University Press, Cambridge, Mass.

Mähl, H. J.
> 1965 *Die Idee des goldenen Zeitalters im Werk des Novalis*, Winter, Heidelberg.

Mannheim, K.
> 1929 *Ideologie und Utopie*, Cohen, Bonn.

Manselli, R.
> 1954 *L'escatologia di san Gregorio Magno*, in «Ricerche di storia religiosa», I, pp. 72-83.
>
> 1955 *La «Lectura super Apocalypsim» di Pietro di Giovanni Olivi. Ricerche sull'escatologismo medievale*, Istituto Storico Italiano per il Medio Evo, Roma.

Mansuelli, G. A.
> 1967 *Les civilisations de l'Europe ancienne*, Arthaud, Paris.

Marczewski, J. V.
> 1961 *Histoire quantitative, buts et méthodes*, in J.V. Marczewski (org.), *Histoire quantitative de l'économie française*, ISEA, Paris.

Marrou, H. I.
> 1977 *Décadence romaine ou antiquité tardive?* (III-VIe siècle), Seuil, Paris.

Marx, K., e Engels, F.
> 1848 *Manifest der kommunistischn Partei*, Burghard, Londres.

Massignon, L.
> 1947 *L'homme parfait et son originalité eschatologique en Islam*, in «Eranos-Jahrbücher», XV.

Mauss, M.
> 1924 *Psychologie et sociologie*, in «Journal de psychologie normale et pathologique», XX; também in *Sociologie et anthropologie*, Presses Universitaires de France, Paris.

Mazzarino, S.
    1959 *La fine del mondo antico*, Garzanti, Milão.
Meier, Ch.
    1975 *Vergessen, Erinnern, Gedächtnis im Gott-Mensch-Bezug*, in H. Fromm e outros (org.), *Verbum et Signum*, vol. I, Fink, München, pp. 193-94.
Métraux, A.
    1957 *Les Messies de l'Amérique du Sud*, «Archives de Sociologie des Religions», IV, pp. 108-12.
Meudlers, M.; Brion, S.; e Lieury, A.
    1971 «Mémoire», in *Encyclopaedia Universalis*, vol. X, Encyclopaedia Universalis France, Paris, pp. 785-91.
Michelet, J.
    1835 Trad. de G. Vico, *De antiquissima Italorum sapientia*, Whalen, Bruxelles; também in *Oeuvres complètes*, vol. I, Flammarion, Paris, 1971.
Mickiewicz, A.
    1842-43 *L'église officielle et le messianisme*, Comon, Paris 1845.
Montesquieu, Ch. L. de Secondat de
    1734 *Considérations sur les causes de la grandeur des Romains et de leur décadence*, Desbordes, Amsterdam.
Moreau, J.
    1972 «Platon», in *Encyclopaedia Universalis*, Encyclopaedia Universalis France, Paris, 1968-1975, vol. XIII.
Morin, E., e Piattelli Palmarini, M.
    1974 (org.) *L'unité de l'homme. Invariants biologiques et universaux culturels*, Seuil, Paris.
Mortier, R.
    1967 *L'idée de décadence littéraire au XVIIIe siècle*, in *Studies on Voltaire and the Eighteenth Century*, LVII, Institut et Musée Voltaire, Genève.
Mowinckel, S.
    1951 *Han som Kommer*, Gad, Kobenhavn.
Mühlmann, W. E.
    1961 *Chiliasmus und Nativismus. Studien zur Psychologie, Soziologie und historische Kasuistik der Umsturzbewe-gungen*, Reimer, Berlin.
Muller, E.
    1881 *Le jour de l'an et les étrennes, Histoire des fêtes et coutumes de la nouvelle année chez tous les peuples dans tous les temps*, Paris. s. d..
Muret, P.
    1675 *Cérémonies funèbres de toutes les nations*, Le Petit, Paris.
Nadel, S. F.
    1942 *A Black Byzantium. The Kingdom of Nupe in Nigeria*, Oxford University Press, London; ed. Oxford University Press, London, 1969.
Naissance
    1959 *La naissance du monde*, Seuil, Paris
Needham, J.
    1959 *Science and Civilisation in China*, vol. III, Cambridge University Press, London.
    1969 *The Grand Titration: Science and Society in East and West*, Allen and Unwin, London.
Niangoran-Bouah, G.
    1964 *La division du temps et le calendrier rituel des peuples lagunaires de Côte d'Ivoire*, Institut ethnologique, Paris.

Niebuhr, H. R.
    1937 *The Kingdom of God in America*, Willet and Clark, Chicago – New York.
    Pascal, P.
Nora, P.
    1978 *Mémoire collective*, in J. Le Goff, R. Chartier e J. Revel (org.), *La nouvelle histoire*, Retz, Paris.
Notopoulos, J. A.
    1938 *Mnemosyne in Oral Literature*, in «Transactions and Proceedings of the American Philological Association», LXIX, pp. 465-93.
Oexle, O. G.
    1976 *Memoria und Memorialüberlieferung in früheren Mittelalter*, in «Frühmittelalterliche Studien», X, pp. 70-95.
Ozouf, M.
    1976 *La Fête révolutionnaire: 1789-1799*, Gallimard, Paris.
Palacio Atard, V.
    1966 *Derrota, agotamiento, decadencia en la España del siglo XVII*, Ediciones Rialp, Madrid.
Pascal, P.
    1938 *Avvakum et les debuts du raskol; la crise religieuse au XVIIe siècle a Paris*, Centre d'études russes «Istina», Paris.
Pedech, P.
    1964 *La méthode historique de Polybe*, Les Belles Lettres, Paris.
Phelan, J. L.
    1956 *The Millenial Kingdom of the Franciscans in the New World*, University of California Press, Berkeley Cal.
Piganiol, A.
    1947 *L'empire chrétien (325-359)*, Presses Universitaires de France, Paris.
Puech, H.-Ch.
    1978 *La Gnose et le temps*, Gallimard, Paris.
Reeves, M.
    1969 *The Influence of Prophecy in the Later Middle Ages. A Study in Joachimism*, Clarendon Press, Oxford.
Ricoeur, G.
    1971 «Mythe», in *Encyclopaedia Universalis*, Encyclopaedia Universalis France, Paris, 1968-1973, XI.
Roszak, Th.
    1969 *Making of a Counter-Culture*, Doubleday, New York.
Rowley, H. H.
    1963 *The Relevance of Apocalyptic. A Study of Jewish and Christian Apocalyptic from Daniel to the Revelation*, Lutterworth, New York.
Sackur, E.
    1898 *Sybilinische Texte und Forschungen*, Niemeyer, Halle.
Samaran, Ch.
    1961 (org.), *L'histoire et ses méthodes*, in *Encyclopédie de la Pléiade*, XI, Gallimard, Paris.
Sanford, Ch. L.
    1961 *The Quest for Paradise*, University of Ilinois Press, Urbana III.
Schaden, E.
    1954 *Aspectos fundamentais da cultura guarani*, in «University of São Paulo. Faculty of Philosophy, Science and Letters. Bulletin», n.º 188, pp. 185-204.
    1955 *Der Paradiesmythos im Leben der Guarani Indianer*, in «Staden Jahrbuchg» III, pp. 151-62.

Sebag, L.
    1971 *L'invention du monde chez les Indiens Pueblos*, Maspero, Paris.
Sébillot, P.
    1904-907 *Le Folk-lore de la France*, Guilmoto, Paris.
Seghers, A.
    1939 *Carta a Lukács*, in Lukács, 1971, pp. 364-67.
Silver, A. H.
    1927 *A History of Messianic Speculation in Israel*, Macmillan, New York.
Siniscalco, P.
    1976 *Mito e storia tra paganesimo e cristianesimo. Le età del mondo nelle fonti antiche*, Sei, Turim.
Söderblom, N.
    1901 *La vie future d'après le mazdëisme*, Leroux, Paris.
Soustelle, J.
    1940 *La pensée cosmologique des anciens Mexicains (représentation du monde et de l'espace)*, Hermann, Paris.
    1955 *Le vie quotidienne des Aztèques à la veille de la conquête espagnole*, Hachette, Paris.
Spengler, O.
    1918-22 *Der Untergang des Abendlandes. Umrisse einer Morphologie der Weltgeschichte*, Beyer, München.
Starn, R.
    1975 *Meaning-Levels in the Theme of Historical Decline*, in G. H. Nadel (org.), *History and Theory. Studies in the Philosophy of History*, Wesleyan University Press, Middletown Conn.
Starobinski, J.
    1976 *From the Decline of Erudition to the Decline of Nations: Gibbon's Response to French Thought*, in «Dedalus», n.° 2, pp. 189-208.
Strehlow, T. G. H.
    1947 *Aranda Traditions*, Belbourne University Press, Melbourne.
Taubes, J.
    1947 *Studien zur Geschichte und System der abendländischen Eschatologie*, Rösch und Voght, Bern.
Tessier, G.
    1961 *Diplomatique*, in Ch. Samaran (org.), *L'histoire et ses methods*, in *Enciclopédie de La Pléiade*, XI, Gallimard, Paris.
Thierry, A.
    [1837] *Rapport sur les travaux de la collection des monuments inédits de l'Histoire du tiers état, adressé à M. Guizot, ministre de l'instruction publique, le 10 mars 1837*, Tessier, Paris, s.d.
Thompson, J. E. S.
    1954 *The Rise and Fall of Maya Civilisation*, University of Oklahoma Press, Norman.
Thrupp, S. L.
    1962 (org.) *Millennial Dreams in Action: Essays in Comparative Study*, Mounton, The Hague.
Töpfer, B.
    1964 *Das kommende Reich des Friedens; zur Entwicklung chiliastischer Zukunftshoffnungen in Hochmittelalter*, Akademie-Verlag, Berlim.
Toynbee, A. J.
    1934-39 *A Study of History*, Oxford University Press, London.

Tuveson, E. L.
>   1949 *Millennium and Utopia. A Study in the Background of the Idea of Progress*, University of California Press, Berkeley Cal.

Vernant, J. P.
>   1965 *Mythe et pensée chez les Grecs. Études de psychologie historique*, Maspero, Paris.

Veyne, P.
>   1973 *Le Pain et le Cirque*, Seuil, Paris.

Vuippens, I. de
>   1925 *Le paradis terrestre au troisième ciel. Exposé historique d'une conception chrétienne des premiers siècles*, Librairie Saint-François-D'Assise, Paris.

Wachtel, N.
>   1971 *La vision des vaincus. Les Indiens du Pérou devant la conquête espagnole*, Gallimard, Paris.

Wallis, W. D.
>   1943 *Messiahs: Their Role in Civilization*, American Council on Public Affairs, Washington.

Wayman, A.
>   1969 *No Time, Great Time and Profane Time in Buddhism*, in J. M. Kitigawa e outros (org.), *Myths and Symbols: Studies in Honor of Mircea Eliade*, University of Chicago Press, Chicago.

Weinstein, D.
>   1970 *Savonarola and Florence. Prophecy and Patriotism in the Renaissance*, Princeton University Press, Princeton N. J.

Wensinck, A. J.
>   1923 *The semitic new year and the origin of eschatology*, in «Acta Orientalia», I, pp. 158-99.

White, L. Jr.
>   1966 (org.) *The Transformation of the Roman World; Gibbon's Problem after Two Centuries*, University of California Press, Berkeley.

Whitney, L.
>   1934 *Primitivism and the Idea of Progress in the English Popular Literature of the Eighteenth Century*, The Johns Hopkins Press, Baltimore.

Williams, G. H.
>   1962 *Wilderness and Paradise in Christian Thought*, Harper, New York.

Wodstein, E.
>   1896 *Die eschatologische Ideengruppe: Antichrist, Weltsabbat, Weltende und Weltgericht in den Hauptmomenten ihrer christlich-mittelalterlichen Gesamtentwickelung*, Reisland, Leipzig.

Zenkowsky, B.
>   1957 *L'eschatologie dans la pensée russe*, in «La Table Ronde», n.º 110, pp. 112 ss.

Zumthor, P.
>   1960 *Document et monument. À propos des plus anciens texts de langue française*, in «Revue des sciences humaines», fac. 97, pp. 5-19.

ÍNDICE

I PARTE – A ORDEM DA MEMÓRIA

MEMÓRIA 9
  1. A memória étnica 13
  2. O desenvolvimento da memória:
     da oralidade à escrita, da Pré-História à Antiguidade 16
  3. A memória medieval no Ocidente 27
  4. Os progreessos da memória escrita e figurada,
     do Renascimento aos nossos dias 39
  5. Os desenvolvimentos actuais da memória 49
  6. Conclusão: o valor da memória 57

CALENDÁRIO 61
  1. Calendário e controlo do tempo 62
  2. O Céu e a Terra; a Lua, o Sol, os homens 70
  3. O ano 79
  4. As estações 83
  5. O mês 86
  6. A semana 88
  7. O dia e a noite 89
  8. Os trabalhos e as festas 91
  9. Além do ano: era, ciclo, século 94
  10. História e Calendário 96
  11. A cultura dos calendários e dos almanaques ... 98
  12. Os calendários utópicos 100

DOCUMENTO/MONUMENTO 103
  1. Os materiais da memória colectiva e da história ... 103
  2. O século XX: do triunfo do documento à
     revolução documentária 106

3. A crítica aos documentos:
   em direcção aos documentos/monumentos 109

II PARTE – O IMAGINÁRIO DO TEMPO

IDADES MÍTICAS 119
1. As idades míticas nas zonas culturais extra-europeias 120
2. As idades míticas na Antiguidade greco-romana 126
3. As idades míticas nas três grandes religiões
   monoteístas, na Antiguidade e na Idade Média 137
4. Do Renascimento até hoje: fim das idades míticas?
   As etapas da cronologia mítica 148

ESCATOLOGIA 153
1. Definição, conceitos, afinidades, tipologia 153
2. Escatologias não judaico-cristãs 160
3. Bases doutrinárias e históricas da escatologia
   judaico-cristã 167
4. Escatologia e milenarismo no Ocidente medieval 175
5. A escatologia cristã (católica, reformada e ortodoxa)
   na Idade Moderna (séculos XVI-XIX) 180
6. A renovação escatológica contemporânea 185
7. Conclusão. Escatologia e história 188

DECADÊNCIA 193
1. Um conceito confuso 193
2. Decadência na perspectiva da ideologia histórica
   ocidental, da Antiguidade ao século XVIII 196
3. As ideologias modernas da decadência:
   Spengler, Lukács, Toynbee 209
4. Das outras civilizações 217
5. Os critérios da decadência 219
6. Critérios económicos 222
7. Decadência e concepção do tempo 226
8. Dissolução e declínio da ideia de decadência
   na historiografia contemporânea 227

BIBLIOGRAFIA 233

Composto e Paginado por
CLICKART, LDA.
Impresso por
TC - Tipografia do Carvalhido
para
EDIÇÕES 70, LDA.

em Agosto de 2000